La pelea por los infiernos

La pelea por los infiernos

Las mafias que se disputan el negocio
de las cárceles en México

ENRIQUE ZÚÑIGA

Grijalbo

La pelea por los infiernos
Las mafias que se disputan el negocio de las cárceles en México

Primera edición: septiembre, 2022

D. R. © 2022, Enrique Zúñiga

D. R. © 2022, derechos de edición mundiales en lengua castellana:
Penguin Random House Grupo Editorial, S. A. de C. V.
Blvd. Miguel de Cervantes Saavedra núm. 301, 1er piso,
colonia Granada, alcaldía Miguel Hidalgo, C. P. 11520,
Ciudad de México

penguinlibros.com

ISBN: 978-607-381-920-6

Impreso en México – *Printed in Mexico*

Índice

Introducción

No escribo un libro para que sea el último. Escribo para que otros libros sean posibles, no necesariamente escritos por mí.

MICHEL FOUCAULT

"¡Cuídate mucho, compadre!", me dice el Regio mientras nos separamos al entrar a la prisión. La advertencia no es en vano. Estamos en las entrañas de uno de los bastiones de Los Zetas, la prisión de Apodaca, en Nuevo León. Corre el 2013, y desde tiempo atrás en ese lugar han ocurrido hechos infames.

Camino por los pasillos, ingreso a los dormitorios y celdas, y el miedo me invade; sin embargo, lo disimulo detrás de una sonrisa forzada, mirada esquiva —no veo a los prisioneros a los ojos, suelen considerarlo como una amenaza— y paso firme, aunque siento que mis piernas flaquean.

Al andar arrastro los pies, no sé si por el cansancio de estar bajo el sol del verano norteño o porque parece que peso trescientos kilos por lo denso del ambiente. Me siento "apuñalado" por las miradas de los internos que me han seguido durante cuatro horas, de haber tenido permiso ya habrían pasado a la acción.

Sigo caminando y en un punto me reencuentro con el Regio, quien me dice: "Esto está muy cabrón, compadre". Respondo asintiendo con la cabeza. "Aquí tienen un pozo donde los torturan", me suelta de bote pronto, y comienza a explicarme en voz baja. "Los Zetas tienen un pozo en el que

9

cuelgan a quienes no pagan cuotas o a los que castigan. Los sujetan de las muñecas y, con unos lazos, se las extienden a los lados, por lo que los brazos quedan abiertos, como si estuvieran siendo crucificados, además de permanecer suspendidos en el aire, por lo que su peso, y el roce con las cuerdas, genera que se empiece a 'abrir' la piel, causándoles mucho dolor. Los dejan hasta un día completo. Además, les arrancan las uñas, o les clavan agujas entre éstas".

Las palabras del Regio me dejan mudo. En ese momento, el monstruo disciplinario que es el sistema penitenciario se materializó ante mis ojos no sólo como el aparato securitario, aséptico y canalla erigido por la lógica de la guerra contra el narco y del "combate frontal contra la delincuencia", sino también, explícitamente, como una máquina de tortura.

* * *

Walter Benjamin planteaba que "no hay documento de cultura que no lo sea al tiempo de barbarie".[3] Y las cárceles son un claro ejemplo de ello. La instrumentación y ejecución de sus lineamientos, el aliento que le da vida, son una muestra de precisión y puntualidad: una maquinaria del poder exacta.

La sentencia de Benjamin apunta a los falsos humanismos que se escondían tras la careta del progreso, completamente alejados de la edificación de sociedades justas. Las prisiones constituyen lugares donde la miseria humana se vive diariamente, se desarticula y se rompe todo lazo con lo social, donde a los presos sólo se les permite hermanarse con las drogas, el desamparo o la delincuencia. A la par, son espacios donde se gesta la ortopedización del sujeto, al que se le inscribe en discursos (dispositivos *re-*) como *reinserción social*, *readaptación*, *reeducación*…

Apodaca era un campo de tortura como el de las dictaduras o los sistemas totalitarios, algo increíble que pasara en una democracia, y aún más en lugares administrados por el Estado. Las historias que había escuchado del *Palacio Negro*, como le llamaban a Lecumberri, o de las cárceles más violentas del país, no se asemejarían a lo que viviría y vería con el paso de los años.

Apodaca sólo fue el inicio, la semilla que me permitiría entender más adelante esos infiernos de dolor y angustia, microcosmos y extensiones de la vida en el exterior que representan de forma puntual un documento plagado de injusticias e inequidades, así como la vida tormentosa y oscura de sujetos que deambulan por pasillos y celdas.

La nomenclatura de los personajes que habitan ahí es basta, desde ladrones de poca monta, pasando por poblaciones penitenciarias desbordadas de pobres, hasta aquellos que se dicen *zetas, golfos, chapos, Cártel de Jalisco Nueva Generación (cjng), Sinaloa, dámasos, ántrax, templarios, viagras, Barredora, ardillos, Beltrán Leyva, Noreste, escorpiones...* La etiqueta se la endosan ellos como una insignia que le da plusvalía a su marca, a su filiación política.

> El discurso dominante sobre el narco ha producido una fórmula cuyo léxico y significado sedimentado permiten por sí solos un sentido narrativo específico. Escribimos *narcotraficante, sicario, plaza, guerra* y *cártel* y con esas palabras reaparece de inmediato el mismo universo de violencia, corrupción y poder que puebla por igual las páginas de una novela y las planas de un periódico, la letra de un corrido, la vestimenta de un narco actuando en una película de acción. El lenguaje para describir esa realidad está fatalmente colonizado por ese *habitus* de origen que sólo en contadas ocasiones es posible fisurar (Zavala, 2018, p. 61).

Siglas, nombres que se insertan en un imaginario de sangre, excesos y atrocidades; representantes de la compaginación entre actores legales e ilegales, quienes, coludidos, capturan poblados enteros y desarticulan a los conglomerados que habitan ahí. El sistema penitenciario forma parte de ese entramado.

Agrupaciones que han llevado la violencia a puntos extremos —donde la violencia económica queda eclipsada por la sangre—, que exponen cotidianamente la lógica de "empresas" que lucran con el dolor de los otros y viven de despojos: matan, mutilan, cortan, destazan, *pozolean*[1] y extorsionan, mientras se vuelven la punta de lanza para justificar políticas públicas securitarias. Grupos que actúan frente a los ojos de las autoridades, con su venia en la mayoría de los casos, y donde nosotros quedamos atrapados en discursos de violencia y odio, además de asustados y desarticulados.

Las voces que surgen desde la disidencia, en particular las de activistas de derechos humanos y periodistas, son silenciadas, ya sea con "plata o plomo", máxima de ese mercado de muerte y despojo, o con el método efectivo de las instituciones y la burocracia: "seguir el cauce legal del procedimiento".

Es bajo ese contexto que se elaboran cientos de informes y se publican miles de notas que hablan de la dura realidad de los internos mexicanos, esas personas privadas de la libertad que, por si no bastara con el hecho de que viven en condiciones deplorables y reciben trato de desechables, también padecen la hegemonía de grupos criminales y autoridades, entreverados a tal grado de que muchas veces es imposible distinguir a ciencia cierta aquéllos de éstos.

Ante esto surgen interrogantes: ¿Qué pasa detrás de los muros de las prisiones? ¿Qué sucede con la gente que habita allí? ¿Por qué ocurren todos esos eventos? Y la respuesta es un vacío de información, un paréntesis de nada, donde la imaginación vuela para llenar esos espacios que el discurso calla. Es por lo que se vuelve inexpugnable revelar y denunciar esos mundos, ser memoria y archivo.

Decía Dante Alighieri en la *Divina comedia*: "Los lugares más calientes del infierno están reservados para aquellos que en tiempos de crisis moral mantienen su neutralidad". Y después de andar las prisiones, sus intrincados pasillos, sus suciedades, sus desgracias, sus soledades, uno no puede mantenerse neutro. Se vuelve una obligación dar testimonio de esa experiencia de vida, de lo visto, oído y encontrado, así como generar una resistencia ante esas formas de vida por medio de la escritura.

> Se trata de explorar y experimentar el límite y la ambivalencia —lo que Agamben llama la "zona de indistinción"— entre ser vivo y ser hablante, entre *phoné* y *logos*, entre lo inhumano y lo humano: es esa ambivalencia lo que la literatura (especialmente, en Agamben, el testimonio) le opone al biopoder y a su sueño político de trazar, sobre el cuerpo humano, la separación absoluta entre la "mera vida" y la "vida humana" (Gorgi, 2017, p. 22).

Se torna fundamental observar ese microcosmos como algo ficticio, ya que el discurso en torno al crimen se encuentra anclado a posturas construidas por el poder; a narrativas que edifican enemigos y señalan las supuestas "apologías del crimen" cuando se cuestionan las prisiones, o que, *de facto*, asumen como monstruos peligrosos, ingobernables y desechables a las personas que se encuentran en situación de encierro.

Ante esa realidad la sociedad es instruida y manipulada, gobernada bajo la égida de la disciplina y el control, y donde los medios de comunicación, los *opinólogos* y los *especialistas*, justifican el maltrato hacia esos sujetos, ya que es "su destino manifiesto" o el "sentido lógico de sus acciones".

"Los derechos humanos son para los humanos, no para las ratas", decía el eslogan de un político, y las personas aplaudían esa afirmación. Frase fascista que sería preludio, o quizá modelo, de la forma en que se "afrontaría" al crimen.

Nunca quisieron entender, y siempre tergiversaron, que no se exime a las personas de sus acciones transgresoras y la responsabilidad de éstas, así como tampoco de sus actos gozosos y perversos —en muchos de los casos—, ya que, en algún momento, bajo cualquier lógica o predicamento, decidieron actuar, lo cual no los aliena de sus derechos y cualidades humanas. Los entiendo, pero no los justifico, y lo más importante es que se defiende la dignidad, no a un delincuente.

Inmerso en estas lógicas, este libro intenta ser disidencia y testimonio contra los dispositivos que mandatan el "combate al crimen"; una resistencia ante los saberes que crearon un cerco ideológico en torno a las prisiones; un censor de aquellos que lucran con la desgracia, esos que diariamente se llenan las manos con dinero sucio y manchado de sangre, quienes edifican su micropoder sobre lo atroz, lo canalla y siniestro.

Es un acto político contra los que predican desde los *penthouse* de la abundancia, la ignominia y la deshonra y que se consideran superiormente morales: juzgan, castigan, señalan, mientras en las sombras juegan a la traición, la muerte y el caos. También es un señalamiento contra esos funcionarios que, desde sus minimalistas y costosas oficinas, se sientan a ver el derramamiento de sangre y, mientras hablan de derechos humanos, con presteza maquillan cifras, mutilan información, tergiversan hechos desde sus descomunales escritorios: tamaño de su ego y reflejo de su pequeñez. Sin dejar de señalar a sus testaferros: golpeadores, sicarios y ejecutores. Seres atávicos, *lombrosianos*: personajes comunes de las series y películas. Sujetos insertos en el imaginario del mal, el narco, el crimen y las cárceles; "especialistas de la violencia",[2] como los llama Sayak Valencia en su libro *Capitalismo gore* (2010). Ubicados en el centro del problema, han intentado borrar sus andanzas, sus alianzas y las funciones que han ejercido como parte del Estado, pero en supuesta pugna contra éste.

En este entramado, el poder económico y político mueven los hilos del encierro, desarrollando toda una instrumentación de tecnologías disciplinarias que circunscriben el acto criminal y sus consecuencias en hechos meramente gozosos e individuales, realizados por seres "desviados", delincuentes abominables, criminales incorregibles... Cuando, por el contrario, debiera tener mayor peso el comprender el mundo complejo del encierro, la construcción ideológica y física de la prisión, así como el intrincado aparato de segregación en que se ha constituido, sin pasar por alto la violencia, la muerte, el dolor, los autogobiernos y el crimen organizado.

Cuando se escucha lo que pasa en esos lugares, o se alcanzan a ver algunos eventos, se hiela la sangre, el corazón anda a mil, y la impotencia se va arraigando. Esto ocurre al saber de las sanciones que imponían Los Ciclones a los internos en Matamoros, de la forma en que ejecutaron al líder del autogobierno en la cárcel de Reynosa, de los cuerpos amontonados en un altar a la Santa Muerte en el centro penitenciario de Acapulco, de la masacre de presos en la Comisaría de Sentenciados en Jalisco o de la actuación de la autoridad en las ejecuciones extrajudiciales de prisioneros en el penal de Cadereyta.

Sucede también cuando te intimida un interno en Nuevo Laredo porque viste su celda llena de lujos, o te azuza un preso con un machete en El Amate, en Chiapas, porque lo encontraste bebiendo cerveza en su estancia, o cuando te ves rodeado por un grupo de Ántrax en Culiacán, Sinaloa, cuidando a su líder.

Ahora bien, este texto no será un compendio de nota roja, eventos que se muestran inherentes a este mundo, sino que volteará a ver los supuestos procesos de captura del crimen organizado de los centros penitenciarios, de la privatización de la violencia, la cual es ejercida por particulares, sea o no en contubernio con agentes estatales; esa lógica ligada al discurso neoliberal, del capitalismo tardío. Se pensarán esos eventos desde una lógica crítica y con sentido social.

Igualmente, se intentará vislumbrar el discurso político que atraviesa al sistema penitenciario, ese que problematiza con la finalidad de crear soluciones, que legitima el presupuesto, la administración de cuerpos y la necesidad de asepsia, mientras que consiente la instalación de grupos de poder tanto legales como ilegales.

Asimismo, se observará ese sistema que se rige por parámetros empresariales y administrativos, a través del cual las prisiones pueden pasar por sucursales en venta y pugna, y el pelear "la plaza" fungir como método teatral de trasfondo, cuando en la realidad las cárceles son entregadas a grupos de poder, organizaciones perfectamente armadas y articuladas para imponer su ley: ejércitos privados —*incastrables*, a decir del psicoanálisis— que mandan a fuerza de sangre y muerte. Grupos que son mitificados desde el discurso del poder y que son situados en el imaginario como claro ejemplo de la ilegalidad y la fuerza de sus integrantes, pero que en el fondo actúan como cómplices de grupos legales perfectamente organizados, que los permiten ser.

Ejecuciones, riñas, armas, droga, explotación sexual, corrupción, maltrato, tortura, son el diario vivir de los internos mexicanos. Para ellos los horrores son tantos que se desbordan, hechos que las autoridades hacen ver como inherentes a la conducta criminal, a los disturbios y a la ingobernabilidad de los presos.

Todos estos hechos insertos en un orden que embona artificialmente, y en los que solamente podemos ubicarnos como una "contingencia en la que nuestra tarea se redujo a distinguir y articular argumentos, datos e ideas ya existentes sobre las delincuencias y sus soberanos" (Mollo, 2016, p. 12).

NOTAS

[1] *Pozolear*, dentro del discurso del crimen, alude a la forma en que los perpetradores se deshacen de los cuerpos, por medio de químicos, en tambos o botes. El término es tomado del pozole, platillo de comida típica mexicana: mezcla de maíz, carne, caldo y algunos complementos.

[2] Son quienes controlan los medios para infringir daños a personas u objetos, por medio de la fuerza y la implementación de técnicas despiadadamente eficaces, figuras favorables para conservar o arrebatar el poder.

[3] Una de las frases más famosas del autor, que se encuentra en su ensayo *Sobre el concepto de historia* del año 1940.

15

Mi estancia en el infierno

> Otros hagan aún el gran poema, los libros unitarios, las rotundas obras que sean espejo de armonía. A mí sólo me importa el testimonio del momento inasible, las palabras que dicta en su fluir el tiempo en vuelo. La poesía anhelada es como un diario en donde no hay proyecto ni medida.
>
> JOSÉ EMILIO PACHECO

Yo no purgué condena, pero mi penitencia fue ver el castigo sobre los otros: cómo se iban apagando, consumiendo, quebrando… Fui testigo de cómo su sentencia fue una extensión de su vida en el exterior, la cual terminaron de pagar al interior. Las *cárceles de la miseria* en las que siempre vivieron se hicieron extensivas; cambiaron las villas pobres, de sus barrios rotos, a las celdas en prisión.

Recorrí laberintos, en sentido figurado y literal. Sentí sus soledades y los vi intentar exorcizar sus fantasmas a través de distintos medios: desde la poesía hasta sustancias psicoactivas. Lo que generaban en su alma una línea, dos monas, una mota, los chochos…

Los vi desolados, inconsolables, arrepentidos… También los vi miserables, canallas, gozosos de sus actos. Los encontré hacinados, muertos de hambre, totalmente enloquecidos, viviendo en lugares inmundos, entre la suciedad y la enfermedad, y hasta en "jaulas de oro", lujos que pretendían llenar sus vacíos. Los hallé con la cabeza baja, los hombros caídos, el espíritu acribillado; pocas veces los vi con el corazón en alto y el alma liberada, siendo nuevas personas. Pude verlos enfrentados, masacrados, gastando la vida en el sinsentido de la violencia, la falsa pertenencia, las mafias y la corrupción infame.

La cárcel, ese monstruo devorador de almas, fue mi lugar y materia de estudio; estar en sus entrañas fue el acto más temerario que alguna vez pensé llevar a cabo, no por valiente, sino, primero, por curioso, después, por disidente; juro que siempre opuse resistencia, pero ese gran Leviatán encuentra la forma de devorar parte de ti.

Observé grandes muros y torres que aparentaban resguardar una fortaleza. Crucé alambradas como las que describen los sobrevivientes de los gulags o los campos de exterminio nazis. Custodios, perros entrenados y cámaras materializaban esa aspiración, tan distópica, de la disciplina, arraigada profundamente en las mentes ortopédicas, cúspide de los amantes del castigo y el orden. Caminé junto a muchos prisioneros y, en mi supuesta libertad, caí en cuenta de que todos estamos presos, somos rehenes de nuestros miedos, del monstruo debajo de la cama, de la incertidumbre, de la inseguridad.

Los encontré libres, y recordé a Mario Benedetti, porque vi cómo su mundo tenía una esquina rota: el espejo de su vida se quebró, aunque sólo fuera por un pequeño lapso. El mundo ya no siguió siendo lo que algún día fue. Su libertad la vivían en lo abstracto, dado que muchos siguieron siendo prisioneros en los hechos. Parte de ellos quedó en esos lugares de espanto.

A ellas, las vi solas, abandonadas, aferradas a sí mismas, tomadas de la mano, abrazadas, intentando disfrazar que eran presas del olvido. Las escuché y vi violentadas, rotas y desgarradas, pero, aun con todo, intentando vivir esa perra vida.

A unas las vi Helenas —arquetipo de la belleza—, a otras las vi Zulemas —carne de presidio que algún hombre volvió objeto—, imaginarios que convergían en un hecho: la belleza en prisión es lastre o salvavidas. Prostituidas, golpeadas, juzgadas, deseadas, la mayoría de ellas estaba pagando una condena doble: la del encierro y la de ser mujeres.

A ellos, a esos que se les denomina *autoridad*, los vi humanos, los entendí como capitanes de un barco a punto de naufragar; pero también los vi miserables, canallas, ejemplos perfectos de los hombres infames, siendo peores que aquellos a los que siempre juzgaron.

A aquéllos, los alabadores de la crueldad y el castigo, los observé y escuché indiferentes; sin embargo, justificaban el horror y gozaban de la miseria de los cautivos. A pocos los vi intentando derrumbar esas rejas de mentira e ignominia bajo una premisa simple: la libertad es la esencia de la vida.

Los pude ver, y me pude ver, y en esas especulaciones de las miradas me reconocí en todos, en cada uno de ellos, pero también me sentí lejano, distante, y comencé a pensar, o bien que el crimen era demasiado humano, o bien que yo estaba adquiriendo cualidad de monstruo. Fue entonces que, como un rayo de luz, una epifanía, entendí lo que significaba ese lugar.

Ciudades prisión: Las paradojas de los "seres libres"

> Porque, en verdad, el único medio seguro de dominar una ciudad acostumbrada a vivir libre es destruirla. Quien se haga dueño de una ciudad así y no la aplaste, espere a ser aplastado por ella.
>
> NICOLÁS MAQUIAVELO

"¿Qué hago?", me pregunta Álex, mientras disminuye drásticamente la velocidad del auto. "Si me echo en reversa nos disparan, pero no alcanzo a distinguir si son militares, policías o 'los malos'", me continúa diciendo.

Confío en su experiencia, lleva años pasando por lo mismo. Conoce bien los caminos. Es oriundo del lugar.

"Dale para adelante", le contesto. Aunque dudo de mi respuesta, porque lo que alcanzo a ver es un auto atravesado en la carretera, la que va de Tepic a San Blas, y a varios sujetos parados a los costados del camino con armas largas.

Avanzamos lentamente y observamos cómo los hombres entran en estado de alerta y se alistan para lo que venga.

Mientras nos acercamos percibimos que se trata de militares. Hacemos alto total y, desde unos matorrales que los cubrían, emergen más elementos. Estaban escondidos. Nos rodean y piden que abramos las ventanas del auto.

"Buenas tardes, ¿a dónde se dirigen?", nos dice uno de ellos.

"Vamos a la prisión municipal de San Blas, somos gente de derechos humanos", contestamos. Observan los logos en nuestras camisas y bajan la guardia. Los elementos que salieron de los matorrales vuelven a ellos.

"No se puede pasar por el camino, estamos resguardando a un equipo de forenses que están trabajando en un asunto de fosas clandestinas, pero si quieren los dejamos pasar, aunque hay retenes más adelante", nos señala el mismo militar que nos saludó.

Contestamos que no y nos retiramos.

"¿Ves?, te dije, así salió mejor", me dice Álex, mientras maniobra para poder regresar por el camino.

La posibilidad de recorrer el país para visitar prisiones me permitió ir forjando una mejor idea de éste. De norte a sur se podían ver sus transmutaciones y dinámicas, lo poblado de sus caminos, signo de las violencias del momento, o la forma en que se iban instaurando grupos de poder, así como la imposición de políticas públicas. Vivencias como la anterior se presentaban con más frecuencia de lo que uno quisiera, pero ésa era la realidad.

Sergio Tonkonnoff (2015) señala: "De modo que para saber qué es cada lugar, es preciso reconstruir la estructura subyacente en la que se halla inscrito. Puesto, en otros términos, toda organización urbana no es otra cosa que un sistema (de signos), con una sintaxis y vocabularios propios" (p. 325).

En muchos de esos poblados operaba una suerte de *prisionalización*. Siempre había alguien observando, resguardando algo, construyendo muros, levantando alambradas, colocando retenes. La libertad era una noción, no un hecho, a pesar de que se "andaba libre".

En efecto, Álex y yo éramos sujetos de escrutinio para los llamados *halcones*,[1] quienes te ubicaban desde que entrabas al poblado para avisar a sus mandos que alguien de fuera acababa de llegar. Paradójicamente, en un mundo interconectado, globalizado, el paso de una comunidad a otra implicaba ser objeto de sospecha por la cualidad de *fuereño*.

Esos sujetos, insertos en los imaginarios del narco, aspiraban a ser como sus jefes, quienes, al igual que ellos, habían empezado desde abajo y, poco a poco, a modo de reconocimiento de su labor, habían escalado posiciones hasta convertirse en *bosses*. El escalafón sigue una lógica: de halcón a distribuidor, de distribuidor a sicario, de sicario a jefe de grupo, de jefe de grupo a jefe de plaza, y así hasta llegar a ser el "gran capo".

Pensamiento mortalmente errado, porque "las balas o la cárcel acortan el viaje", como lo diría Eduardo Galeano.

En las pseudoguerras neocoloniales, los "desechables" se vuelven parte de los verdugos: víctimas y victimarios coexisten en un mundo donde todos somos sobrantes de algún lugar. *Empecherados*,[2] listos para el *topón*, para el enfrentamiento, deambulan como carceleros por las comunidades. Son fuerzas *para-*: *paramilitar* y *parapolicial*. Paradójicamente, una vez más, se convierten en aquello contra lo que supuestamente pelean, son parte de los *gobiernos privados indirectos*,[3] pero en supuesta pugna contra el poder. Son una farsa, una pantomima, un circo…

Se asumen como lobos que enseñan los dientes ante las presas más indefensas, pero son corderos ante los poderosos. Necesitan andar en grupo, porque estando solos vuelven a ser esos nadies de antaño.

Excluidos, lejanos de las políticas públicas y las aulas, pero siempre cercanos a los gobiernos de muerte, de despojo, que encontraron en ellos vidas manipulables y desperdiciadas, indignas de llanto. Libres, pero presos, y no hay peor encierro que el que uno se inventa y se construye. Nunca salieron de sus pueblos, a pesar de que algunos de ellos viajaron por el mundo. Qué contradicción tan cruel, porque pisaron tierras lejanas sólo para consumirlas, como consumieron drogas o personas.

Edificaron las murallas del encierro, la propia y la de otros, por lo que sus cuerpos fueron reclamados por esos lugares. Sus vidas eran la alegoría perfecta de las novelas de Juan Rulfo: regresar al lugar de sus amores/horrores, ya fuera al volante de una camioneta de lujo o con la novia/esposa trofeo, montados en el auto de moda o en un ataúd.

Vivieron como bandoleros, escondidos, huyendo, llevando consigo sus historias de miseria, maltrato, abandono y olvido. Pero también su infamia, la sangre y traición a sus comunidades. Se volvieron sus propios verdugos. Cerraron los caminos, en un sentido figurado y literal, para que al final quedaran atrapados ahí, física y espiritualmente.

Se creyeron libres en el mercado del libre comercio, pero, al igual que las mercancías, fueron un número más. Y también fueron capturados por esa insatisfacción que genera una sociedad consumista, donde el deseo es una liebre inalcanzable: salta, salta, salta…

Ejércitos informales que, insertos en una guerra difusa, y hasta confusa, se adueñaron de territorios y los hicieron rentables. Forjaron una economía impulsada por el derecho o pago de piso, una genialidad para que fluya el dinero a manos privadas, el "fisco" de los delincuentes. El SAT no tiene un sistema tan efectivo.

Transité por muchos de esos poblados, y mientras los andaba y escuchaba las historias de vida, caí en cuenta de que el infierno no se ubicaba sólo en las cárceles, también se había materializado en las comunidades, donde todos estábamos presos (en diversas vertientes y niveles), rehenes de miserables a los que les cedieron el gobierno de la violencia.

Las personas no necesitaban que les cerraran las puertas; *de facto*, cual toque de queda, echaban el cerrojo de noche, mientras el "diablo andaba suelto", y de día tenían tregua para seguir generando las ganancias, mal habidas, de sus carceleros.

La desarticulación, la ruptura de esos territorios, no se dio gracias a ocurrencias simples o ideas que surgieron de la nada, sino que se fraguó toda una estructura bélica, con apoyo técnico-político, que apuntó hacia un fin expropiatorio y que fincó nuevas directrices de gobierno. Gobiernos enaltecedores de la *necropolítica*, de las insignificancias de las vidas y las capitalizaciones de las muertes, donde "los malos", los policías y la milicia especulan el uno frente al otro, teatralizan, mientras la desgracia se ahonda y el estado de excepción se impone.

Imposiciones que se extendieron, y también consolidaron, en las ciudades *hipermodernas*, llenas de contrastes, lugares en los que convive la pobreza con la riqueza obscena y la mendicidad con el derroche. Casas hiperprotegidas como resguardo de la propiedad privada y barrios cercados como contención de una delincuencia desenfrenada. El ojo del gran hermano observa y vigila. "La vigilancia a través de videocámaras transforma los espacios públicos de la ciudad en interiores de una inmensa prisión" (Agamben, 2014, p. 26).

Y es aquí donde formulo la siguiente pregunta. En estos sistemas, ¿quiénes son los presos?

NOTAS

[1] Término para designar a aquellas personas que vigilan.

[2] Vestidos con chalecos antibalas.

[3] Forma de gobierno planteada por el teórico Achille Mbembe (2011), quien explica que se trata de estructuración social donde se da una transferencia total o parcial de todo aquello de titularidad pública a entes privados. Surgen en contextos de gran desabastecimiento, desinstitucionalización, violencia generalizada y desterritorialización.

Los autogobiernos no existen...

> Gobernar es el arte de crear problemas con cuya solución se mantiene a la población en vilo.
>
> EZRA POUND

"Él es el comandante y lo va a acompañar durante el recorrido. Yo lo voy a esperar aquí", me explica el custodio que me lleva hasta la esclusa de entrada a la prisión de Cancún.

Observo al comandante y no se me hace extraño verlo vestido de civil. Generalmente están uniformados, pero los he visto otras veces con ropa de calle. No me genera desconfianza. Nos damos la mano.

"Buenas tardes, licenciado. Bienvenido", me dice mientras me mira a los ojos.

"Dígame por dónde comenzamos. Podemos entrar al área que usted diga", suelta con obediencia, acostumbrado a que lo manden. Espera mi instrucción.

El comandante es un tipo relativamente joven, 40 años a lo mucho, alto y musculoso. Nada fuera de lo común respecto a las características con las que cuenta este tipo de mandos.

Durante el recorrido por ese laberinto de dormitorios, siento el agobiante calor húmedo de Quintana Roo. Quién diría que ese adefesio de cemento terminaría a tan poca distancia de una de las zonas hoteleras de mayor plusvalía del mundo, pienso. Es un lugar sucio, descuidado, corroído por el salitre, que desentona con los grandes emporios turísticos que se encuentran a unos cuantos kilómetros de ahí.

Camino y observo la vida del lugar. En ningún momento me siento amenazado o intranquilo. Con acento neutro, no ubico su lugar de origen, y educadamente, el comandante va instruyendo a los internos, quienes obedecen sin cuestionar

"Hazte a un lado, hijo. Abre esa puerta, muchacho. Salgan de la celda, va a entrar el licenciado, jóvenes. Cuéntenle lo que viven aquí, lo que comen, lo que hacen diariamente, no tengan miedo", los motiva.

El recorrido de casi tres horas se da sin complicaciones. Me impacta la disciplina y la sumisión de la población penitenciaria.

Le pregunto al comandante: "¿Cuántos años lleva aquí?". "Unos cuantos", contesta. "¿Antes ya había estado de comando en otras prisiones?". "No, es la primera vez", responde parco. Tipo hermético y desconfiado, pienso ante sus respuestas.

Concluimos el recorrido y nos dirigimos al mismo punto donde me había dejado el elemento de seguridad y donde seguía esperándome.

"Nos falta un dormitorio, comandante, el que está del lado contrario de la esclusa", manifiesto.

"Sí, lo sé, pero no puedo pasar para allá. En ese dormitorio tengo prohibido entrar, ahí lo recibirá otro comandante". Se despide de mí con amabilidad y me bendice.

Con el custodio que me acompaña caminamos un tramo amplio, rumbo al dormitorio que faltaba, conocido como *I* o *el Cuadro*, que se encuentra separado del resto del centro. Nuevamente me deja en el umbral de esa área, como la primera vez, y me señala: "Aquí lo va a acompañar este comandante".

Me saluda el comandante del lugar, y lo veo, al igual que al anterior, vestido de civil, algo ya no me cuadra, sin embargo, recorremos el área, donde prevalece la misma dinámica que en el resto del centro.

Al salir de esa prisión comprendo todo. Los comandantes eran nombrados de ese modo por ser los líderes de los grupos de poder que "gobernaban" el lugar. Eran unos comandantes *hechizos*.[1]

En ese 2015, Los Zetas "movían" 70% del centro y estaban alojados en la sección uno, que fue el área que recorrí con el primer comandante. Los

Golfos, replegados en el dormitorio I, controlaban 20%. Y el porcentaje restante era de pandillas de diversas filiaciones, ubicadas en una zona externa para protegerlas.

Era la primera vez que veía una dinámica instaurada de esa manera: grupos contrarios se dividían instalaciones, se aceptaba formalmente que el lugar era dirigido por comandantes de los grupos de poder y los custodios no ingresaban a población.

Esas formas de llevar la vida en prisión, no obstante, no eran algo nuevo, y las autoridades lo hacían ver, convenientemente, como los "gobiernos de los presos".

"Las prisiones son un reflejo del sistema que prevalece: instituciones ruinosas gobernadas por el narcotráfico", sentenció Carlos Tornero en los años noventa, cuando fungía como director general de los reclusorios del Distrito Federal, frente a Julio Scherer.

La aseveración era lapidaria y valiente, sin embargo, en igual medida, evasiva, dado que reproducía una realidad parcial: el mandato de grupos ilegales en las cárceles. Diversas instancias lo han señalado, y hasta remarcado, como parte de un proceso inherente a las cárceles, habitual, que tiene lógica y es susceptible de estudio.

En el *Informe sobre los derechos humanos de las personas privadas de la libertad en las Américas* y en la Opinión Técnica Consultiva 5/2013 de las Naciones Unidas, la Comisión Interamericana de Derechos Humanos (CIDH) establece dos criterios respecto a las formas de gobierno que existen en los centros penitenciarios:

Autogobierno. Es cuando el control efectivo de todos los aspectos internos está en manos de determinados reclusos.

Cogestión (cogobierno). Cuando la administración penitenciaria comparte el poder de gestión de un centro penal con una parte de los internos.

Por su parte, la Comisión Nacional de los Derechos Humanos (CNDH) en el 2018 señalaba: "Se trata de un sistema de gobierno paralelo al régimen interior que legalmente debe de prevalecer en un centro penitenciario, con una estructura organizada a partir de una jerarquía de mando, mediante la cual, además de imponer métodos informales de control, efectúan actividades ilícitas intramuros" (p. 32).

Los autogobiernos o cogobiernos, más que hablar de la realidad de una cárcel, explican la operatividad de ésta, una categoría que ejemplifica acciones, los mecanismos bajo los cuales se desarrollan, y que ha sido erigida como la explicación más certera de la vida en esos establecimientos. Como parte de un entendimiento más preciso de esta realidad, se puede esquematizar de la siguiente manera:

ESQUEMA 1. *Identificación de autogobiernos mediante criterios objetivos*

FUENTE: Elaboración propia.

La discusión se podría cerrar en este punto, porque para las autoridades no hay mayor tema. Sin embargo, de forma categórica, se puede afirmar que los autogobiernos son una especulación que reproduce una mentira.

En la práctica se desvanece la noción de "los gobiernos de los presos", ya que éstos obedecen a alguien, las prisiones tienen dueño, y el dueño, aunque posea esa franquicia, le sigue rindiendo al Estado. Así pues, los autogobiernos son declinaciones voluntarias de la autoridad por el control de una prisión, o el resultado de una negociación (cogobierno) para que existan responsabilidades compartidas. Las autoridades siguen mandando ahí, y es una falacia el planteamiento de que un grupo de poder llega y, con acciones violentas, toman las riendas de las prisiones e imponen sus directrices. Ese discurso es una fachada.

No se puede, esas bodegas de cuerpos son generadoras de dinero, y su gobierno no se va a dar de forma gratuita. Tiene costo.

Los autogobiernos son ficciones creadas por la autoridad.

Aunque no se puede negar la existencia en las cárceles de personas que mandan y deciden sobre la vida de sus compañeros, éstas siguen reportando sus actividades a un mando superior, el cual generalmente se encuentra afuera, pero con fuertes vínculos dentro.

También es importante señalar que ha habido ocasiones en las que grupos de poder legales de distinta filiación se han instaurado en un mismo territorio y, al no poder llegar a acuerdos políticos entre ellos, han recurrido al uso de la fuerza. En resumen: donde no alcanza la política, sobra la violencia.

Es preciso decir que algunos jueces, secretarios de Seguridad Pública, subsecretarios del sistema penitenciario, entre otras autoridades, son partícipes de esta mentira, dado que mueven las piezas de esos grupos en función de intereses. Si no, ¿cómo pueden existir *grupos delictivos* completamente organizados y armados dentro de una prisión?

Un grupo de poder es ubicado en una cárcel, donde tiene una estructura de mando bien definida, desde el comandante hasta los operadores de la violencia, personas que tienen funciones delimitadas y estratificadas, y que funge como un ente alterno de seguridad, por eso los custodios difícilmente ingresan.

No escapan porque sus jefes les dicen que no lo hagan, a menos que sea por mandato, derivado de alguna contingencia o "necesidad". No hay rebeliones verdaderas contra la autoridad, porque son sus pares y comparsas. Si en los operativos se encuentran armas largas y cortas, además de cartuchos útiles, entonces ¿por qué no se van? ¿Para qué se necesitan armas de fuego dentro de una cárcel si no hay rebelión contra la autoridad?

Porque conviene más tenerlos ahí generando dinero. Las armas son formas de control hacia otros presos y amenaza continua para algunos de afuera, además de recordatorio y chantaje constante: "Donde te equivoques, jalo el gatillo".

Rita Segato (2013) pregunta: "¿Y qué fuerzas y qué tipo de violencia protege la cuantiosa y enormemente variada propiedad en el nivel subterráneo de la 'segunda economía'?".

Las prisiones están inmersas en esa segunda economía, la que deviene de la ilegalidad, y necesita que las propiedades sean resguardadas. En esa lógica de la salvaguarda que nuestros sistemas hacen de las acumulaciones, de los lugares privados, de lo que tiene propietario… los autogobiernos son otro invento genial de la autoridad. Los autogobiernos no existen.

NOTAS

[1] Término usado en las prisiones para designar aquello que es imitación, falso, que busca ser como lo original.

Los extraños que conocí:
Aquellos enemigos orwellianos

La política divide a las personas en dos grupos: los instrumentos y en segundo, los enemigos.

FRIEDRICH NIETZSCHE

"¿Cómo se encuentra?", le pregunto al sujeto, mientras lo observo detrás de una pared transparente. "Bien, señor, sobreviviendo", contesta con desgano. El acrílico reforzado que sirve de muro distorsiona el sonido, por lo que se vuelve necesario agacharse a hablar por los pequeños orificios allí dispuestos para que circule el aire, o abrir la pequeña rendija a través de la cual puedes pasar diversos artículos personales.

Pienso que esta celda es claro ejemplo de la muerte de la privacidad, es el gran hermano materializado, el ojo que vigila constantemente. Se me figura una jaula de zoológico, y la analogía me parece cruel, pero no desproporcionada con lo que observo.

"¿Cómo se llama?", cuestiono. "Miguel Ángel, no como ese cartelón que está pegado ahí", y señala la parte lateral, externa, de su celda. Volteo y veo que dice: z-40, l/cobra, y hago memoria, el *40* es un código de su grupo, *L* o *Cobra* es el término con el que se designa a aquellos que mandan sin nunca haber tenido un rango militar.

"¿Quién puso eso?", pregunta el comandante que nos acompaña al grupo de custodios que va con nosotros. Silencio. "¡Quítenlo inmediatamente!", ordena, y un custodio lo desprende.

33

"Buenas tardes, Miguel Ángel", le dice el doctor Teo, mi compañero, e introduce la mano por un pequeño espacio en la puerta y se la ofrece. El sujeto titubea, pero termina sellando el saludo con un apretón. Me extraño por lo que acaba de hacer el doctor, y veo la sorpresa en los rostros de todos, incluido el prisionero, sin embargo, callamos.

En los centros federales se impide el contacto físico, por lo que hay internos que pueden llevar años sin abrazar, tocar o besar, o simplemente dar un apretón de manos. Por eso saturan los servicios médicos, necesitados de contacto, o "vuelven a sentir" cuando riñen: golpean y son golpeados.

Un apretón de manos los desestructura, se sienten humanizados, reconocidos no por medio del número con el que son designados ni el apellido o sobrenombre con el que son señalados, sino por la persona que son. Ese gesto los aparta, momentáneamente, de esa realidad de encierro, de alienación. Pasan a ser ese tipo que en algún momento fue vecino, hijo, padre, parte de una comunidad, y no el excluido de la celda transparente.

Miguel Ángel se muestra conmovido después del saludo. Agacha un poco la cabeza, la cual había mantenido erguida todo ese tiempo, ladea el cuerpo, se recarga sobre el pie derecho, mantiene las manos detrás de la espalda y nos cuenta sobre el régimen en el que vive por ser considerado un "peligroso criminal".

"Aquí siempre soy observado, no puedo hablar con mis compañeros y como solo. Estoy alejado de todos, aislado, y no tengo actividades laborales o de reinserción".

Un régimen de excepción es lo que describe, donde la fuerza del Estado sobre el cautivo es impecable. El caso de Miguel Ángel no es único, pero sí es un ejemplo claro de la ficción sobre los enemigos del Estado.

El poder, para no verse obstaculizado por los conceptos de *enemigo, peligrosidad* y *amenaza*, creó el término *prioritario*, que designa a aquellos "objetivos primordiales" en la lucha contra el crimen organizado, y ya dentro de ese camino ha arrastrado a personas que no han cometido delito alguno, pero que pese a ello han tenido que pagar las consecuencias de esas directrices: "daños colaterales".

Ese discurso se viene abajo ante la realidad. No por el simple hecho de nombrar o designar a una persona como *peligrosa* o *prioritaria* implica que lo sea. Por lo tanto, el enemigo debe de tener rostro y mirada desalmada, eso es lo que dicen quienes construyen la narrativa, el mito. Insertos en esa lógica, todo individuo constituye una amenaza, sin dejar de serla a pesar del encierro; por ende, debe de recibir trato excepcional.

¿Quiénes son los peligrosos? ¿Los prioritarios son verdaderas amenazas?

"Quien con monstruos lucha, cuide de convertirse a su vez en monstruo. Cuando miras largo tiempo a un abismo, el abismo también mira dentro de ti", sentenciaba el filósofo Nietzsche, y su aseveración se extiende en muchos campos.

Asomarse a los ojos de esos hombres "desalmados" y "peligrosos" genera la duda de su supuesta monstruosidad, y la mitificación de su maldad se cae a pedazos frente a su humanidad, quizás atroz y canalla, pero, al fin y al cabo, humana. Una humanidad cuestionada y deslegitimada por un poder que los necesita ubicados ahí, ya que son necesarios para los discursos ortopédicos y de seguridad, tanto en las calles como en las prisiones.

A esos personajes "peligrosos" los vi por muchos lugares, platiqué con ellos, me asomé a sus ojos, y me encontré con una gran mentira. Los vi encerrados de forma permanente, 24/7; caminando de un punto a otro, en un cuadro de dos por dos metros, como leones enjaulados, y, con el paso de los años, cuales cachorros apaciguados. Cambiaron del paso violento al paso pausado y titubeante.

Fui testigo de la forma en que se iban cayendo a pedazos: cabeza baja, hombros caídos, pies juntos, voz tenue… No eran esos capos que observaba en imágenes: mirada desafiante e intimidadora, cuerpo erguido y sonrisa burlona. Ni esos sujetos que pulverizaron poblados enteros, esos supuestos grandes líderes de grupos sanguinarios.

No sé si ellos eran los que descuartizaban, extorsionaban, violaban o mataban. En realidad, no sé si eran o no culpables. La justicia los sentenciará y la historia los condenará. Nunca haría apología de sus acciones o los eximiría de sus decisiones, pero hay algo inquietante al hablar con ellos o conocerlos. Y de esa inquietud nace la pregunta: ¿son en realidad esos monstruos ingobernables?

En este punto radica la necesidad de desarticular el discurso clínico y sanitario, de seguridad, a la par que ideológico, que envuelve a esos "hombres infames". En las prisiones se mantiene el juego especulativo de los reos de "alta peligrosidad" y la autoridad inquebrantable que "mantiene el orden" basado en el derecho penal del enemigo. Sostén de las instituciones que se ostentan como garantes de la ley, aunque en el fondo sean las primeras en transgredir derechos fundamentales

Lo que me ocurrió con Miguel Ángel también me sucedió cuando conocí a Ramón Burciaga, el Maga, el supuesto dueño de la cárcel de Piedras Negras. Lo encontré sentado en su celda, en la prisión de Saltillo, resguardado por la autoridad ante la posibilidad de que fuera dañado. El hecho de que un supuesto líder zeta estuviera en un penal lleno de integrantes del cártel del Golfo implicaba un riesgo.

En el libro titulado *El yugo zeta. Norte de Coahuila, 2010-2011*, los investigadores Sergio Aguayo y Jacobo Dayán (2017) dicen de él:

> Este jefe de cárcel fue nombrado en diciembre de 2009 y gobernó el Cereso hasta enero de 2012. Cuando hizo su declaración ministerial (diciembre de 2014) tenía 45 años. Se declaró de "religión cristiana" para luego precisar "que no fuma, que no ingiere bebidas embriagantes, que no es afecto a las drogas o enervantes". Reconoce, eso sí, tener "antecedentes penales por secuestro". Un diario coahuilense fue más preciso: el personaje era líder de una banda a la que atribuyen "más de 10 extorsiones y secuestros" (p. 8).

Algunos medios mencionaron: "La cárcel de Los Zetas" (De Mauleón, 2017), manejada por el Maga. Y calificaron el presidio como "un campo de exterminio subsidiado por el Estado" (Ventas, 2017).

Al verlo, la impresión que generaba era la de un tipo más, recluido en una celda cualquiera, completamente anulado, gris, que podría haber tenido las cualidades de un operador de crímenes violentos, pero no el "honroso" puesto de jefe de la prisión. Articular palabras con él remitía a la limitación del discurso: monosílabos acompañados de mirada esquiva y cuerpo encorvado. ¿Ése era el tipo que hizo de Piedras Negras un campo de exterminio? ¿Era el tipo que con destreza mandaba autoridades penitenciarias, organizaba custodios y desaparecía cuerpos?

Lo canalla del asunto, independientemente de los crímenes que se le achacan, es que ninguna autoridad penitenciaria de Coahuila fue condenada, ninguna fue puesta del otro lado de los barrotes —aunque sí más de alguna en los cementerios—, puesto que lo que hicieron ver fue que la cárcel de Piedras Negras tenía un autogobierno que rebasaba a la autoridad y que el jefe de la cárcel era un criminal hábil y muy bien organizado que operaba sin el apoyo de funcionarios.

Ese "gran criminal" fue quien tuvo que pagar por todo ese entramado de actos delictivos cometidos tanto dentro como fuera de prisión que implicaron masacres, desplazamientos forzados y un estado continuo de miedo y caos. Entonces, en esta lógica, ¿quién es más criminal: la autoridad cómplice o el tipo violento y sádico que se encontraba tras las rejas?

Esos prisioneros, excluidos y aislados, en algún momento formaron parte de las comunidades de las que fueron apartados por sus actos en contra de ellas, sin resolver el problema de éstas, sí, pero también porque se convirtieron en enemigos encarnizados del poder. Se colocaron en una posición que legitimó toda la fuerza del Estado en su contra y dio pie a la creación de una ficción en torno al crimen.

Peligrosidad no es un término basado en estudios científicos, tampoco explica una subjetividad por sí mismo, sino que es un constructo político en el que se cimenta todo un poder, toda una "violencia legítima". Es un algo indeterminado que se adjudica o deposita en diversos lugares o estamentos.

En su novela *1984*, George Orwell muestra que el poder necesita enemigos para mantenerse y generar simpatías, a la vez que para condensar odios y así crear directrices que permitan mantener el control sobre las personas. Gestionar vidas a la par que se edifican ficciones en torno a la realidad. Gobernar por medio del miedo, la estratificación, la diferenciación entre buenos y malos, de la ortopedia sobre los hombres "peligrosos" e "infames".

El gran hermano tenía a Emmanuel Goldstein como enemigo; nosotros tenemos a los nuestros a raudales, enclaustrados a perpetuidad en cementerios de "máxima seguridad".

Sanguinarios, *crueles* y *psicópatas* son términos lanzados como anzuelos que generan ficciones y crean monstruos, y permiten a ellos (el poder) declararse salvaguardas por medio de rejas, balas, sangre y botas. Esto es: un sistema bondadoso que nos resguarda de las amenazas a la par que edifica imperios millonarios que lucran con el encierro, los muertos y el conflicto, mientras a nuestras espaldas alimenta al monstruo, lo fortalece y hace crecer, y cuando ya no le funciona lo destruye.

> La seguridad de la comunidad es regulada mediante la integración de un peligro potencial neutralizado y domesticado, que a su vez es coproducido mediante técnicas de seguridad para su propia legitimación (Lorey, 2016, p. 55).

Se trata de una destrucción que no sólo pretende encadenar su cuerpo, sino suprimir su alma por medio de regímenes feroces que les brinda un trato diferenciado que intenta menguar una subjetividad, y si no lo logra, al menos ve cómo se va fragmentando, cómo se les va "adelgazando el espíritu".

Como escribió Juan Pablo Mollo (2016) respecto a la pena, pero que se hace extensivo a estos regímenes: "Efectiviza la incapacitación selectiva de aquellos sujetos percibidos socialmente como peligrosos" (p. 15). Y que además muestra el cariz de aquellos que se han constituido como soberanos de las vidas, y que nos dicen a quiénes debemos llorar, a quienes les es permitido vivir y a quiénes se les debe dejar morir.

Lo complicado de conocer a esos extraños, de platicar con esos "sujetos peligrosos", radica en tener que reconocer la dificultad que implica hacer a un lado al "monstruo" para poder conocer al hombre.

Las "beneficencias" de los falsos humanistas

Un humanismo bien ordenado no comienza por sí mismo, sino que coloca el mundo delante de la vida, la vida delante del hombre, el respeto por los demás delante del amor propio.

CLAUDE LÉVI-STRAUSS

El último día de su vida, el visitador Bernal tenía prisa por llegar a su cita. Uno nunca cree, al levantarse, que la muerte acecha. El helicóptero que lo esperaba en el Campo Marte tenía programado arribar antes de las 12:00 p. m. al penal del Altiplano. Un viaje corto: de 35 a 40 minutos de traslado era el tiempo estimado de vuelo. A las 10:45 a. m., la nave Bell 412 despegó con él a bordo. El visitador había logrado su objetivo.

La finalidad del viaje para Bernal era doble: ser partícipe en un evento donde se le daría banderazo a una "nueva policía penitenciaria" (Castillo y Dávila, 2005) y platicar con Osiel Cárdenas, supuesto líder del cártel del Golfo, "una visita para verificar que estuvieran a salvo las garantías fundamentales de los reclusos y que no gozaran de ningún privilegio, pero tampoco tuvieran menos de lo establecido en las leyes" (Ballinas, 2005), señaló el área de comunicación social de la CNDH, donde se desempeñaba como tercer visitador, encargado de los asuntos penitenciarios.

En el helicóptero que viajaba no era el funcionario estelar, podría decirse, ya que también iban a bordo el secretario de Seguridad Pública, Ramón

Martín Huerta, y el comisionado de la Policía Federal Preventiva, Tomás Valencia Ángeles, entre otros burócratas.

El evento en el Altiplano podía verse como extremadamente protocolar, pero operativamente erróneo, pues juntar a altos funcionarios en un mismo transporte era un fallo de principiantes o un hecho muy bien planeado. Al mismo tiempo, mostraba una falta de sentido político, práctico, por parte de Bernal y la CNDH, estar demasiado cerca de aquellos a los que tiende a emitirles recomendaciones.

El último contacto de la nave se dio a las 11:38 a. m. Llevaban volando 53 minutos, 13 más de los calculados como el máximo de viaje. A las 12:00 p. m. de ese 21 de septiembre de 2005, José Antonio Bernal, el visitador, ni la comitiva con la que iba se presentaron al evento programado.

El helicóptero en el que viajaban "tuvo un accidente". La aeronave se desplomó en el paraje conocido como La Cima, en Xonacatlán, Estado de México. Su destino final se encontraba a 40 kilómetros del punto del accidente. Sin embargo, luego de lo acontecido, surgieron hipótesis que apuntaban a un atentado, ya que tanto Bernal como Martín Huerta habían recibido amenazas de muerte por el desempeño de sus funciones.

Las autoridades que investigaban el caso no se movieron ni un renglón: había sido un accidente que, según los reportes, se debió al mal clima, las "condiciones meteorológicas adversas (nublados bajos)", el cambio de ruta del piloto y su falta de pericia.

En el discurso gubernamental la versión del accidente era incuestionable. Por lo que, ya en el 2013, la averiguación previa de los hechos fue destruida por "considerar que no se trataba de un caso histórico que debiera conservarse" (Castillo, 2016).

Así pues, ante las circunstancias de la muerte de Bernal emerge una serie de preguntas: ¿Por qué las amenazas? ¿Eran incómodos sus señalamientos respecto de lo que acontecía en las prisiones? ¿Qué intereses tocó?

Cuando traemos a la memoria aquellos momentos en los que hizo aseveraciones como que "las cárceles son las 'cajas chicas' de los Gobiernos estatales y municipales", o cuando aseguró que la violencia en las prisiones pasaba por funcionarios corruptos, sin voluntad política, que permitían se instalaran grupos de poder, quienes controlaban negocios ilegales, además de las violaciones continuas de los derechos humanos, las respuestas parecen delinearse más claramente.

Posterior a la muerte de Bernal, la realidad continuó su curso: funcionarios que señalaban ese mundo del encierro, pero no lo combatían; recomendaciones tras recomendaciones se acumulaban. Burócratas, organizaciones no gubernamentales y asociaciones civiles se volvieron cercanas al poder del Estado, que "mandataba" en las prisiones, y descaradamente brincaban de un lado a otro aplaudiéndolo. Dos casos ejemplificadores significativos emergieron con fuerza, y fueron aquellos que comenzaron a darle estructura y sentido, discursiva e ideológicamente hablando, a ese sistema injusto, para que se legitimara y convalidara. Esas personas se inscribieron ya fuera como *penitenciaristas* o como *activistas*, y a partir de ahí se fueron posicionando.

En sus alocuciones sobre el sistema penitenciario comenzaron a señalar la necesidad de dar voz a los "especialistas" que supuestamente conocían el sentido de las prisiones. Sintiéndose poseedores del saber, fueron contribuyendo al sustento y a la dinámica de ese sistema, que, por más injusto que pudiera ser, era visto como recuperable, algo perfectible.

Enarbolaron la bandera de las cárceles, emprendieron una cruzada por la reivindicación de esos lugares, ya que, a pesar de ser un instrumento feroz de disciplina, podían ser más amables y humanos. Nunca lo plantearon como un lastre, siempre fue un "área de oportunidad".

Pensaban en mejores camas, baños limpios, más luz, mayor ventilación, pero nunca, ni en un segundo de lucidez, pasó por su cabeza la reformulación o desaparición de ese sistema.

Asumieron que debían de luchar del lado del poder, ser sus aliados, construir puentes y desestimar las voces de esos sujetos precarios, los presos, y sus vivencias subversivas, porque podían develar una realidad que no iba acorde con el "deber ser" dentro de esos depósitos de carne.

Se veían, distorsionadamente, como quienes habían caminado sobre el fango sin hundirse y se habían manchado en el lodo cuando había sido necesario. Conceptualizaban sus actos hacia con las poblaciones de presos como bondadosos, dignos de loas y aplausos, y conforme fue avanzando la tecnología, medían sus éxitos por los *likes* en sus fotos, los *retweets* de sus frases vacías o las zalameras felicitaciones por su "humano trabajo". Lentamente, no sé si bajo su voluntad o en una inercia penosa, se fueron convirtiendo en burócratas, funcionarios, activistas, defensores de derechos humanos que se enquistaron en un sistema de control.

No les interesó desarticular el discurso disciplinario, sino que lo legitimaron con mucho ahínco, como parte de una biocracia. Muchos de ellos se convirtieron en una fauna rapaz que administró los infiernos del encierro, otros tantos se dedicaron a vivir de los despojos. Alejados de la realidad de las cárceles y rodeados de fariseos y vendedores de humo que les repetían "sí, jefa", "sí, jefe", se hicieron cercanos al poder, sin embargo, siguieron vociferando que eran independientes, a pesar de sus complicidades.

Se consolidaron como falsos humanistas e intentaron colonizar el pensamiento de los otros con la idea de que las prisiones "reforman el alma", "enderezan el árbol torcido", "cambian al sujeto", "vuelven al sendero del bien" al hombre delincuente. Muchos de ellos se nombraron *utópicos*, pero terminaron siendo obsesivos y ortopédicos, una tuerca más de la maquinaria que desecha a las personas.

No tuvieron pena al decir que soñaban con rejas, cárceles y encierro como símbolos preponderantes de humanismo y un poco de *reinserción* como consuelo de su falso sentido social. Prolongaron la agonía sobre los cuerpos de los presos, cuerpos propiedad del Estado.

Desde sus posiciones se erigieron y ufanaron de ser humanos de primera porque llevaban a cabo actos altruistas y de caridad en beneficio de esos seres "incontenibles, crueles e ingobernables" que habitan las cárceles, pero en realidad nunca caminaron a su lado, nunca practicaron genuinamente la solidaridad, no porque debieran pelear sus luchas, sino por el sencillo hecho de que vieron los estragos y el efecto aplastante del encierro y prefirieron callar; administrar esas agonías.

Dieron maromas, crearon circos, desarrollaron congresos, hacían *webinars* o daban pláticas virtuales para poner sobre la palestra discursos como el de la *reinserción social*, que colocaba a esos "enemigos del Estado" y a los "sujetos desviados" sobre el eje de sus anhelos de cambio, de conversión de hombres "malos y desalmados" a "sujetos buenos y útiles para la sociedad".

No comprendieron que ese dispositivo reminaba y frenaba una lucha mayor, que era dinamitar ese sistema de injusticias y barbaridades. Entonces, se unieron, crearon un bloque para desplazar a aquellos que les hacían mella, que no embonaban con sus posturas legitimadoras. A unos los fueron excluyendo, a otros los fueron destruyendo, apagando sus voces, para que al final su discurso prevaleciera.

La academia, la burocracia y el "activismo" también son crueles. Si bien no matan en la realidad, sí lo hacen en el plano simbólico, con el silenciamiento, el exilio de los "círculos de poder" y la lejanía con los "potentados del saber".

Dejaron que los excluidos de su grupo hablaran desde la individualidad. Aún más, minaron sus testimonios, los desestimaron, los redujeron a "enjambres de puras unidades", como explicó Byung-Chul Han (2014a), porque estando separados no podrían romper el infranqueable muro de su mentira.

Perpetuaron durante años la injusticia y el horror en el que se han convertido las cárceles. Porque esos penitenciaristas, esos activistas, no llevaron a cabo luchas por la reivindicación de los derechos humanos (a pesar de que durante años se ufanaron de ello), no pelearon por la justicia social. Lucharon por ellos, por los suyos, para ocupar puestos que enaltecieran sus egos, para crear proyectos personales, montarse sobre el dolor de los presos, tan sólo un escalón más para alcanzar sus ambiciones. No vieron ese mundo como lo que plantea el existencialismo: *La náusea*.

Legitimaron un mundo de creencias e imposturas. Se creyeron sus falsas poses, sus mensajes mentirosos, su verborrea inacabable y al final no entendieron nada; y no lo entendieron porque nunca supieron de qué iba el asunto. Escribió Mario Benedetti:[1]

> Pobrecitos, creían que libertad
> era tan sólo una palabra aguda
> que muerte era tan sólo grave o llana
> que cárceles por suerte una palabra esdrújula.
>
> Olvidaban poner el acento en el hombre…

Ellos lo olvidaron, pero hay quienes luchamos contra esos olvidos, que peleamos desde la trinchera de la ética, de los principios, del señalamiento sin concesiones, sin creer en sus beneficencias, sus caridades, su saber deficiente y su falso activismo.

Víctor Hugo decía: "Ustedes quieren socorrer a los pobres. Yo quiero abolir la miseria". Reformulando esa sentencia, se les podría decir a esos falsos humanistas: *Ustedes quieren socorrer a los prisioneros. Yo quiero abolir sus cadenas.*

NOTA

[1] Fragmento del poema "Hombre preso que mira a su hijo" (1973-1974).

La edificación de los imaginarios criminales

> Lejos de una simple coincidencia temática, la novela, la
> película y la serie de televisión deben entenderse como
> mediaciones de una política de representación del secu-
> ritarismo en los campos de producción cultural global
> que reproduce la agenda hegemónica estadounidense en
> torno al fenómeno del narcotráfico.
>
> OSWALDO ZAVALA

"¡Pinches rucas del Noreste, bien perras!", les dicen a seis prisioneros que hacen la *fajina,* la *talacha*. Hincados, se arrastran por el piso mientras lo limpian
con las manos y trapos, al tiempo que son pateados. Llevan puesto negligé y
tanga, "ropa interior femenina". Para quienes se asumen como *hipermasculi-*
nos, incastrables, ingobernables, vestirlos así es una humillación.

"¡Péguenle al topón, hijos de su puta madre, al topón!", les continúan
gritando. Ellos, con el miedo en el cuerpo y la cabeza agachada, siguen con
su labor.

"Las noviecitas, mira su tanguita", les grita quien toma el video con un
celular, señalando con el dedo a un interno que no tiene una pierna.

"¡Acomódate, tú, tu pinche *baby doll*!", instruye un sujeto a uno de los
humillados.

El video muestra ahora a un preso de rodillas, rodeado de otros sujetos,
el cual le practica sexo oral a un hombre. "¡A ver, chúpele, Muletas, chúpele! ¡Trágatela toda, trágatela toda, hijo de tu puta madre!", grita una horda

de prisioneros al Muletas, mientras lo obligan a realizar una felación. "¡Toda, toda!", vociferan a coro aquellos que observan la escena, regodeándose.

En esos hechos hay una especulación respecto a la virilidad de los sujetos que miran, así como de quien viola, ya que al "feminizar" al otro, al ponerle ropa de mujer, intentan reforzar su sexualidad masculina ante su cofradía. Así, esa soberanía sobre lo cruel se extiende hacia el campo de lo sexual.

> La violación de las mujeres es también su destitución y condena a la posición femenina, su clausura en esa posición como destino, el destino del cuerpo victimizado, reducido, sometido. Cuando se viola a una mujer o a un hombre, la intención es su feminización (Segato, 2013, p. 77).

Es el 2017 y el video se graba en el penal de Apodaca, en Nuevo León, gobernado por Los Zetas, lo que queda de ellos. Muestran la bienvenida que le dan a la *contra*, en este caso gente del cártel del Noreste. Lo importante se pierde, no es relevante, el hecho de que un grupo ejerza control sobre la población penitenciaria se esfuma. El celular, la ausencia de custodios y la violación son insignificantes.

La responsabilidad de lo acontecido recae sobre el Moy o Mollejas, encargado del penal de Apodaca, y el Pelón, su lugarteniente, jefes zetas. Se realiza un operativo, las autoridades incautan objetos prohibidos, se les inician procesos a algunos internos y se da el caso por cerrado.

Con el paso del tiempo y el vendaval de desgracias, estos hechos serán devorados por el olvido o pasarán a engrosar el anecdotario popular y a alimentar el placer morboso de quienes aplauden la violencia ejercida contra los violentos.

> Al tratarse de imágenes de tortura y humillación, se intenta atraer la simpatía de alguien distinto de quien las realiza y lo que este espectador virtual puede proveer a cambio: un juego complaciente de espejos. Se expresa así el énfasis coactivo de la estupidez cuya materia se publicita con el fin de ser disfrutada y validada por otros.
>
> El episodio entrelaza, aparte del uso de las cámaras portátiles como prótesis del ojo humano, el fetichismo de la "evidencia" visual: lo que no existe en

la imagen no existe en la realidad. Así la palabra testimonial carece de importancia (González, 2009, p. 75).

Por su parte, el Estado se lavará las manos, a pesar de haber ocurrido en un lugar bajo su mando. "Problema entre particulares", señalarán.

Eso sí, se hará eco del nombre de ese personaje humillado, *el Muletas,* uno de los líderes del cártel del Noreste (*Milenio digital*, 2017), y nos presentarán la contraparte, su relato de vida, donde su nombre parece estar de más, inserto en el mar de aspirantes a capos. Un criminal sanguinario que, a pesar de no tener una pierna y siempre usar muletas —de ahí el sobrenombre—, construyó un pequeño "imperio delictivo": extorsiones, secuestros y homicidios en Nuevo León y Tamaulipas.

Videos, más videos: el Muletas tomando cerveza, amenazando enemigos, disparando un arma larga mientras escucha música de banda. Alimentando los imaginarios de los sujetos peligrosos, el Muletas graba sus acciones con el orgullo de quien exhibe una proeza. No razona que esas imágenes serán el argumento de quienes demeritarán cualquier acto en su contra. Porque al final del día, desde la óptica del espectador manipulado, inserto ya en la lógica de los estamentos securitarios, moralizadores y propagandistas de la guerra, lo que sea que le pase se lo habrá merecido.

Día con día, en las diversas prisiones de México, estos casos ocurren, aunque generalmente no salen a la luz, quedan ocultos o son guardados bajo llave, con el entendimiento cómplice de las mafias.

La publicación del video del Muletas no se acerca a una denuncia, es un mensaje para otros, para dar a conocer quién es el dueño de ese penal, y lo que les pasará a los enemigos que entren allí.

La crueldad y crudeza de ese mundo se reproduce gracias a que la tecnología permite que desde cualquier lugar y dispositivo electrónico se pueda observar. Las hordas de consumidores *gore*, ávidos de imágenes, satisfacen su morbo, mientras detrás se expande toda una industria que capitaliza esas desgracias, las matiza y teatraliza, les añade connotaciones morales, les da un cariz ideológico y contrapone a los buenos contra los malos.

Ahora, insertos en estas lógicas de imágenes y videos, hablemos de la fuga de Joaquín *el Chapo* Guzmán, material de consumo cúspide en torno a las cárceles. En algunos canales de YouTube los videos relacionados registran hasta 20 millones de *views*, 120 mil *likes* y hasta 5 200 comentarios.

El video, reproducido hasta el cansancio, muestra que a las 8:52 p. m. del 11 de julio de 2015 el Chapo escapa por un túnel que se encuentra debajo del área de regaderas de su celda (número 20), en el penal del Altiplano. Como escena de película de acción hollywoodense, el escape de este personaje atrapa a cientos de consumidores, quienes generan ganancias observando la huida del antihéroe.

Su fuga se vuelve objeto de consumo, como también las vidas ficticias, superficialmente mitificadas, de esos sujetos que lograrán generar *ratings* millonarios. Las vidas villanas y trasgresoras de esos hombres infames que emergen de la pobreza para ser grandes líderes delictivos.

Vivencias de ensueño: mujeres, armas, autos de lujo, fajos de billetes, drogas y viajes por el mundo… mientras la sangre se derrama. La realidad y la ficción son fusionados. Por ejemplo, la serie *Narcos* de Netflix, cuya tercera temporada logró en su primera semana una audiencia de 27.2 millones de espectadores, según la consultora Parrot Media (*Tvshow*, 2017).

En ese mundo de la pantalla, con sus lugares comunes, observamos a los guardianes de nuestra paz matar y disparar como actos de justicia. Estamos inmersos en una guerra proyectada, meramente securitaria, e insertos en el discurso de la industria de entretenimiento primermundista; alejados del entramado complejo que implica el combate al narco, la ficción del enemigo y el discurso del poder hegemónico.

Las personas se alimentan de estas historias que idealizan y romantizan, en algunos casos, la violencia y la represión.

Bajo la imaginación securitaria, Pablo Escobar y "El Chapo" Guzmán continuarán estimulando nuestras producciones culturales. Seguiremos fascinados por sus vidas mitológicas hasta que la idea de seguridad nacional y la narrativa general de nuestro presente neoliberal sea desafiada por una imaginación crítica que relocalice la historia del narcotráfico en el centro del poder del Estado, como uno más de sus estructuras y programas de gobierno, en la intimidad de la más básica lógica política (Zavala, 2018, p. 88).

En este entramado, la prisión también juega una partida especulativa. Se presenta como un mundo lejano, de horror y lleno de interrogantes. ¿Qué sucede dentro de una cárcel? ¿Qué pasa en ese mundo? ¿Quiénes habitan esos lugares? Mientras se despejan las dudas, los medios, los canales de intercambio de información alimentan visiones a medias, reproducen sin contexto, sentencian sin juicios, descalifican minorías y vanaglorian a los opresores.

El espectador se identifica con los criminales, en específico con aquellas clases desfavorecidas, parte de una aspiración y "suspiración", edificada por nuestro sistema político y económico que legitima su forma de actuar en aras de ascender en el escalafón social, a pesar del crimen y la ignominia.

Como explica Sayak Valencia (2010):

> Cualquier tipo de resistencia es susceptible de transformarse en un nicho de mercado explotable [...] que denominamos *mercado gore* [...]. Los productos y servicios que se ofertan son los servicios asociados con el necropoder y las necroprácticas, es decir, la venta de drogas ilegales, la gestión de la violencia, la venta de órganos humanos, el asesinato de personas, el tráfico de mujeres y niños, etc.

En este sentido, también opera una situación contradictoria, porque se consumen las vidas de estos sujetos, se quiere ser como ellos o poseer lo que tienen, pero cuando caen en desgracia se convierten en marginados: lacras, ratas, narcos... Sueñan con ser portada en revistas como *¡Hola!*, pero terminan en las páginas de relleno de *La Prensa* o *El Gráfico*. Las pantallas, el *streaming* y la red proyectan y reproducen esos mundos, exponen sus placeres, sin embargo, no muestran sus infiernos.

Infiernos como el de Apodaca y el Muletas.

Muertes caneras:[1] Ejecuciones extrajudiciales

> El lenguaje político está diseñado para que las mentiras parezcan verdades, el asesinato una acción respetable y para dar al viento apariencia de solidez.
>
> GEORGE ORWELL

La mañana del 14 de noviembre fue atípica en la prisión de Ciudad Guzmán. Los hermanos Jiménez Rangel, Mario Alberto y Agustín, fueron encontrados sin vida en un área de observación, colgados de los barrotes de sus respectivas celdas con un paliacate.

Los elementos que los encontraron quedaron extrañados, ya que, si bien se encontraban en la misma área, estaban depositados en celdas distintas. Aparentemente, pactaron sus muertes.

Los suicidios en las prisiones de Jalisco no eran extraños para las autoridades. Acostumbrados a ver cómo, de entre el mar de personas que entraban y salían, algunos se quitaban la vida, unas muertes más podían no significar nada. Sin embargo, la coordinación y el mismo método levantaron sospechas.

Días antes de que se suicidaran, su hermana Guadalupe fue ejecutada en Tecalitlán, de donde eran originarios. El asesinato de Guadalupe podría haber sido un factor determinante para su decisión. Tristeza, tal vez se pensaría, pero el asunto era más complicado y se remontaba a su captura en el 2010, cuando habían sido detenidos por el Ejército en un narcolaboratorio de Tamazula y eran señalados por el homicidio de tres militares en Ciudad Guzmán (Herrera, 2015).

Dejaban asuntos pendientes afuera, por lo que no debían seguir con vida. Ésa era la instrucción.

En torno de su suicidio existían dos señalamientos. El primero: violaron a la hija de un capo de la zona. El segundo: traicionaron al grupo delictivo al cual pertenecían. En cualquiera de los casos, debían morir; sin embargo, el centro penitenciario los mantenía bajo protección, para que no fueran dañados.

El mensaje de los de afuera era claro: "Se suicidan o comenzarán los asesinatos de su familia", y los hechos mostrarían la seriedad de la amenaza.

De forma general, los suicidios en las prisiones, al igual que muchos homicidios, son un escenario común. Suele señalarse que los presos se quitan la vida en épocas festivas, porque extrañan a sus familias, o posterior a ser sentenciados. El asunto suele ser tan común que en el 2007 la Organización Mundial de la Salud (OMS) y la Asociación Internacional para la Prevención del Suicidio elaboraron un manual denominado *Prevención del suicidio en cárceles y prisiones*.

La postura es básica: el suicidio es resultado de una toma de decisión errónea por parte de un sujeto que no supo afrontar su realidad y decidió quitarse la vida. Pulsión de muerte que se exacerba con el encierro y que se potencia con el consumo de drogas. De los barrotes, las regaderas o los soportes de sus planchas, con ayuda de ropa, cinturones o sábanas, se daban el *corbatazo*.[3]

Después de escuchar sobre muchos casos de suicidio, de conocer historias, entendí aquello que con frecuencia se dice: *los suicidaron*. Las mafias cometen homicidios que disfrazan de suicidios y que las autoridades dan como genuinos.

El Observatorio de Prisiones de la asociación civil Documenta registró en un periodo de 10 años, del 2010 al 2020, 572 suicidios y 268 intentos de suicidios en las prisiones del país. El dato podría verse como algo inherente a los lugares de encierro. Personas que se quitan la vida por voluntad, depresivos, "cobardes", evasores de ese mundo de enclaustramiento. Lo que permitiría ver de forma parcial una realidad, ya que existen elementos e historias para entenderlo bajo otra óptica, una visión en la que la autoridad, en contubernio con internos, dicta ejecuciones. Aunque no todo suicidio u homicidio se circunscriba a esto.

En el año 2012, la periodista Ana Lilia Pérez elaboró un artículo para el portal *Contralínea* que señalaba posibles ejecuciones disfrazadas de suicidios en la Ciudad de México, en ese entonces Distrito Federal (Pérez, 2012). Del 2008 al 2012 ocurrieron 120 muertes, entre suicidios y homicidios.

Testigos en graves casos de corrupción, partícipes en delitos de alto impacto y reos llevados tras las rejas por la infiltración de la DEA en México han visto el final de sus días en cárceles del Distrito Federal. Sus cuerpos se han encontrado colgados, en muertes declaradas oficialmente como suicidios, pero para la CDHDF hay indicios de que podría tratarse de ejecuciones o vendettas.

Por ejemplo, la muerte "por suicidio" del prisionero José Luis Reyes García, el Chatanuga, perteneciente a una mafia (custodios y directivos) que explotaba sexualmente a internas en el túnel del Reclusorio Norte. O la de José Luis Calva Zepeda, bautizado por los medios como el *Caníbal de la Guerrero*, acusado de feminicidio y de cometer actos de canibalismo con los cadáveres de sus víctimas, quien "se suicidó" en la zona de protección del Reclusorio Oriente.

El 11 de diciembre de 2007, el hombre a quien se le identificó con el mote del Caníbal, o el Caníbal de la Guerrero, apareció muerto en su celda del Reclusorio Varonil Oriente, el cuerpo pendido a la reja con un cinturón que su hermana identificó como ajeno. Ello y las huellas de tortura que su hermana identificó despertaron las sospechas sobre una posible ejecución y no un suicidio. José Luis tenía el ano y los genitales destrozados por violación anal [*sic*] con un palo. Su deceso se registró entre las 06:00 y las 06:30 horas.

Días antes su novia en turno, Dolores Juana Mendoza, había denunciado que había sido golpeado y amenazado de que debía entregar su cuota económica.

La víspera de su muerte, durante la visita de su abogado Humberto Guerrero Plata, José Luis le había entregado un capítulo del libro que preparaba en prisión (*El caníbal poeta seductor*) (Pérez, 2012).

Entonces, estos suicidios cargados de dudas tiran por la borda la noción del "cobarde que no puede con su vida". Estos hechos se pueden observar como mandatados de un grupo que opera tanto al exterior como al interior, y está conformado por fuerzas legales e ilegales. En el artículo titulado "La ejecución extrajudicial o el homicidio en las legislaciones de América Latina", Humberto Henderson (2006) plantea:

> La ejecución extrajudicial es una violación que puede consumarse, en el ejercicio del poder del cargo del agente estatal, de manera aislada, con o sin motivación política, o más grave aún, como una acción derivada de un patrón de índole institucional. Usualmente se entiende que la ejecución se deriva de una acción intencional para privar arbitrariamente de la vida de una o más personas, de parte de los agentes del Estado o bien de particulares bajo su orden, complicidad o aquiescencia, sin embargo, tanto en doctrina como en alguna legislación, se aceptan *diversos grados de intencionalidad* cuando los responsables son miembros de los cuerpos de seguridad del Estado (p. 285).

Suicidios que no lo son, que son forzados por agentes estatales y paraestatales que operan en los establecimientos penitenciarios y que tienen la certeza de haber cometido crímenes perfectos por instrucciones de otros, con diversos objetivos: escarmiento, intimidación o acomodo de grupos de poder.

En estos casos, como menciona la CNDH en su Recomendación dirigida al centro penitenciario de Apodaca 40/2013, posterior a una masacre, y donde se encontró a una persona "suicidada":

> Si bien es cierto que en la necropsia que se le efectuó a éste se determinó que él se quitó la vida, también lo es que debió efectuarse una mayor investigación del suceso que permitiría establecer con alto grado de certeza lo que sucedió, es decir, para poder determinar que la muerte efectivamente fue voluntaria, al ser ese el elemento que lo diferencia del homicidio, sobre todo si tomamos en cuenta que se trataba de una persona privada de la libertad y que pudo darse el caso de un "suicidio inducido", el cual es un método de ejecución en donde a la víctima se le da a elegir entre cometer suicidio o enfrentarse a una alternativa peor, normalmente la tortura previa a la muerte, o el daño inminente y grave de algún familiar (p. 48).

Esas muertes veladas, las de los "suicidas", constituyen crímenes silenciosos, pero con potentes mensajes.

Por otro lado, eventos que pueden ser conexos y que también ocurren con frecuencia son los homicidios, los cuales muestran en todo su esplendor la impunidad y poder de quienes gobiernan las vidas y estancia de esas personas en prisión. En este punto, el Observatorio de Prisiones señala que del 2010 al 2020 en México se cometieron 500 homicidios y 25 intentos de éstos.

Existen dos casos ejemplares de las formas en que se manejan algunos de estos eventos, con sutileza, por cómo ocurren y de las dudas que generan. La muerte de Sigifredo Nájera Talamantes, el Canicón, y la de Héctor Beltrán Leyva, el H o el Ingeniero, ocurrida la primera en el año 2015 y la segunda en el año 2018, ambas en el penal del Altiplano.

Desde el momento en que se supo de éstas despertaron suspicacia, a pesar de que las autoridades las registraron como decesos naturales. "No nos comemos el cuento", señalaban los prisioneros que los conocían.

En el caso del Canicón, la familia especuló que, al encontrarse en la celda 19, contigua de la que se encontraba el Chapo, la 20, cuando se fugó, sabía demasiado, ya que entabló una amistad con él, y en sus declaraciones ante las autoridades respecto a la fuga dio mucha información. Se hablaría de que fue envenenado o que había muerto de una sobredosis de cocaína; sí, cocaína en un centro de máxima seguridad (Gutiérrez, 2018). Algunas voces al interior mostraban incredulidad al hablar de que muriera por sobredosis, ya que decían que "se metía hasta un tabique sin ningún problema". En el caso del H, el abogado del Chapo mencionaría que su muerte se dio a causa de un paro cardiaco luego de que se le notificara su extradición a los Estados Unidos con el fin de que testificara en el juicio contra su cliente (*Expansión*, 2018).

Los homicidios y los suicidios develan un mundo que funciona de forma paralela a los dictados legales en los centros penitenciarios. Lo decimos por su nombre, no son sólo homicidios por simples venganzas ni suicidios como una decisión subjetiva, sino *ejecuciones extrajudiciales*, lejanas a esos marcos de legalidad que, en teoría, deberían ser los ejes rectores de los lugares de encierro.

No hay culpables ni investigaciones porque, oficialmente, son estadísticas que deben ser tiradas a la basura de la historia, porque esas vidas no valen la pena y como tal debemos de asumirlas.

Mientras tanto, esos poderes dictan sentencias de muerte desde la omnipotencia y la impunidad. El "destino" de quien es condenado por esas mafias, sea dentro ó fuera, lo alcanzará. No hay lugar donde no pueda llegar esa larga mano.

NOTAS

[1] Término que se usa para hacer referencia a la cárcel.
[2] Expresión usada en prisiones para referir cuando un preso se cuelga.

El asesinato de Serafín...

El mito del eterno retorno viene a decir, *per negationem*, que una vida que desaparece de una vez para siempre, que no retorna, es como una sombra, carece de peso, está muerta de antemano y, si ha sido horrorosa, bella, elevada, ese horror, esa elevación o esa belleza nada significan…

MILAN KUNDERA

A Serafín lo mataron de 10 balazos, 0.223 y 7.62 fueron los calibres de las armas asesinas. Los sicarios fueron precisos, 29 orificios de bala se podían contar, a simple vista, en la puerta del auto que conducía; distribuidos en piernas y cabeza, se ubicaban los impactos.

"Fue un evento que duró cinco segundos" (México te quiero en paz, 2011), señaló el fiscal de Coahuila. En cinco segundos, arriba de su Jetta blanco, frente a una escuela secundaria, lo ejecutaron.

"Todos sabían que siempre andaba en su 'carrito'", dijeron quienes lo conocieron.

Ese 13 de diciembre de 2011, Serafín fue acribillado por una mano cobarde en una calle de Saltillo. Nunca fue mi amigo, no lo conocí, sólo por foto pude verlo, pero quienes sí lo hicieron lo llenaban de elogios: noble, amable, simpático y siempre dispuesto al *jale*.

Hasta hace poco algunas personas conservaban fotografías suyas en el penal de Piedras Negras, del cual fue director. Aparecía sonriente en éstas.

"¿Ése es Serafín?", le pregunté a una trabajadora del penal de Piedras que conservaba una foto de ambos enmarcada sobre su escritorio. "Sí, era mi jefe, excelente persona. Amable, sonriente, como sale en la foto", me contestó.

No entiendo cómo nunca se le borró la sonrisa, administrar ese lugar de espanto a muchos les quebraría el espíritu. Parte de su vida la pasó trabajando en prisiones de Nuevo León y Coahuila, así como en la CNDH, desde donde supervisaba los centros penitenciarios del país. "No debía nada", comentaban quienes lo conocieron. La mano que lo mató, sus verdugos, no pensaban lo mismo.

De su muerte se sabe poco. En la distancia se perdió su caso. Una vida menos, parte de las estadísticas, de las bajas de la guerra contra el narco o de los "daños colaterales". En abstracto, una muerte más. En un plano afectivo, la muerte de un amigo, la muerte de Serafín.

Quizás no hay que ir muy lejos para saber lo que pasó. Su estadía en el penal de Piedras Negras puede dar una idea. Ese monumento al horror, centro de operaciones de Los Zetas, quizá lo mató. Tal vez no estaba de acuerdo con que los prisioneros entraran y salieran a voluntad para recibir droga, dar cuota de las extorsiones y llevar a cabo crímenes. O quizás pudo ser cómplice.

El puesto que ejercía en ese momento como director del penal de Saltillo puede que haya marcado su funesto destino: no se alineó con la mafia que lo controlaba, Los Zetas, viejos conocidos. O probablemente no se *cuadró* con el grupo que gobernaba el estado, jefes de quienes dirigían esa cárcel.

Las autoridades estatales se apresuraron a señalar que no se tenía conocimiento de amenazas en su contra (*Milenio*, 2015).Tampoco tenían conocimiento de lo que ocurría en el penal de Saltillo a pesar de "administrarlo". Las historias iban de cómo el Pepito Sarabia, jefe de Los Zetas en la región, salía y entraba de la cárcel dos veces por semana, entre 2009 y 2012. El segundo debajo de Sarabia era conocido como *el Teniente*, quien controlaba a unos 300 reclusos. Era la tropa que solía darle la bienvenida.

Pepito Sarabia entraba por la puerta de la aduana en su camioneta y con guardaespaldas. A veces llegaba con un chaleco antibalas con granadas colgando. Repartía dinero, cocaína o marihuana entre su gente y disparaba su arma. En una ocasión, cuando se iba, se topó con Serafín Peña. Se saludaron con abrazos y luego Pepito le dio un fajo de dólares (Alvarado, 2015).

"¿Dónde estaban esos fajos cuando su viuda batallaba con que le entregaran la pensión?", diría gente cercana a él.

No sé por qué asesinaron a Serafín, yo no lo conocí, pero sospecho que su muerte es parte de un entramado de muertes absurdas, como absurdos son los motivos por los que diariamente mueren tantos en este cementerio de país. La muerte de Serafín fue la repetición de una película, de una realidad ya vivida; sólo cambiaron los nombres, los métodos, las fechas y los lugares.

Antes de Serafín, fue Juan Pablo de Tavira, el primer director del Altiplano. Era noviembre de 2000 cuando cuatro disparos en la cabeza le quitaron la vida. Lo amenazaron desde capos hasta altos jerarcas de la Iglesia católica, a quienes acusó de estar ligados con los narcos.

> Rafael Caro Quintero y Ernesto Fonseca Carrillo habían publicado cartas amenazando al exdirector del penal de Almoloya. "Sus días están contados", decían las misivas en las que los capos se quejaban del maltrato y "mano dura" por parte de Tavira en el penal (Camacho, 2000).

Puede que se granjeara enemigos al generar propuestas en torno a la seguridad cuando apenas comenzaba el Gobierno de Vicente Fox, como señaló la periodista Peniley Ramírez en su libro *Los millonarios de la guerra* (2020):

> De Tavira logró presentar su proyecto a Fox el 14 de agosto del 2000. Lo reportó *La Jornada* "Visitó al presidente electo, Vicente Fox, a quien le presentó sus propuestas en materia de seguridad pública y prisiones". Fox quedó encantado con la propuesta, dice el amigo De Tavira, quien lo llevó al encuentro con el guanajuatense a una casa en Lomas de Chapultepec. Tres meses después, *La Jornada* consignó que el 21 de noviembre De Tavira había sido asesinado de cuatro balazos en la cabeza en el comedor del Centro de Extensión Universitaria de la Universidad Autónoma de Hidalgo, en Pachuca (p. 55).

Juan Pablo de Tavira siempre fue descrito como lúcido, inteligente y sensible ante la problemática del sistema penitenciario. Un humanista que introdujo el teatro como parte de las reformas penitenciarias (Anzures, 2015). Tenía una concepción idílica, rayando en lo poético, sobre los prisioneros, a los cuales llamaba "ángeles caídos". Planteaba que su proceso de "recuperación" debía pasar por el arte, el teatro y la cultura.

> Al convivir con estos seres —los torturados y los torturadores— me percaté de que en las prisiones se produce un proceso de deshumanización, entendida como la pérdida gradual de los valores del amor, la piedad y la búsqueda de la perfección y la trascendencia. Pues el presidio es la tierra maldita donde todo se vale y al hombre se le denigra y se le humilla hasta extremos increíbles. Sin embargo, se trata de seres que son buenos y bellos en esencia, ángeles en el sentido de las posibilidades que corresponden a todo ser humano. Son ángeles caídos en el infierno terrestre, quemándose en las llamas de la frustración y la desventura (Anzures, 2015).

Algunos de esos "ángeles caídos" fueron quienes mataron a Juan Pablo de Tavira un noviembre de 2000; y a Serafín, un diciembre de 2011.

La despedida de Jorge Correa (2017), considerado padre del teatro penitenciario en México, a su amigo Juan Pablo es conmovedora:

> Querido amigo, ¿recuerdas nuestras pasiones? ¿La música y el deporte? La infinidad de tertulias, de noches bohemias, tocando las guitarras y cantando hasta el amanecer, rodeados de nuestros amigos de siempre, el carrasquillo, la broma, la poesía ¡Qué momentos! El Tae Kwan Do y los maratones. ¿Cuántos y cuántos kilómetros corrimos juntos queriéndole ganar a la vida? Nuestros entrenamientos en los Viveros de Coyoacán y en el Nevado de Toluca ¡Qué paradoja! Haciendo acopio de condición física (p. 24).

Si lo analizamos, se trata de historias similares, pero con personajes diferentes. Y lastimosamente no fueron los únicos ni los últimos… Es una continuidad o circularidad del tiempo. Algo así como una foto, un momento fijo. Jaime Sabines escribió: "Foto, copia de un instante, consuelo del tiempo, copia de un instante eternamente quieto". México está lleno de esos *instantes eternamente quietos*, un país donde los muertos se han convertido en parte del consumo gráfico *gore*.

En abril de 2013, José Antonio Castillo Juárez, director del penal de Piedras Negras, fue asesinado. "No lo quería la mafia", decían. Afirmación difusa para explicar su muerte. Unas cuantas semanas estuvo en el puesto. Fusiles AK-47 se usaron para matarlo. Una muerte más, de un director más de esa cárcel.

En el 2011, Rebeca Vázquez, directora de la prisión de Nuevo Laredo, en Tamaulipas, también fue asesinada. Cuando realizaba un recorrido, fue atacada por un interno que le infringió cuatro puñaladas con un cuchillo artesanal.

En esa prisión comentarían que el crimen fue organizado y planeado. Se difundió la versión de que la directora fue degollada, y su cabeza "quedó desprendida" por las heridas resultantes, según el dicho de funcionarios que estuvieron en el evento. Crimen artero cometido por Los Zetas.

Siete años después, en el 2018, el director de ese mismo centro fue asesinado. Calibres 7.62, 0.223 y 9.0 mm se encontraron en el sitio del homicidio, calle paralela al establecimiento, reportaron los medios (González, 2018).

En agosto de 2014, el director de la prisión de Chilpancingo, en Guerrero, Luis Miguel Lanster Betancourt, fue baleado. Tiros en la cabeza y el cuello marcarían su fin.

En el 2009, lo ocurrido a Esteban Acosta Rodríguez, jefe de seguridad en el penal de Saltillo, causó revuelo, ya que fue desaparecido en compañía de dos de sus hermanos y su hijo de ocho años, a quien intentó proteger hasta el último momento (Gudiño, 2014).

El padre Robert Cogan, parte de la pastoral penitenciaria de Saltillo, comentó acerca de su desaparición:

Luego, más adelante cayeron unos Zetas, hombres mayores, y el comandante Esteban Acosta los tenía guardados en el área de máxima seguridad, muy apartados, sin comunicación con nadie. Pero los Zetas lo desaparecieron. A él y a su hijo de ocho años, Brandon Acosta, y a sus dos hermanos. Desaparecieron a cuatro varones. Él había resistido las presiones más fuertes de los Zetas.

Cuando se desapareció a Esteban Acosta el gobierno del estado no hizo nada. Con su determinación, Esteban había organizado a los custodios para ayudarlo a no permitir que los Zetas tuvieran ni la menor influencia en el penal, y lo estaba logrando. Era admirado por los custodios. Cuando se le desapareció, algunos del gobierno del estado tuvieron las agallas de implicarlo con el crimen organizado. El mismo estado para el que él trabajaba lo despreciaba. Y era un mensaje claro a los custodios: si pasa algo, el estado no te va a proteger (Ruiz, 2015).

En el 2017, el asesinato de Felipe Téllez Ramírez, coordinador de los Centros de Ejecución de Sanciones (Cedes) en Tamaulipas, tuvo un fuerte impacto. Éste se dio posterior a una fuga y masacre en el penal de Ciudad Victoria, por lo que se insertó dentro de las confrontaciones entre grupos de poder. Como parte de su puesto tenía la responsabilidad de erradicar los autogobiernos (Cedillo, 2017), sin embargo, durante el tiempo que lo ocupó, fue objeto de descalificaciones por su deficiente trabajo y las supuestas colusiones con el crimen organizado.

Un asesinato más que causó asombro ocurrió en el 2021 en Ciudad Juárez. La encargada de seguridad y custodia del penal femenil de dicha ciudad, Noelia González Rodríguez, fue ejecutada frente a su casa cuando abordaba su auto (*El Diario de Juárez,* 2021). Durante años, fue señalada de permitir, junto con otros mandos, que esa prisión fuera un lugar de horror para las mujeres que habitaban ahí. Eran "carne de presidio" del penal varonil, ubicado a un lado.

A pesar del tiempo transcurrido, muchos de estos casos se encuentran envueltos en bruma, y son vistos tal como fueron presupuestados: muertes derivadas del riesgo que implica ser un funcionario penitenciario. No se investiga y no se pregunta, quizás las respuestas conduzcan a un callejón del que ya no haya salida.

Esos funcionarios asesinados, directores, jurídicos, custodios, son parte de una dinámica perversa. Se convierten en peones, la autoridad los considera piezas prescindibles. Su finalidad es clara: mantener al rey, el negocio a salvo, incluso a costa de su propia vida.

Nosotros lo podemos entender fríamente y analizarlo, pero a sus familias, quienes aún los lloran, y a la sociedad, que tiene cientos de interrogantes, no se les puede pedir lo mismo. Bien lo decía Julio Cortázar: "Se puede matar todo, menos la nostalgia". Yo agregaría: tampoco la búsqueda de justicia.

Acuérdate de Acapulco: El paraíso de nuestras infancias

> El hombre que ha experimentado un naufragio se estremece incluso ante el mar en calma.
>
> OVIDIO

Decía el cantautor Fernando Delgadillo: "No vuelvas nunca al sitio de tus viejas alegrías". Y no se equivocaba. Después de 15 años tuve la oportunidad de volver a Acapulco, recorrer de San Marcos a Coyuca de Benítez, poblados próximos al puerto. La Costera, el Papagayo, Pie de la Cuesta, Caleta, Puerto Márquez y Punta Diamante. Además, fui a Las Cruces, la prisión acapulqueña.

Mientras andaba por el puerto recordaba a mis abuelos y primos, a mis padres y mi niñez, llena de risas. Las noches de caminatas por el malecón, andar en la banana, el futbol en la playa, las muchas horas de alberca, las puestas de sol… Flashazos de algo que fue. Explicaba Jacques Lacan (1975) que no hay progreso, porque lo que se gana de un lado se pierde del otro. Acapulco es un claro ejemplo de eso. Allí el crecimiento económico que benefició a unos cuantos devastó el ecosistema, privatizó las playas y orilló a los pobres a vivir en villas de miseria, al tiempo que los convirtió en mano de obra de hoteles, bares y negocios.

Para que el Acapulco Dorado pudiera existir, los que habitaban lejos de mar adentro, en los barrios centrales, lejanos al Acapulco *for export*, vivían las vidas más miserables, menos escribibles, se consumían entre drogas duras, prostitución y trata desde chicos, y en vez de vidor y llanta y cubetita y pala, casi después de caminar aprendían a corromperse, a inhalar thinner y pegamento y buscaban cómo huir de sus padres y parientes que los explotaban y abusaban de ellos y eran a su vez explotados y abusados por todos los que estaban arriba en la cadena alimenticia, que eran casi todos (Mejía, 2018, p. 106).

Los "progresistas" devastaron ese paraíso, y los grupos delictivos, con sus socios gubernamentales, devastaron gran parte del conglomerado social.

"Acuérdate de Acapulco…", le escribió el Flaco de Oro a María Félix. "¡Oh, Las Brisas!" cantaban los Beatles al puerto de ensueño.

Ese paraíso idílico se convirtió en un paisaje de terror: *levantones,* ejecuciones, miedo, susurros, botas militares en las calles, ruido de las metrallas. La presencia de grupos delictivos que "pelean la plaza" lo transformó. Pelea por las sobras de los "negocios", del amplio conglomerado de actividades lícitas e ilícitas, lo poco que cae de la gran mesa del poder.

La escisión de grupos criminales, la falta de un liderazgo que unificara e instaurara un orden, las complicidades políticas, o, mejor dicho, los choques entre grupos políticos y sus operadores, "el crimen organizado", llevó a que Acapulco se convirtiera en ese lugar de horror que es hoy en día. Años del gobierno privado indirecto de los Beltrán Leyva se vinieron abajo con sus muertes y encarcelamientos. Por lo que un nuevo orden se instaló, bañando de sangre al estado.

El poder primero cedió las playas a particulares y luego lo hizo con la violencia. Como manual de neoliberalismo rancio, adelgazaron las funciones rectoras del Estado. Dentro de esos paquetes entreguistas, dieron las prisiones a los violentos, porque ahí los negocios no son sólo negocios, también son empoderamiento.

Ya sea por medio de la violencia de los despojos o por medio de la violencia de las balas, la voz de los otros, los nadie, fue silenciada. No bastó con la desaparición de 43 estudiantes, punto cúspide de la violación a los derechos humanos en Guerrero, ni con el continuo ruido de las balas, como tampoco con los cuerpos quemados, torturados y destazados regados en las calles cual basura. Tampoco alcanzaron las cabezas arrojadas en la vía pública ni las continuas muertes de funcionarios. Acapulco se convirtió en un paraíso de muerte. La escenografía y representación más triste de Guerrero.

Algunos datos hablaron de la presencia de una veintena de grupos delictivos en ese estado (Gandaria, 2018): Ardillos, los Rojos, los Beltrán Leyva, Los Caballeros Templarios, la Familia Michoacana, Guerreros Unidos, Cártel Independiente de Acapulco (CIDA), el Pez, cártel del Pacífico, La Barredora… Su pelea llegó hasta la prisión de Acapulco, enclavada en un cinturón de miseria, lejos de las miradas de los turistas, ahí ocurrieron algunos hechos atroces.

El 6 de julio de 2017 tuvo lugar una masacre llevada a cabo por el CIDA contra el grupo conocido como La Barredora, los cuales aparentemente peleaban en el exterior por el control de diversas poblaciones y negocios.

Tanto información obtenida por medios de comunicación como por investigaciones realizadas por la CNDH, dada a conocer en su Recomendación 69/2017, describen un episodio de horror.

De 50 a 80 internos pertenecientes al CIDA ingresaron al área de máxima seguridad del centro para matar a algunos presos. Para llegar al lugar es necesario traspasar rejas continuas, candados reforzados y elementos de seguridad y custodia. Para arribar hasta el sitio de la masacre se tuvo que contar con la complicidad de estos últimos. De hecho, se les vio ayudando a los internos agresores, abriendo puertas y pasando llaves. Veintiocho personas en total fueron sacadas de sus celdas y asesinadas. Palos, varillas, armas punzocortantes y de fuego fueron los artefactos que utilizaron para quitarles la vida. Imaginen esas escenas: personas decapitando, acuchillando, golpeando hasta la muerte mientras que quienes debían garantizar el orden sólo miraban, imposibilitados de actuar por su complicidad. Observaron el horror y se quedaron inermes.

De los asesinados, a cuatro les desprendieron la cabeza, aún vivos; el resto murió por golpes, heridas de armas blancas y de fuego (muchas de ellas escondidas en el área de talleres). Algunos medios de comunicación enfatizaron sobre el hecho de que los cuerpos fueron colocados alrededor de un altar a la Santa Muerte, una ofrenda y sacrificio en medio de la prisión a la Señora Guapa, la Niña Blanca.

En el vendaval de sangre, el asesinato de un grupo de criminales pasa a formar parte de las estadísticas, de las cosas que no tiene sentido reflexionar o pensar, ya que son vidas que no vale la pena ser lloradas.

Judith Butler, en "Detención indefinida", ha llamado la atención sobre un aspecto que permanece inexplorado en el trabajo de Foucault sobre la gubernamentalidad: el de la gestión de la población a partir de la producción de vidas residuales, de cuerpos despojados de humanidad y de toda protección jurídica y política. La gubernamentalidad implica, además de la producción de individuos socialmente legibles y de condiciones de vida para la población, la construcción de un orden normativo de lo humano que, en la contracara del proceso, reduce a distintas minorías sociales (que a veces son mayoría numérica) a la condición de residuos, vidas precarizadas y desechables convertidas en blanco de violencia, persecución, eliminación o simple abandono (Giorgi, 2007, p. 31).

Acapulco es tan sólo un ejemplo de lo que ocurre en el sistema penitenciario, el cual muestra la dualidad de la autoridad, "garante del orden" y criminales.

Juan Gabriel le cantaba a su madre: "Eres mi más triste recuerdo de Acapulco", aludiendo a ese puerto de ensueño que un día fue nuestra felicidad. Hoy, Acapulco no es más que un remedo de lo que fue en su época de oro. Se convirtió en uno de los mayores fracasos de políticas públicas, en un extraordinario campo de guerra, donde los cuerpos caídos se mezclan con los cuerpos que se broncean, alegoría perfecta de muerte y "progreso".

Visita al zoológico de Duport Ostión

La compasión hacia los animales está tan estrechamente ligada a la bondad de carácter que se puede afirmar con seguridad que quien es cruel con los animales no puede ser una buena persona.

ARTHUR SCHOPENHAUER

La Revolución, decía Ellenberger, había dado nacimiento simultáneamente al manicomio y al parque zoológico moderno. Y acto seguido observaba que cuanto más se había sustraído a los locos, por las virtudes de la reclusión, de la mirada de las multitudes deseosas de humillarlos, más se encontraban expuestos a ella, por el contrario, los animales.

ÉLISABETH ROUDINESCO

Camino por el zoológico y observo muchas criaturas, animales que difícilmente uno ve en su ambiente natural. Osos hormigueros, armadillos, puercoespines, un mapache —le llaman el Nene, fue criado en libertad y anda por los árboles—, cientos de tortugas, aves diversas, un ocelote... Los encargados del lugar me invitan a cargar un pequeño lagarto.

Recorro ese espacio con un calor de 35 °C, calor húmedo, del mar de Coatzacoalcos. Miro a los animales y un recuerdo me llega, aquel viaje que hicimos en familia al zoológico de Zacango. Como un rayo viene a mi mente el *Bestiario* de Juan José Arreola y la lucidez con la que describe a los animales.

Me emociona poder ver diversas especies, todas tan alejadas de la vida de una persona acostumbrada al cemento y al asfalto, y hasta de poder tocar a algunas de éstas. Sigo caminando y me explican que en esa zona se ubicaban tres fosas sépticas, las cuales fueron habilitadas para criar peces: un biólogo desarrolló el proyecto con el cual se reproducen miles semanalmente y son vendidos a varios acuarios de la zona. Pienso: de acumular mierda a criar peces.

Me dan un puño de comida para pez, pequeños *pellets*, y los lanzo a una de esas fosas. El agua se agita. Me sorprendo por la gran cantidad de peces que emergen. Estoy contento por lo hecho. "Esa actividad les gusta realizarla a los niños, darles de comer a los pescados", me comentan los cuidadores. Esbozo una sonrisa leve y continúo con mi recorrido.

La historia no tendría nada de extraordinario si no fuera por el hecho de que pasó dentro de la prisión conocida como Duport Ostión.

Ese establecimiento veracruzano fue centro de operación de Los Zetas durante muchos años, era una mina de oro para las autoridades, recibían dinero por las actividades ilícitas y por la venta de animales. Utilizaron los conocimientos de los presos como el biólogo o de aquellos que sabían de la crianza de peces y otras especies.

Los directivos se ufanaban del lugar, decían que era un establecimiento autosustentable, que podría pasar meses sin recibir dinero del estado y aun así los internos no morirían de hambre. Palabras que serían proféticas. En el 2016, al término del Gobierno de Javier Duarte, así sucedió. Los internos se comieron a los animales (Rojas, 2016). La autoridad no invirtió dinero durante años y se llevó todo lo que pudo.

La primera vez que visité ese centro fue en el 2014. En ese entonces el director decía ser orgulloso amigo del secretario de Seguridad Pública del estado, quien más adelante sería señalado y juzgado: desapariciones forzadas, ejecuciones extrajudiciales y abusos fueron algunos de los crímenes que se le imputaron. Las prisiones veracruzanas fueron una extensión de las acciones del gobierno al exterior: masacró a su población. El Duport Ostión era el ejemplo de la desfachatez, el contubernio y el mal gusto.

El director, al igual que su amigo el secretario —a quien también le encontraron un zoológico en la academia de policía—, se daban aires de tlatoanis. Seguros de su impunidad y arrogancia, coleccionaban animales y los presumían. Ambos eran tipos de vestimenta impecable, aliño perfecto, palabras precisas. Eran copia de su jefe, el gobernador, al cual también pude conocer enfundado en un uniforme beige, en una prisión de la Ciudad de México.

¿Qué podemos entender de estos sujetos? ¿Cómo pensar a esas personas que son autoridades y se designan como guardianes del orden pero que en el fondo se escudan en sus posiciones para permitir crímenes?

Lo explica Élisabeth Roudinesco (2009), cuando habla de los horrores del nazismo:

> Eichmann no era ni sádico, ni psicópata, ni perverso sexual, ni monstruoso, ni estaba afectado de ninguna patología visible. El mal estaba en él, pero no presentaba signo de una perversión cualquiera. En una palabra, era normal, aterradoramente normal, puesto que era el agente de una inversión de la Ley que había hecho del crimen la norma (p. 141).

El crimen como norma de gobierno fue la directriz a seguir, y las cárceles de Veracruz fueron un claro ejemplo de ello. Los penales de ese estado mostraban el abandono total, andar sus pasillos era ver la desolación junto con la corrupción más obscena. El miedo era una condición natural para quienes diariamente se levantaban a vivir su doble castigo: el encierro y la obediencia a la mafia.

Durante cinco años no volví al Duport Ostión, hasta el 2019. El gobierno de Los Zetas se esfumó, los de las cuatro letras, el CJNG, los de Jalisco, eran los nuevos administradores. Seguía existiendo el zoológico. Efectivamente, aunque el autogobierno era menos opresor, los animales continuaban ahí, por lo visto no se los comieron a todos. Las fosas ya no tenían peces; una de ellas pasó a estar ocupada por cinco cocodrilos de dos metros cada uno. Me asomo y veo la profundidad y quedo impactado de que tengan animales tan grandes.

En un pequeño estanque observo a dos tiburones de un metro de tamaño aproximadamente. Vuelvo a ver al Nene, y sonrío, pero ahora está encerrado junto con otro mapache, la Muñeca. La autoridad ha limitado que anden sueltos por la crueldad de algunos presos. "Teníamos una 'changuita' que siempre andaba con la población penitenciaria, hasta que un preso decidió matarla, asfixiándola", me comentan los cuidadores con tristeza.

Pretendo no darle importancia a la historia y sigo andando, pero el corazón se me apachurra.

Me acerco a mirar de cerca al ocelote y veo que no se mueve en su pequeña jaula, está recostado, creció, ahora es más grande que en el pasado. La bestialidad, el salvajismo que había en su naturaleza se apagó. Mientras superviso la prisión no puedo dejar de pensar en la crueldad de tener animales viviendo en esas condiciones. Los observo como una alegoría del encierro. Animales y humanos, en ambos casos veo la misma mirada de desconsuelo, de tristeza profunda… Los años me permitieron ser más consciente del tamaño de la corrupción y de lo infame que resultaba la dinámica de ese establecimiento. El zoológico era la punta del iceberg.

En el 2020 se habló de la probable existencia de fosas clandestinas en esa esa cárcel (*Proceso*, 2019). Si en ese lugar se pudo construir un zoológico, un centro de operación de delincuentes, un pequeño feudo de drogas, armas y muerte, donde se torturaba y mataba a animales y personas, no veo nada que limite la existencia de un cementerio (ya había muchas personas allí que tenían el alma muerta). Al final del día, una instalación más de ese inframundo llamado Duport Ostión.

Chihuahua: El desierto y sus espectros

> Somos siluetas, fantasmas huecos, desarraigados, que se
> mueven entre nieblas.
>
> VIRGINIA WOOLF

Son las tres de la mañana y me despierto porque el sonido del viento me inquieta. Entre las ráfagas percibo algo parecido a lamentos, gritos tenues, voces de mujeres. Me asomo por la ventana y veo una ciudad vacía, no pasan autos ni personas, cosa lógica por la hora. Frente a mi hotel se encuentra el monumento oprobioso erigido en memoria de las mujeres asesinadas a manos de canallas y cobardes: el campo algodonero.[1]

Siento un poco de temor, la coincidencia es mucha, pero también me invade un sentimiento de tristeza. Me siento en la cama, y pienso en lo que decía Roberto Bolaño sobre esa ciudad —citando un poema de Baudelaire—: "Un oasis de horror en medio de un desierto de aburrimiento".

Estoy en Ciudad Juárez, Juaritos, un lugar que parece tener vida propia, lleno de eventos, de fantasmas que recorren sus calles. Mi mente vuela y comienzo a recordar lo que horas antes me habían contado algunos custodios de la cárcel federal de esa ciudad, la misma que fue cerrada en el 2020.

En una de las esclusas de ese lugar en ocasiones se escuchan gritos de auxilio, pisadas de alguien corriendo; algo imposible de suceder, más cuando es de madrugada y los presos están en sus celdas, apartados, por lo menos, a unos 30 metros de ese punto.

La seguridad en los penales federales no es un juego, sólo una farsa cuando se fugan algunos, pero nunca algo a tomar en broma, a excepción de cuando se les fuga el mismo por segunda vez.

Un día, ante la llegada del Chapo Guzmán a ese centro, tuvieron que vaciar algunos de los dormitorios aledaños a donde lo alojaron. Fueron medidas de seguridad tomadas por el miedo de que le hicieran algún daño o se volviera a escapar. La instrucción era clara: tenerlo aislado del resto del centro. Una pequeña cárcel dentro de una cárcel, algo así como un mini-Guantánamo, un sistema de excepción, a pesar de no estar contemplado en las leyes.

Sin embargo, por la madrugada, en el dormitorio contiguo a la esclusa o punto de vigilancia, uno de los que habían sido desalojados para salvaguarda del famoso "prioritario", en la parte de arriba, conocida como *altas*, se comenzó a observar movimiento. Las cámaras allí instaladas mostraban en la última celda de un segundo piso de ese dormitorio construido en forma de panóptico que había alguien, a pesar de que días antes había sido vaciado completamente.

Ese establecimiento era monitoreado desde la Ciudad de México por alguna oficina de inteligencia. Al notar esto, llamaron al centro para avisar lo que estaban viendo. Alguien había cometido un error y un interno estaba en un lugar que debía estar vacío. Rápidamente se integra un grupo de seguridad e ingresa al lugar, algunos de los elementos voltean a ver hacia el punto en el que las cámaras habían reportado movimiento y alcanzan a observar a una persona que asoma la cabeza. Piensan: "Alguien la cagó y no se los llevaron a todos". Corren, entre asustados y confusos, hasta llegar a ese sitio y, una vez allí, para su sorpresa, no encuentran persona alguna. Quienes presenciaron los hechos aseguraban que fue un fantasma, un espectro, algo atrapado.

Pienso en lo narrado por la autoridad, aunado a lo que me acaba de pasar, y reflexiono sobre los cuerpos y los muertos de una ciudad, el dolor de un territorio… Chihuahua, un estado con una gran extensión territorial y con potencial económico, pero señalado como un desierto plagado de feminicidios, un oasis de homicidios, donde suceden eventos como el de Villas de Salvárcar,[2] ejemplos infames de esa realidad.

Ya se habían registrado infortunios en el antiguo penal de Ciudad Juárez, administrado en ese entonces por el poder estatal y el cual posteriormente

CHIHUAHUA: EL DESIERTO Y SUS ESPECTROS

pasó a manos de la federación. Por ejemplo, está la riña donde murieron 20 internos (Villalpando y Breach, 2009) resultado de las disputas entre varios grupos de poder. En el 2009 existía una pugna entre los Carrillo Fuentes, del cártel de Juárez, y el cártel de Sinaloa, que detonó un enfrentamiento hasta en la prisión. Los Aztecas, pandilla de los de Juárez, acribillaron a los Artistas Asesinos —Doble A o Doblados— y Mexicles, aliados de los de Sinaloa. Fueron sorprendidos cuando, supuestamente, salían del área de visita íntima. Los masacraron a cuchilladas. Algunos alcanzaron a escapar para morir en el pasillo de esa esclusa donde, aún hoy, se oyen voces y pisadas espectrales.

En el 2017 recorrí los pasillos de ese penal y me fueron enseñando los puntos donde los cuerpos fueron encontrados. "La sangre tardó tiempo en borrarse", mencionan. Entro a los dormitorios y un sentimiento de desesperanza llega cuando me hablan de la saña y veo a los hombres "rotos" que siguen habitando esas celdas. Siento desasosiego.

Entrada la noche, salgo de esa prisión ubicada literalmente en medio del desierto, y observo dos helicópteros sobrevolando las inmediaciones, resguardando el perímetro —tienen de huésped distinguido al *señor Guzmán*, al que llaman así no sé si por miedo o respeto—. El ruido de las hélices y las luces que avientan aturden. Sin embargo, al retirarse los helicópteros, se pueden ver las estrellas y la belleza con la que brillan. Se puede respirar la libertad.

No era la primera vez que pisaba Ciudad Juárez. En el 2013 ya había estado en el penal estatal,[3] aquél que en algún momento fue municipal. Recuerdo entrar con cuatro o cinco elementos portando armas de fuego y pensar: "Esto es suicida, si hay una revuelta lo primero que harán es quitárselas".

En realidad, estaba equivocado porque armas de fuego ya tenían dentro de ese centro las pandillas, como lo demostraron cateos (*El Universal*, 2012) y el evento en el que resultaron asesinados 17 presos, en el 2011. Las autoridades argumentaron que ese evento devino de una probable fuga y que los asesinatos fueron parte de una maniobra de distracción; sin embargo, medios reportaron que el hecho se daba posterior a una orgía "en la que participaron mujeres, muchas de ellas menores de edad, y se distribuyó alcohol y posiblemente drogas. La fiesta, de acuerdo con fuentes del Cereso, dio pauta para que se introdujeron las armas de fuego, así como miles de cartuchos" (Coria, 2011).

El penal estaba dividido por pandillas, ya que existían acuerdos para que administraran sus espacios y no generaran violencia, sin embargo, eso no impidió que fueran asesinados 17 internos, con armas de fuego algunos de ellos. Ese día hubo muertos del cártel de Juárez y del cártel de Sinaloa, lo que dio continuidad a los hechos del 2009.

Esta serie de eventos, entre otros, fueron determinantes para gestionar una de las grandes ilusiones del sistema penitenciario, un *área de oportunidad*, le llaman algunos: las certificaciones otorgadas por la Asociación de Correccionales Americana (ACA).[4] Como parte de la Iniciativa Mérida,[5] los centros penitenciarios mexicanos comenzaron a ser susceptibles de ser instituciones acreditadas por la ACA siempre y cuando cumplieran con una serie de parámetros. Sería Chihuahua la puerta de entrada de las certificaciones para todo el país.

Es bajo el acuerdo de la "certificación" que el dinero fluye. Con el pretexto de mejorar las cárceles el capital se mezcla entre lo público y privado. Se remozan las paredes, cambian las alambradas, pintan las estancias, colocan sanitarios nuevos, pero el crimen, los grupos de poder, persistieron.

Muchos de los encargados de certificar aquellos establecimientos habían sido colocados en puestos de mando por todo el país, desde donde hablaban de las bondades de esos esquemas, a pesar de que las disputas seguían, la explotación continuaba y los cobros aumentaban.

Era tal la fama de esos penales que, en febrero de 2016, durante su visita a México y en específico al estado de Chihuahua, el papa Francisco acudió al centro estatal de Ciudad Juárez, pintado y remozado para que su santidad no alcanzara a ver que detrás de esas remodelaciones había una infame corrupción.

"Se respiraban" esos aires impolutos que la autoridad juraba y perjuraba existían, mientras le rezaban a la cruz, a la vez que hacían negocios, y su santidad no alcanzaba a ver el infierno de sufrimiento y sexo obligado que existía allí. Porque en esos días lavaron y pintaron tan bien que hasta las "almas más sucias", así como la sangre y el dolor más impregnado, se esfumaron. Así, *de facto* y por simple gracia. Amén.

Días antes de la visita del papa, algunos medios de comunicación publicaron la solicitud de asilo que una mujer hizo al Gobierno de los Estados

Unidos luego de denunciar que su pareja, un interno del penal estatal de Ciudad Juárez, la mantuvo retenida durante 24 horas dentro del establecimiento con venia de elementos de seguridad y custodia (EFE, 2016). Por si eso no fuera suficiente, en 2017 los propios trabajadores del lugar hablaron de este mundo:

> El dinero se recolecta los domingos y el lunes se le da su cuota a cada persona; se permite la entrada al penal de vehículos cargados con droga y botellas de licor; se vende cocaína, mariguana y heroína; se permite organizar carnes asadas, matar marranos, renta de teléfonos con internet y quien pague puede tener pantallas en su celda (*El Diario*, 2017).

Para reforzar esta información aparecería un video en el cual se observa a internos nadando en una alberca, prefabricada, y bailando en el patio de un dormitorio de ese penal. *Pool party* sería el término que encabezó las notas de algunos medios (*El Gráfico*, 2017).

En el penal más grande de ese estado, el Aquiles Serdán, sucedían hechos similares, y en menor medida en las prisiones que se encontraban en otros municipios. Un evento que dibujó el continuo camino de la violencia en Chihuahua ocurrió en el 2018 precisamente en el Aquiles Serdán, donde en una supuesta riña asesinarían a un sujeto conocido como *el Genio,* líder de Los Aztecas, y quien tenía menos de un mes en ese centro —había sido trasladado desde el penal estatal de Ciudad Juárez.

Dentro de los señalamientos de la autoridad, se le adjudicaban diversos homicidios, así como también ser uno de los "líderes criminales" que tenían en jaque a Ciudad Juárez (*El Financiero*, 2018), y que habría sido llevado a la capital con la intención de que no formara cotos de poder, pero terminaría siendo asesinado por miembros de La Línea, con quienes poco tiempo antes rompió su alianza.

El Genio, argumentaron algunas voces en el penal, intentó controlar la cárcel, por lo que pudo haber sido ejecutado por mandato político. Había perdido su protección. No era la primera vez que ocurrían crímenes bajo esa tesitura. El asesinato de José Enrique Jiménez Zavala, el Wicked, presunto homicida de la activista Marisela Escobedo en el 2015, ya daba cuenta de eso:

crímenes por consigna y con impacto político en las prisiones certificadas, bajo las narices de los hombres "reformadores del sistema".

El último hecho que mostró el gran poder de ese grupo institucional/ parainstitucional asentado en el estado tuvo que ver con los al menos 91 homicidios, según las autoridades, llevados a cabo en Ciudad Juárez y organizados desde el interior de la prisión (Mancinas, 2019).

Para entender lo que pasa en Chihuahua no se deben de perder de vista las colusiones y mandatos de autoridades con poderes ilegales que mantienen su feudo en las líneas fronterizas, las corporaciones policiacas y el sistema penitenciario, repletos de personajes que juegan en el campo de lo estatal y paraestatal.

No se equivocó Charles Bowden (2010) cuando expresó que Ciudad Juárez —y se puede hacer extensivo a toda Chihuahua— era una "ciudad del crimen, donde se llevan a cabo directrices que hablan de campos de exterminio de la economía global". Un laboratorio de dispositivos de la "necropolítica, donde todo ha comenzado ya, pero no ha sido dicho en voz alta. El principio vendrá más tarde cuando los muertos sean tan numerosos que no podamos callarlos" (p. 23).

Esos muertos que, en las calles y en las cárceles, nos hablan entre sueños, susurros, lamentos o fantasmales apariciones…

NOTAS

[1] Caso examinado en la Corte Interamericana de Derechos Humanos en noviembre de 2009, conocido como *González y otras ("Campo Algodonero") vs. México*, en donde se constató que existieron graves violaciones de derechos humanos en contra de un grupo de mujeres, además de un estado generalizado de violencia contra éstas. En específico, se señalan los crímenes perpetrados contra ocho de ellas, origen primario del caso tratado: feminicidios con tintes sexuales perpetrados en diferentes momentos, pero cuyos cuerpos fueron abandonados en el mismo lugar y de manera simultánea. Por lo que, al comprobarse las omisiones y faltas del Estado en la búsqueda de justicia, se les conminó a las autoridades que realizaran diversas acciones, desde simbólicas hasta jurídicas, para intentar "paliar" el daño a las víctimas.

[2] En el año 2010, 15 jóvenes que se encontraban en una fiesta en el fraccionamiento Villas de Salvárcar, en Ciudad Juárez, fueron asesinados. Supuestamente, se les confundió con pandilleros pertenecientes a los Artistas Asesinos o AA, aliados del cártel de Sinaloa, en conflicto, en ese momento, con el cártel de Juárez.

[3] El centro penitenciario, administrado antes por el estado de Chihuahua, fue dado a la federación para su uso, el cual, hasta diciembre del año 2020, momento de su cierre, operaba como el Centro Federal de Readaptación Social No. 9 "Norte", Ciudad Juárez; y la prisión que anteriormente era administrada por el municipio de Ciudad Juárez ahora es operada por el estado, por lo que hoy su nombre es Centro de Reinserción Social Estatal No. 3.

[4] La ACA fue fundada en 1870 por profesionales del área de prisiones, quienes se encargaron de desarrollar los principios fundamentales para el tratamiento humano de internos.

[5] En diciembre de 2008, México y Estados Unidos firmaron la primera Carta de Acuerdo sobre la Iniciativa Mérida. "Es un acuerdo bilateral de cooperación en materia de seguridad celebrado entre México y los Estados Unidos de Norteamérica. Como tal, brinda apoyo tangible a las instituciones judiciales y a las responsables por la seguridad pública en México, fortalece la seguridad fronteriza y ayuda a contrarrestar las actividades que realizan organizaciones delictivas transnacionales, así como el tráfico ilegal de estupefacientes. Desde el 2009, los Estados Unidos de América ha donado más de $1.6 mil millones de dólares estadounidenses en equipo, cursos de capacitación y brindado asistencia al Gobierno de México para desarrollar mayores capacidades institucionales, obtención de equipo y asistencia técnica en apoyo a la reforma en materia de instituciones correccionales en México. Recuperado de https://mx.usembassy.gov/es/13-centros-penitenciarios-mexicanos-logran-acreditacion-internacional-con-el-apoyo-de-la-iniciativa-merida/.

Cadereyta: Los ecos de Carandirú y La Mesa

> Quizá la más grande lección de la historia es que nadie
> aprendió las lecciones de la historia.
>
> ALDOUS HUXLEY

"Una de las grandes calamidades, en la historia de las prisiones del mundo, es Carandirú", sentencia el "especialista". Su disertación se da en un evento homenaje a Nelson Mandela, hombre encarcelado injustamente, peleador férreo por los derechos humanos y la desaparición del *apartheid*, por lo que la Organización de las Naciones Unidas (ONU) lo conmemora y reconoce la valía de sus acciones para los presos.

Como marco simbólico se ocupa el Palacio Negro, la antigua cárcel de Lecumberri, donde la vida de los presos fue un suplicio. El "especialista", renombrado *penitenciarista*, modula la voz y contagia la indignación que actos así deben causar. "Las fuerzas del Estado brasileño perpetraron una masacre que costó la vida de 102 prisioneros", señala ante un público absorto.

Es el 2018, y entre el momento en que el ponente expone y Carandirú (1992) han pasado 26 años. La masacre de la penitenciaría de Carandirú, en São Paulo, Brasil, ocurrió posterior a disturbios al interior, por lo que fue intervenida por la policía militarizada. Durante muchos años, considerada como el cenit de la violación de los derechos humanos de los presos brasileños, Carandirú ha sido materia de estudio y ejemplo de lo que no debe ser: un operativo mal ejecutado, omisiones graves, acciones criminales y represión en su forma más exacerbada.

"El Estado se encuentra obligado a cumplir con la garantía de no repetición", termina señalando el orador en su exposición. No alude a dos eventos similares en su país. El primero ocurrido en el 2008 en la prisión de La Mesa en Tijuana, Baja California, donde murieron 23 presos, y el segundo acontecido en el 2017 en Cadereyta, Nuevo León, donde fallecieron dieciocho.

A pesar de la cercanía temporal entre su disertación y los hechos acontecidos en Cadereyta, el "especialista" no habla de las masacres llevadas a cabo por elementos del Estado mexicano en las cárceles. Sus omisiones y desmemorias siempre han tenido sentido político: no denunciar lo que pasa en su país. Probablemente ve la valía de la vida en estadísticas, no en su esencia.

Las historias de estos eventos son convergentes en muchos puntos. La principal: la construcción de una realidad paralela a partir de las contradicciones que generan las autoridades con los hechos documentados. ¿Cómo puede una autoridad actuar de esa manera? ¿Falla algo? ¿Matar a los sujetos es la idea fundamental en estos casos? No lo sé, pero la realidad a veces nos da grandes lecciones de las cuales debemos ser meticulosos aprendices.

LA MESA: LOS ARELLANO FÉLIX VS. SINALOA

El penal de La Mesa, antes de ser llamado así, era conocido como *El Pueblito*. Ubicado en Tijuana, Baja California, quienes lo conocieron narran que a los presos a veces les gustaba patear en el campo las cabezas de los internos que decapitaban las mafias. En su interior existía la convivencia forzosa entre grupos de poder, lo que detonó varias riñas. Las que ocurrieron del 14 al 17 de septiembre de 2008 fueron las más complejas.

El enfrentamiento entre pandillas (Los Sureños, aliados de los Arellano Félix, contra Los Paisas y Los Shalomes, parte del grupo de Sinaloa) por el control de la prisión y la venta de droga al interior ocasionó una serie de actos que derivaron en la muerte de prisioneros. Al menos ésa fue la información dada por la autoridad (Sánchez, 2017). No tuvo trascendencia que, en el 2002, mediante la operación Tornado, se dijera que se había "acabado" con el autogobierno, porque en los hechos eso no ocurrió.

Durante esos seis años se administró a los grupos de poder la venta de droga, los cobros y los crímenes dentro de la prisión. Carlos A. Lugo Félix, director del centro del 2001 al 2002, escribió un texto en donde declaraba su inconformidad por ser retratado en la película *Atrapen al Gringo* (2012) como "un siervo al servicio de la delincuencia organizada". Allí menciona datos relevantes (Lugo, 2012):

- Había tres jefes del cártel Arellano Félix a quienes se les tenía concesionada la venta de drogas para una población adicta de 4 000 consumidores habituales, que era repartida por 50 internos.
- La droga entraba por la visita, camiones de suministro y custodios parte del cártel.
- Al menos 80 000.00 dólares mensuales eran repartidos a funcionarios y guardias por disimulo y por participar en la organización del flujo de la droga en el penal.
- Existencia de un grupo denominado los Dieciocho, integrado por miembros de la Mafia Mexicana del Barrio Logan de San Diego, California, quienes trabajaban para los Arellano Félix; cobraban y extorsionaban a la población penitenciaria.

En su explicación, el funcionario deja ver que operó un centro concesionado a grupos de poder y que no contó nunca con el apoyo para hacerles frente. Se trata de información que guardó durante al menos 10 años; sólo posterior a la película tuvo el valor de romper con esa *omertá* que predomina en las prisiones. Su diatriba es importante dado que ejemplifica la operatividad de las mafias y dado que presenta antecedentes a los eventos del 2008.

La pelea por los espacios de La Mesa se dio de la misma manera que en las calles. Y la autoridad intervino sólo para dejar a un grupo asentado en esa prisión: la confederación sinaloense.

Esas supuestas "desarticulaciones" de poderes derivaron en actos que mostraron una fuerza que excedía los marcos legales y que se legitimó bajo los parámetros de la seguridad o el resguardo de vidas. Datos de la prensa (*Proceso*, 2008) y una investigación de la CNDH contenida en su Recomendación No. 43/2009 asentaron, cronológicamente, los eventos:

6 de septiembre. Guerra campal entre grupos de poder antagónicos al interior del centro, sin intervención de la autoridad.

13 de septiembre. El interno Israel Blanco Márquez fue torturado y asesinado por elementos de seguridad y custodia al interior del centro, supuestamente por encontrarle un celular. Muere por traumatismo craneoencefálico.

14 de septiembre. Líderes del grupo de los Arellano Félix regalan droga a los presos a cambio de participar en el motín, el cual responde, en apariencia, a los malos tratos y muerte de Israel Blanco. Enfrentamiento de los Arellano Félix contra la autoridad y el cártel de Sinaloa.

15 de septiembre. Inspección ministerial en la que se encontraron tres cadáveres, uno de ellos calcinado y dos más presentaban orificios producidos por proyectiles de arma de fuego; asimismo, se hallaron restos óseos.

14-17 de septiembre. Corte de suministro de agua por parte de la autoridad con fines represivos, derivado del motín.

17 de septiembre. Motín en el que son asesinados 23 internos, algunos por arma de fuego, otros quemados y algunos heridos por arma punzocortante.

La sucesión de eventos concluyó en una masacre realizada por la autoridad contra los presos. Algunos cuerpos presentaban heridas de bala en ojos, nariz y/o boca; se observaba un ángulo de disparo de arriba hacia abajo. Testigos de los hechos manifestaron que desde un helicóptero se les disparó a los internos, algunos de los cuales se encontraban sobre los edificios de la prisión, mientras que al interior a unos los quemaban, a otros los perseguían por los pasillos y celdas y otros más les disparaban cuando pretendían huir.

La policía municipal, estatal, federal y el Ejército habrían participado haciendo uso de armas de fuego. Llevaron a cabo ejecuciones extrajudiciales. Al interior del establecimiento se hablaba de la participación de los grupos de poder, que también tenían armas.

En ese mar de hechos y el sinsentido que se le da al asesinato de una persona privada de la libertad, sólo un funcionario fue sancionado, el encargado de seguridad y custodia de La Mesa, aquél que torturó y mató a Israel. En cuanto al resto, incluidos altos mandos, algunos fueron recompensados y enviados a "combatir el crimen" en otros estados, mezclándose con sus socios ilegales del cártel de Sinaloa, de quienes desde un principio fueron sus comparsas.

CADEREYTA: LAS AMENAZAS DE LOS ZETAS Y EL CÁRTEL DEL NORESTE

FUERA ZETAS, NO QUEREMOS A LOS ZETAS, NO QUEREMOS AL DIRECTOR ZETA, se observaba en una pancarta colocada por la población del penal de Cadereyta. Originalmente, la rebelión se debía a la supuesta intención de la autoridad de cederle a Los Zetas ese penal, a la par de darle espacios al cártel del Noreste. Ese establecimiento era considerado uno de los últimos bastiones de los Beltrán Leyva y el cártel del Golfo, grupos que convivían sin problema y eran tolerados por la autoridad de Nuevo León.

Los días 9 y 10 de octubre de 2017, un puñado de internos se habría amotinado contra la autoridad. Ésta argumentaría que la rebelión se llevó a cabo por "un grupo de personas adictas a las drogas que asaltaron la farmacia del reclusorio" (*La Jornada*, 2017).

Un antecedente de este evento ocurrió en marzo de 2017, cuando se desató un disturbio en el que perdieron la vida cuatro personas.

El día 9 de octubre, entre las 10:00 p. m. y las 11:50 p. m., según la información dada a conocer por la CNDH en su Recomendación No. 20/2018, un grupo de internos tomó como rehenes a tres custodios, además de lastimar a un interno y degollar a otro.

> En el pasillo de la caseta de seguridad número 4 un grupo de internos agredía a otro y con una hoja metálica o navaja, uno de ellos le empezó a cortar el cuello y como no podía desprender la cabeza del cuerpo la empezó a patear, posteriormente se le acercó otra persona y le ayudó a terminar de cortarla para separarla, después se apreció que el interno sostenía la misma con ambas manos (pp. 51-52).

Por esto, la autoridad tuvo que negociar con ellos. El control del centro se retomó parcialmente a medianoche.

El día 10 de octubre, entre las 6:00 a. m. y las 3:00 p. m., se traslada a un grupo de cinco internos señalados por la población como zetas, lo que provoca que se reactiven los disturbios. Se decapita a otro interno: la cabeza es llevada y exhibida en el área de visita familiar. Los tres custodios retenidos siguen siendo amedrentados y amenazados con "aventarlos al vacío" desde el dormitorio Benito Juárez. Ingresa un grupo de elementos a la "zona de hombre muerto" —perímetro al que los internos no pueden pasar—, donde se encuentra un preso herido por arma punzocortante, el cual le dice a la autoridad que hay gente de la población penitenciaria que tienen en su propiedad dos pistolas calibre 0.38.

Los presos decapitados eran señalados como zetas, sin embargo, se especula que eran pertenecientes al cártel del Noreste, ambos grupos, antagónicos entre sí, y considerados *la contra* por la gente del penal de Cadereyta.

Entre las 3:30 p. m. y las 4:16 p. m., luego de una incursión fallida de la Fuerza Civil (policía estatal de Nuevo León) comandada por dos elementos de seguridad penitenciaria, optan por ingresar con armas letales y no letales, lo que derivó en la muerte de 18 presos y 93 heridos.

Las formas en que se dieron las muertes quedaron asentadas de la siguiente forma: 11 por proyectil de arma de fuego, 1 por decapitación y 6 por golpes contusos; 93 personas lesionados, 29 de ellos por proyectil de arma de fuego, 3 por disparo de goma, 6 con quemaduras y 55 con contusiones diversas.

El operativo de ingreso y la negociación desde un inicio fallaron, ya que los eventos fueron ascendiendo. Desde que comenzó, todo apuntaba a una masacre, porque la autoridad actuó, si bien haciendo un "uso legítimo" de la fuerza, de forma desproporcionada y activamente criminal. La instrucción, aparentemente, era matar de forma directa. Los objetivos primordiales, aquellos que habían iniciado la reyerta: integrantes del Golfo/Beltrán Leyva.

La CNDH, en una de sus conclusiones, afirma:

No se cuenta con elementos suficientes para determinar si en la utilización de la fuerza letal concurrieron todos los elementos justificados de la legítima defensa propia o de terceros, ni si en el caso pudo haber ocurrido un exceso de la misma, aunque se reconoce que tanto los custodios retenidos como los propios internos eran víctimas de una agresión actual, violenta, sin derecho y de la cual resultaba un peligro inminente (p. 57).

Los hechos apuntan a ejecuciones extrajudiciales contra aquellos que eran contrarios al grupo de Los Zetas y del Noreste. Un hecho revelado durante las investigaciones muestra esto de cuerpo entero, ya que una de las personas asesinadas fue obligada, en apariencia, a ponerse de rodillas para recibir el tiro de gracia, típico de las mafias, o al menos eso es lo que explica uno de los dictámenes de la CNDH:

> Fue localizado en el área denominada pasillo ambulatorio Benito Juárez sobre un cobertor café, en posición decúbito dorsal el cual contaba con la región cefálica al sur, extremidades superiores en extensión al norte y las extremidades inferiores semiflexionadas, quien falleció a causa de una herida por proyectil de arma de fuego sobre la línea media sagital a nivel de parietales en su articulación frontal, que de acuerdo con sus características se consideraba de contacto, y el trayecto que siguió fue de arriba hacia abajo, de izquierda a derecha y de atrás hacia adelante (p. 53).

Posterior a los asesinatos perpetrados por los elementos estatales, asociaciones civiles afirmaron que los internos fueron violados con macanas (Campos, 2017), que les ocasionaron fracturas y que fueron lanzados por las escaleras (Padilla, 2017).

Las muertes no sirvieron ni siquiera de mensaje, simplemente fueron bajas colaterales, dado que el penal siguió perteneciendo a los cárteles del Golfo y Beltrán Leyva. Sufrieron pérdidas, sí, pero el penal siguió siendo suyo.

El operativo, como se puede ver, parecía la incursión de un grupo armado con el objetivo de abatir enemigos más que la entrada de un grupo estatal legal que se rige bajo normas y protocolos. En el evento de Cadereyta, los procesos penales y administrativos en contra de autoridades se dieron a cuentagotas; a muchos de ellos les dio tiempo incluso de trabajar en los sistemas penitenciarios de otros estados. Se fueron impunemente.

Carandirú, Cadereyta y La Mesa son ejemplos claros de la contradicción oficial y las ilegalidades de las que pueden llegar a ser cómplices las autoridades.

Cuando se trata de mantener intactos cotos de poder, no existen limitantes para jalar el gatillo y cometer atrocidades. Mientras en los grandes eventos nos embelesa la grandilocuencia de los "prohombres", seguimos comprando infamias del pasado para no hablar de lo funesto del presente, los heraldos de la muerte siguen rondando entre nosotros.

Piedras Negras: Cuando fueron polvo...

> Recorro el camino que recorrieron cuatro millones de espectros. Bajo mis botas, en la mustia, helada tarde de otoño cruje dolorosamente la grava. Es Auschwitz, la fábrica de horror que la locura humana erigió a la gloria de la muerte. Es Auschwitz, estigma en el rostro sufrido de nuestra época... Pienso en ustedes y no acierto a comprender cómo olvidaron tan pronto el vaho del infierno.
>
> LUIS ROGELIO NOGUERAS
> *Halt! (¡Deténgase!)*

La Biblia dice: "Te ganarás el pan con el sudor de tu frente, hasta que vuelvas a la misma tierra de la cual fuiste formado, pues tierra eres y en tierra te convertirás" (Génesis 3:19). En su versión narco, ése es el "arte" de aquellos que "cocinan", quienes vuelven polvo los cuerpos de sus víctimas.

"Polvo eres y en polvo te convertirán" es la máxima de los que se ostentan como soberanos de la vida. Ya sea en pedazos (destazado), ya sea incompleto (mutilado) o hecho polvo, los testaferros de la muerte llevan a cabo su labor con precisión. Nuestra historia contemporánea es basta en este campo y hay sitios que han sido cúspide de ello. Uno de esos lugares es la prisión de Piedras Negras, en Coahuila, la cual puede verse como una edificación de la barbarie. Los hechos ocurridos en ese lugar causan un horror comparable al de los testimonios de los campos de exterminio nazis. El continuo camino de la infamia. En ese enclave criminal de Los Zetas, las historias ahí vividas muestran un escenario macabro.

La primera vez que pisé el estado de Coahuila, el municipio de Piedras Negras y su prisión fue en el 2013. La simple idea de pararse allí, durante esos años, era de temer: levantones, homicidios y desapariciones eran parte de la vida cotidiana.

Entrar al centro penitenciario era un acto de osadía, al punto de que los directivos y los elementos de seguridad y custodia rara vez pasaban. Caminar esa cárcel era andar por los pasillos en compañía de sólo un elemento de seguridad y custodia, todo el tiempo vigilado y seguido. Entrar al lugar generaba temor, cada paso era dado con miedo. Aun con todo, hacerlo, más que un acto de valentía era una acción de resistencia y solidaridad, de no dejar solos a esos prisioneros que habían sido abandonados a su suerte. No todos eran la mafia.

Trato de entender los hechos ocurridos y los observo como una mixtura entre corrupción, dolor, miseria y abandono, en donde lo ocurrido en el exterior se entrelaza con lo acontecido al interior.

Diversas notas periodísticas, informes, declaraciones judiciales y testimonios de víctimas explicarían el horror de Piedras Negras. Como susurro, se comenzó a contar la historia cruenta de esa cárcel que reproducía los ecos de los campos de exterminio y de concentración. Una suerte de gulag, donde a la población se le obligaba a trabajos forzados.

Se llevaban a cabo homicidios y torturas. Los cuerpos eran amontonados, destazados y quemados con gasolina en tambos, *pozoleados*, hasta ser reducidos a polvo, para posteriormente tirar sus cenizas en el campo de futbol o en arroyos cercanos. Sin honor, sin llanto, sin ceremonias, sin lugar fijo…

No hallamos marcas de rasguños en paredes como en las cámaras de gas ni dormitorios con rastros de historias de vida, huellas encontradas en los monumentos al horror edificados por los nazis. En Piedras Negras, todo fue borrado. *De facto*, esas personas no existieron más, de forma literal se los tragó la tierra. No se sabe con certeza el número de muertos "disueltos", no les importó mucho porque la máquina de crímenes funcionó de la misma manera, con cuantía mayor o menor.

Los testimonios de los reos arrojaron que desde de diciembre del 2009 a enero del 2012, más de 155 personas fueron llevadas al interior del Cereso de Piedras Negras para asesinarlas e incinerarlas.

Fueron 11 mujeres y más de 145 hombres, entre víctimas inocentes y miembros del crimen organizado que fueron desaparecidos en esa prisión (Cedillo, 2016).

En este tenor, la investigación de Sergio Aguayo y Jacobo Dayán, *El yugo zeta. Norte de Coahuila, 2010-2011*, (2017) es precisa al explicar ese mundo.

La cárcel era un cuartel que jugaba un papel clave en el esquema de negocios y terror Zeta. Aun cuando conocían lo que sucedía, el gobierno estatal y federal subsidiaban el centro penitenciario. En 2011 el presupuesto gubernamental dedicado a las cárceles de Coahuila fue de 135 millones de pesos (p. 6).

Igualmente, las indagaciones periodísticas de Juan Alberto Cedillo (2012) para la revista *Proceso*, o de Brandon Darby e Ildefonso Ortiz (2016) para el portal *SinEmbargo*, revelarían datos de gran valía, lo que, aunado a la posibilidad de caminar ese lugar, me amplió el panorama de los hechos.

En Piedras Negras no hubo crematorios. Tampoco existió un exterminio por supuestas diferencias religiosas o étnicas, como en Auschwitz-Birkenau, sin embargo, operaron los mismos circuitos que en los casos de los criminales nazis y sus acciones. En ese establecimiento se asesinaron a enemigos, la contra y a deudores; también a quienes no pagaron extorsiones, personas secuestradas o porque "debían algo". Se asesinaron a grupos de personas, como es el caso de Nava y Allende,[1] con un perfil determinado. Existen elementos que pueden configurar estos crímenes como de lesa humanidad y actos de exterminio selectivo.

En el 2013 fue la primera vez que entré a esa prisión y no tenía la más mínima idea de lo que ocurría en ese infierno. Recuerdo tener que viajar 13 horas en camión desde Piedras Negras a Torreón de madrugada para no pernoctar en ese municipio peligroso. El autobús viajaba por diversos pueblos, intentando escapar de la mirada de los *halcones*, esquivando los retenes de Los Zetas, amos y señores de esas tierras.

Volví en el 2015 para ver un centro "recuperado" por la autoridad. Una de sus primeras acciones fue levantar esa prisión derruida. El dinero de la Iniciativa Mérida fluyó para arreglo de ese lugar. Los grupos de poder habían cambiado, los golfos se disciplinaban y controlaban, por lo que el orden volvía.

Regresé una vez más en el 2019 con un conocimiento claro de lo sucedido. El silencio se fue diluyendo y entendí con mayor nitidez las cosas. Por lo mismo, mi recorrido se vuelve un calvario: traigo a cuestas esas historias de espanto. Mientras ando, busco una salvaguarda en la pluma y la hoja, escribo y dibujo unos insípidos esquemas. Son consuelos vanos. Analizo y me detengo a pensar en el miedo de los cautivos. El terror en los pasillos y celdas.

El trayecto que recorrí en auto, que fue del aeropuerto al penal, me sirvió para andar el camino leído y sentir la penumbra en el alma de las víctimas al transitar la carretera que llega hasta esa prisión. Pero también para tratar de entender las dinámicas y el desplazamiento de Los Zetas.

Las salidas del encargado del autogobierno, el Maga, protegido por custodios y prisioneros, quienes lo escoltaban en autos oficiales pertenecientes al estado, para que fuera a desayunar o a comer a restaurantes. O también los escapes de sus líderes, el Z-40 y el Z-42, o de David Loreto Mejorado, el Comandante Enano (jefe de plaza), de las fuerzas federales, para refugiarse en el lugar, donde pernoctaban durante operativos. Era tal la impunidad y el manejo de Los Zetas de esa prisión que sus líderes la ocupaban como hotel para ocultarse de la autoridad y luego huir.

Cuando paso por el campo de futbol lo observo con tristeza. Es un camposanto sin cruces ni lápidas y con el anonimato de los nombres. Sobre las cenizas de los desaparecidos unos cuantos internos juegan: lo pisan, lo profanan… Intento hacer cálculos, trato de descifrar la distancia entre el lugar donde quemaban los cuerpos, que estaba pegado a la barda perimetral, en la zona conocida como *hombre muerto*, y el punto en el que estoy. Los números no se me dan bien.

Me repongo de ese pensamiento y sigo caminando. Me conducen al área de talleres. Recuerdo algunos detalles de los textos leídos sobre esta zona:

- El taller de costura elaboraba uniformes similares a los de las diversas fuerzas del estado y la federación con la finalidad de hacerse pasar por ellos.

- El taller mecánico modificaba autos adicionándole blindajes artesanales o para venta y distribución de droga.

En resumen, los talleres sirvieron para proveer insumos para la guerra: ropa, autos, armas y droga. Eran operados por mano de obra gratuita o de bajo costo, por internos esclavizados o cooptados. Salgo de los talleres después de imaginar esa forma de vida y escrutarlos a detalle.

Le pido a la autoridad que me conduzca hacia el área de tránsito restringido, lo que era considerado como "área de máxima seguridad". Les menciono a quienes me acompañan que a esa zona la llamaban *El Monte* y que ahí alojaban a los castigados por Los Zetas o los secuestrados en lo que se negociaban los pagos. Un espacio *ad hoc* para esconder personas por lo aislado del lugar. Niegan saber al respecto.

Me imagino los gritos, la desesperanza, las voces que se apagaban a martillazos o a balazos. Camino ese dormitorio sin prisa. Al examinarlo, me encuentro con que en el lugar viven los últimos zetas, aquellos que no fueron trasladados. "Eran los cabecillas", me señala la autoridad. Les creo poco, los líderes andan libres, probablemente siguen operando. La facha de mal encarados y la etiqueta de peligrosos de esos sujetos que me miran de reojo no me generan mella.

Abandono ese lugar. Un custodio me señala que lo que veo de frente "es un área que aloja al resto de Los Zetas, gente que trabajaba para ellos, sin mando". Los miro de frente y cuento: son 10 sentados sobre cubetas o bancos destartalados. Se encuentran aplaudiendo y cantando una alabanza cristiana, lo hacen a lo lejos, porque el espacio donde se desarrolla la prédica queda aproximadamente a cien metros de ese punto. Es una de las últimas escenas que me llevo de ese lugar.

En el momento en que escribo esto recuerdo esa escena y me viene a la mente lo escrito por Max Lucado: "Una frase resume el horror del infierno: Dios no está allí". En las prisiones eso pudiera ser una máxima, porque son infiernos hechos por los hombres; sin embargo, he visto cómo muchos han encontrado a Dios. En esa obscuridad vieron luz y asumieron que, a pesar del encierro y la podredumbre, eso en lo que creen no se fue de su lado: no se les apagó la fe.

Pienso en lo vivido en Piedras Negras y trato de compaginar todos los elementos a la mano, y aunque es claro, no deja de parecerme increíble, completamente irreal. Sin embargo, y a pesar de todo, ese lugar sigue siendo, camina. Todos manifiestan amnesia, nadie recuerda ni sabe nada, son desmemoriados.

No hay símbolo alguno que señale lo ocurrido, no existe reconocimiento formal por parte del Estado de los crímenes ahí perpetrados, no se llevó a cabo una disculpa pública por las víctimas. Lo que pasó fue circunstancial, no se acepta a cabalidad ese mundo. Todo quedó enterrado bajo capas de pintura, de paredes remozadas, de aulas rehabilitadas, de proyectos de reinserción social.

Los cuerpos fueron hechos polvo y los vientos áridos de ese desierto se los llevaron, pero sus espíritus allí se quedaron. Aquellos que estuvieron en ese lugar de horror, los que fueron artífices y testigos de esos hechos también serán espectros, quedarán fijados como a los que les quitaron la vida.

El silencio y la complicidad prevalecen, no sé sabe si los que están ahí en algún momento alzarán la voz para hablar de ese infierno. Mientras eso no suceda, las autoridades seguirán intentando construir un discurso, fariseo, sobre la reivindicación de los presos y la justicia, sin voltear a ver, ni si quiera por un momento, que de un plumazo quisieron cambiar la desgracia de ese lugar para seguir administrando el oprobio del encierro.

La historia de Piedras Negras no dejará de ser, aunque quieran que olvidemos que ese lugar fue un centro de operación de Los Zetas y un instrumento de muerte. Aunque pretendan hacernos creer que los campos de exterminio, los gulags, los holocaustos, desaparecieron. Éstos persisten, y las prisiones siguen siendo una parte muy activa de ellos.

NOTA

[1] Masacre llevada a cabo en venganza por las traiciones entre líderes de Los Zetas derivada de la filtración de información de la Procuraduría General de la República (PGR) a ese grupo. Familias enteras fueron asesinadas y desaparecidas, se habla de cerca de

400 personas, todo por conocer a quienes eran los supuestos traidores. Residían en Nava, Allende, Piedras Negras y Monclova, principalmente. Muchos de ellos fueron "desaparecidos" en el penal de Piedras Negras. Autoridades de diversos niveles de gobierno habrían participado en los hechos. De forma general el caso fue conocido como *Allende*.

Entre Helena y Zulema: Prisiones patriarcales

> A pesar de ser madres, hijas y hermanas de alguien. Somos una situación indeseable. A pesar de pertenecer a una familia y soñar también con un hogar. No importa cuánto tiempo haya transcurrido, lo que hayamos hecho o dejado de hacer. Formamos parte de la interminable fila de carpetas pendientes de un archivero. Somos, como hace doce años, la misma silueta insignificante detrás de la rejilla para los jueces, una estadística que reportar, una cifra que hay que "bajar". Tan sólo un número de expedientes, que ahora se apellida "N".
>
> Sylvia Arvizu, *Las celdas rosas*

Cuando mataron a Zulema le marcaron la letra *Z* en la espalda, en el abdomen, los glúteos y senos (*Unión CDMX*, 2019). En la cajuela de un auto dejaron su cuerpo envuelto en una cobija, semidesnudo, atado de pies y manos con cinta canela.

Quienes la conocieron señalaban que usaba sus atributos físicos como una forma de relacionarse. Tenía un "cuerpo que cimbra", diría Julio Scherer al conocerla. A los lugares que llegaba se le reconocía por su cuerpo, además por ser generadora de conflicto. Olga Wornat, en su libro *Felipe, el oscuro* (2020), cuenta acerca de ella:

Zulema Yulia Hernández Ramírez era una atractiva joven de 23 años, de cabello rubio largo y enrulado, con un tatuaje de murciélago en la espalda y otro de unicornio en la pierna derecha… La historia de Zulema es triste. Adicta a las drogas desde niña, con una madre alcohólica, violenta y drogadicta, sus carencias afectivas eran inmensas. Su corazón parecía una coladera de balazos. "Ni para puta sirves", le gritaba su madre (p. 300).

Como criminal su carrera era insípida, sin embargo, su historia tomaría relevancia por haber sido pareja del Chapo. Su romance comenzó por medio de cartas de amor, cuando ambos eran prisioneros en el penal federal de Puente Grande. Julio Scherer señaló en su libro *Máxima seguridad* (2012):

> El Chapo Guzmán Loera atendía a su esposa y a su amante, Zulema Hernández, interna con otras cinco mujeres en una prisión para hombres. Al calce sus iniciales con mayúsculas, "JGL", enviaba a Zulema cartas de amor redactadas por mano ajena. Le decía mi amor, negrita, mi vida. "Me usaba, placentero —sonríe Zulema—. Fue muy bueno conmigo y hubo días de encantamiento. Se decía enamorado y yo era la enamorada. Puso a mi disposición un bufete de abogados. Enviaba dinero a mi familia para que viniera del Distrito Federal y me visitara. Me hacía regalos, me distinguía. Después de la primera vez, envió a mi estancia un arreglo floral y una botella de whisky. Empezó recatado en el amor, pero yo lo fui conduciendo, conduciendo. Fui su reina" (p. 10).

Cuando el Chapo se fugó de Puente Grande, se terminó el encanto. Sin embargo, el "cartelón"[1] de "novia", ella lo mostraba para azuzar. Su estadía en la prisión femenil de Tepepan, a donde fue ingresada después de la fuga de su pareja, fue una calamidad para las personas, ya que golpeaba custodias, daba instrucciones a técnicos penitenciarios y amenazaba a compañeras. "¿No saben de quién soy novia?"

Con esa frase desarmaba cualquier intento de gobernarla. El mito e imaginario del Chapo le extendía un halo de protección. No había norma que la frenara, porque se regía por sus propias reglas. Le gustaba dar clases de zumba en pants entallados para que admiraran ese "cuerpo que cimbra". A sus asesinos, Los Zetas, les pareció buena idea dejar también su huella en éste. Marcas que mandaban un mensaje para sus rivales.

Zulema condensa una tragedia, como la de Helena de Troya, donde la desdicha y el destino funesto de la belleza se convierten en el arquetipo de una vida condenada por amor, por ultraje, por consecuencia... Mujeres, musas de un Homero que no hila historias poéticas sino simple y llanamente vidas trágicas consumidas hasta el cansancio, que ya no dan más.

En los mundos sórdidos de las cárceles abundan Helenas, muchas de ellas motivo de guerra; otras tantas, vidas completamente desperdiciadas que se aferraron a un Paris en una batalla perdida. Son vistas y tratadas como objetos, cosas, carne. Es el lugar que les otorgan. Desde empacadoras de droga hasta esclavas sexuales, se ven forzadas a aceptar que a veces se hacen cosas por amor, por necesidad o sobrevivencia.

Historias que muestran el espanto que les hicieron vivir los hombres: una sarta de canallas que colonizaron su mundo y sus espacios como viejos y rancios aventureros trasnochados. Ganadores de una guerra espuria, donde ellas fueron el botín.

Mercantilizaron esos cuerpos capturados para disponer de sus horarios, salidas, visitas, movimientos... Así, operaron una de las premisas de las mafias capitalistas: diversificar el mercado. El asunto estaba fríamente calculado, ya que el precio de una mujer que se prostituye o es prostituida en el encierro es mayor que en el exterior. Simple y cruelmente lógicas económicas. Se desarrolla la idea del *valor marginal*: una botella de agua tendrá un costo mayor en el desierto que en una cascada. Ésa es la visión patriarcal de esos empresarios del crimen.

> Desde el punto de vista económico, la trata y explotación de la prostitución forzada es una forma de desposesión del cuerpo de las mujeres que arroja valor, es decir, capitaliza con bajísimos niveles de inversión, al punto que puede decirse que se trata de un tipo de renta derivada de la explotación de un territorio cuerpo que ha sido apropiado. Se puede hablar, inclusive, en términos estrictamente económicos, de acumulación por desposesión (Segato, 2013, p. 83).

Las prisiones mexicanas han sido botón de muestra de ese mundo, sin embargo, se minimizan y escatiman las denuncias al respecto. En el 2015, la CNDH presentó el *Informe especial de la Comisión Nacional de los Derechos Humanos sobre las mujeres internas en los centros de reclusión de la república mexicana.* Allí se señalan lugares fúnebres, albergues de horrores, donde el trato de objetos sexuales a presas iba acompañado de violencia, sometimiento y muerte.

LAS MUJERES DEL MAGA

En Piedras Negras las mujeres eran obligadas a trabajar para Los Zetas. Eran generadoras de ganancias ilegales para ese grupo, un jale más de su diversificado catálogo de crímenes.

Desde el año 2009, la explotación era parte de la vida de la prisión. El supuesto líder, el Maga, "seleccionaba a esposas, hermanas o familiares de internos para tener relaciones sexuales" (Aguayo, 2017, p. 8).

La mafia ejercía control sobre el cuerpo de los otros, pero con mayor rigor sobre el de las mujeres porque eran de su posesión. Durante años, fueron esclavizadas sexualmente ante los ojos de una autoridad que no veía nada.

COMBO CHELAS, CARNE Y MUJERES

En el penal estatal de Ciudad Juárez, las mujeres formaban parte de un "combo", el cual, además de éstas, incluía carne y cerveza. En el 2013, familiares de internos denunciaron que se armaban *tables* y se cobraban cuotas. "Les ofrecen en esos festejos a la mujer, pero también un plato de carne asada y dos cervezas de bote por 500 pesos (*Proceso*, 2013)."

Las autoridades del estado cuestionaron la información, sin embargo, el asunto era más complejo de lo planteado, no eran "simples" actos de prostitución, ya que dentro del centro operaba toda una red de explotación sexual. Las jóvenes eran prostituidas con reos, celadores los ayudaban. Al menos tres de las 11 mujeres que fueron blanco de los delitos de trata y homicidio fueron prostituidas en un Cereso de Ciudad Juárez (*Excélsior*, 2013).

Aún más, dichos testimonios fueron relevantes en el juicio por el feminicidio de 11 mujeres y el hallazgo de sus cadáveres en el arroyo del Navajo, quienes fueron sido explotadas sexualmente y luego asesinadas por personajes ligados a Los Zetas y Los Aztecas, del cártel de Juárez (*Excélsior*, 2013).

El argumento de los mandos hacía énfasis en que eso sucedía cuando la prisión era administrada por el municipio, lo cual dejó de pasar cuando el estado tomó el "control" de éste, además de despedir a funcionarios de alto nivel, así como personal operativo. Despedidos, removidos o sancionados, pero nadie fue llevado a tribunales ni fue condenado por algún delito, por ser cómplice o actor central en esa trama de crímenes.

Para el año 2014, derivado de las presiones de diferentes instancias, la autoridad llevó a cabo acciones que terminaron con las actividades ilícitas y la prostitución. Como parte de éstas, se creó la prisión femenil de Ciudad Juárez, ubicada a un costado del penal varonil, hecho que logró separar a las mujeres de los hombres. Sin embargo, en el 2017, denuncias de custodios señalarían que todo seguía siendo igual. Las autoridades penitenciarias eran cómplices, ya que de forma incomprensible dejaron un túnel que conectaba ambas prisiones.

> Custodios del Cereso estatal 3 ubicado en esta ciudad, destaparon el tráfico de alcohol, drogas y mujeres al interior del penal.
>
> [...] Los celadores refirieron que a las mujeres las "bajan" del penal femenil, ubicado en el mismo terreno que el Cereso 3, a través de un túnel y por el traslado de cada una de ellas se cobran 300 pesos.
>
> [...] "Bajan a mujeres, principalmente jóvenes, del M (penal femenil). Hasta fila hacen para prostituirse. Cobran 30 o 40 pesos la relación y lo que le quiera invitar el interno, si la cerveza o la droga", revelaron.
>
> [...] "Por bajar mujeres se cobra 300 pesos por cada una, más el cuarto otros 300 pesos y lo que consuman ahí, comida, cerveza o droga, es por toda la noche. Ya a las 6 de la mañana las regresan al femenil", explicó un celador con varios años de antigüedad en ese penal (*El Diario*, 2017).

El caso de Ciudad Juárez revela la operación de grupos legales e ilegales que de forma conjunta se constituían como un poder paralelo y usaban instituciones estatales para permitir crímenes. Las mujeres presas, así como otras "en libertad", eran explotadas sexualmente y asesinadas, pasando a formar parte de los crímenes feminicidas que asolan a la sociedad.

Microfascismos regionales y su control totalitario de la provincia acompañan la decadencia del orden nacional de este lado de la Gran Frontera y requieren, más que nunca, la aplicación urgente de formas de legalidad y control de cuño internacionalista. Los misteriosos crímenes perpetrados contra las mujeres de Ciudad Juárez indican que la descentralización, en un contexto de desestatización y neoliberalismo, no puede sino instalar un totalitarismo de provincia, en una conjunción regresiva entre posmodernidad y feudalismo, en donde el cuerpo femenino es anexado al dominio territorial (Segato, 2013, p. 37).

Como cierre trágico, a inicios del 2021 asesinaron a la mujer que fue encargada de la seguridad de ese penal durante años, quien, mientras ocurría todo eso, administró con precisión el silencio, la complicidad y el sufrimiento.

LOS TÚNELES Y MUJERES POR CATÁLOGO

En el 2009 se destapó la cloaca. La existencia de una red de explotación de mujeres en la que participaban funcionarios e internos, la cual "convencía" o coaccionaba a sus víctimas con la finalidad de que mantuvieran relaciones sexuales en los túneles que conectaban los reclusorios Norte, Sur y Oriente con los juzgados. De la Ciudad de México. Pasillos laberínticos y subterráneos, que mezclaban olores a orina, suciedad, humedad y sexo clandestino.

Jueces y secretarios giraban oficios para audiencias ficticias, solicitaban que las internas que eran parte de la explotación, ya antes captadas por autoridades adscritas a los centros penitenciarios femeniles, se presentaran a los juzgados para encontrarse con "sus clientes".

En la Recomendación 04/2010, la Comisión de Derechos Humanos del Distrito Federal incluye varios testimonios que revelan el *modus operandi* de esa mafia.

- Existe un catálogo de internas fotografiadas en ropa interior, y dicho catálogo se puede consultar a través de internet. Ésta es la forma en la que los *padrinos*[2] eligen a la interna con la que quieren estar.

- Se programan diligencias "fantasmas" a las internas para llevarlas a otros juzgados en los que no está radicado su proceso ni están relacionadas con las causas a fin de venderlas con los internos.
- Hay internas que se encargan de captar a otras internas para que acepten acudir a los reclusorios preventivos varoniles para platicar o tener encuentros sexuales.

El Chatanuga, preso y parte de esa red, filtró información al respecto, por lo que apareció "suicidado" en el túnel del Reclusorio Norte. Cuando la noticia comenzó a tomar peso, algunos trabajadores empezaron a temer, no se podía esperar menos, sus actos cobardes los dibujaban, por lo que algunos optaron por salir del sistema penitenciario, otros tantos fueron cambiados de prisión, buscando encubrir sus actuaciones. La espada de Damocles pendía sobre sus cabezas, sin embargo, no pasó nada con ellos, sus crímenes quedaron impunes. La mayoría eran burócratas sin ideales ni principios. Ejemplificaciones claras de eso que Hanna Arendt denominó la *banalidad del mal*.

En ese entonces, la encargada de las prisiones del Distrito Federal era la misma a la que se le acusó de la fuga del Chapo, Celina Oseguera. Cuando la conocí se mostraba como una mujer dura y altiva, de presencia imponente. Tiempo después la vería en reclusión, vestida con un uniforme gris, cabello encanecido y cuerpo encorvado, aparentando ser todavía la mujer que dirigió durante años centros penitenciarios, a lo largo de los cuales se le señalaría como aliada de grupos de poder y que terminaría pagando por un escape. Aquellos que la conocían decían: "Pagó por algo que no debía, era su karma, tenía muchas pendientes". El tema de los túneles es uno de éstos.

La realidad es que con el paso de los años las cosas fueron encauzadas hacia el mismo camino. Los funcionarios en turno igualaron y hasta superaron ese mundo cobarde. En el libro *Sexo en las cárceles de la Ciudad de México*, Gabriela Gutiérrez (2016) señala:

> Mujeres y homosexuales, en su mayoría, venden breves encuentros sexuales en los centros penitenciarios. Ya sea en los largos túneles que conducen a los juzgados, o en las explanadas durante los días de visita. También es posible encargar prostitutas de lujo, quienes son solicitadas a través de un catálogo o traídas desde los "table dance" más exclusivos de la Ciudad de México (p. 36).

CELDAS PARA BUCHONAS[3]

En Culiacán, en el área femenil, un grupo de líderes de esa cárcel mandó a construir una celda con materiales que aislaban el sonido y vidrios polarizados, también probablemente blindados, además de colocar una cámara en la puerta de ingreso que monitoreaba al exterior y era controlada por ellos. Ese espacio fue edificado de forma irregular frente a las estancias de visita íntima y tratamiento de adicciones, donde vivían sus "novias" con privilegios.

La CNDH documentó en su *Informe* de 2015:

> Algunas reclusas poseen mascotas (perros) y artículos que no están permitidos (ropa, calzado y celulares); el 70% de las celdas cuenta con cocineta, televisiones de plasma, muebles y refrigeradores, baño con cancel y paredes con azulejo. Una estancia en el área de tratamiento de adicciones tiene paredes de madera y una cámara de seguridad no controlada por la autoridad. El área de visita íntima y de tratamiento para las adicciones se utiliza como dormitorios, alojan a una interna por estancia y cuentan con pisos de azulejo, baños con cancel, sistema de aire acondicionado, ropero, televisores de plasma y sistema de televisión satelital, además de un servicio de cocina exclusivo (p. 99).

El área femenil era un espacio anexo al penal de hombres; era dirigida y controlada por ellos, y las celdas de muchas de esas mujeres, a las cuales explotaban o volvían "sus parejas", eran consideradas parte de los bienes del cártel de Sinaloa.

Luego de ser detenidas, la vida de estas mujeres se reducía a ser las acompañantes de algún hombre. Prisioneras que presumían sus cuerpos esculturales y vivían la "vida soñada", a la que muchas de ellas nunca pudieron acceder en el exterior. Estaban enclaustradas en celdas de lujo, rodeadas de zapatos, bolsos, faldas y vestidos de diseñador, artículos que debían usar *para sus hombres*.

La violencia sobre las mujeres y la mercantilización de sus cuerpos les pasaba de noche a las autoridades. "Me pueden señalar cualquier cosa, pero quienes me mantienen aquí son mis jefes, no ustedes", justificaban con un cinismo enorme. Es muy probable que sus jefes estuvieran dentro y que esos directivos fueran operadores del cártel.

La mayoría de estos actos hablan del *infierno* de los hombres, sin embargo, hay muchas mujeres que son parte actuante de esos mundos que al fin y al cabo siguen siendo sostén de esa lógica patriarcal.

EL "UBER" DE TOPO CHICO

Para trasladar a las mujeres del área femenil a la varonil, Los Zetas las introducían en tambos para agua, de esos a los que les caben miles de litros, para que no fueran vistas. Las subían en los carros donde se repartía el alimento o en diablitos y de esa manera, supuestamente, sus actos escapaban de los ojos de la autoridad. A esa forma de desplazar, supuestamente, a las mujeres, del área femenil al varonil le llamaban el "Uber", y la autoridad así lo aceptaba. Decían los presos: "va a pasar el Uber".

La forma real en que se les llevaba al área varonil era por medio de una puerta que se habilitó tras destruir una parte de la pared que conectaba ambas áreas. La autoridad no admitió la existencia de esa puerta, y prefirió convalidar esa otra versión y no asumir responsabilidad, ya que sabía lo que ocurría.

Las mujeres eran vigiladas por sus propias compañeras zetas. Eran como aquellos esclavos que se volvían capataces para esclavizar a su vez, traicionando a los suyos, velando por los despropósitos de sus amos y sus atrocidades. En épocas oscuras a algunos se les empequeñece el espíritu.

En el Topo Chico a las mujeres se les amenazaba diciéndoles que iban a suicidarlas en caso de no venderse o no ceder su cuerpo. No podía haber negativas porque vivían maltrato. Luego de ser violadas, algunas de ellas quedaban embarazadas. Las que no querían "cooperar" eran encerradas en un lugar que denominaban *Las Tapadas*, donde se les mantenía en un estado deplorable.[4]

El área femenil era lúgubre y oscura, ya que las celdas se encontraban cubiertas con maderas y era imposible ver al interior de éstas. Había dos internas que eran las encargadas del lugar. La vida de las prisioneras era contrastante: algunas estancias eran de lujo y eran habitadas por una sola persona, otras eran espacios insalubres ocupados por 30 o 40 privadas de la libertad, las cuales dormían en el piso con sus bebés. Las mujeres solían estar divididas: las que pertenecían a Los Zetas habitaban el área femenil y las que pertenecían al cártel del Golfo ocupaban una zona denominada *Salvadoreña*.

Recuerdo la ocasión en que conocí a la directora "eterna" del Topo, la Goya. Era de resaltar la cantidad de joyas que llevaba puestas, vestido negro y tacones rojos, cabello rubio debajo de los hombros. Saludaba de forma efusiva mientras nos encontrábamos en un área que hedía a suciedad y se observaba derruida. Me pareció el claro ejemplo de la impostura de la autoridad.

Esa directora, un par de años después, fue ingresada a una prisión federal, se le acusaba de haber participado en una masacre entre los del Noreste y Los Zetas. En esa prisión la volví a encontrar, al igual que a Celina, enfundada en un pants gris y cabizbaja. Las hallé ubicadas en el mismo espacio y me pareció aleccionador el momento, ya que a ambas las conocí en sus épocas de esplendor, y ahora estaba frente a ellas viendo su decadencia. La prisión es ingrata y traicionera.

En esos encierros el poder no deja de ser patriarcal, ya que ambas mujeres pagaron con cárcel, sin embargo, los hombres que se encontraban por encima de ellas en los organigramas estaban libres, protegidos por el sistema. No sé si fue karma o la inercia de sus actos y complicidades, pero vivieron una parte del infierno que ellas mismas administraron.

BOTINES DE GUERRA

En Tamaulipas los gobiernos de los presos siempre han sido crueles. Cuando un nuevo grupo "tomaba el poder", llegaba y "colonizaba" las áreas femeniles. Se asentaban en el territorio y lo explotaban. La marca contundente de su victoria era tomar a las mujeres y violentarlas.

Pasó cuando gente del cártel del Noreste tomó el control de la cárcel de Ciudad Victoria en 2017, le quitó el gobierno a Los Zetas, quienes explotaban a las mujeres sexualmente y mantenían dos internos apostados en la entrada del área femenil. Las mujeres debían *jalar* con los dueños en turno de la prisión.

Misma dinámica que imperó en la cárcel de Nuevo Laredo, gobernada primero por Los Zetas y, desde el 2017, por los del Noreste. Estos últimos, al llegar, comenzaron a controlar las actividades de las mujeres: colocaron a algunos internos en el área de éstas para "cuidarlas".

En esas supuestas apropiaciones de los centros, como cúspide de ganar el territorio, la plaza, los cuerpos de los prisioneros se vuelven propiedad, pasan de no tener valor para la autoridad a tener una plusvalía para las mafias, todos pueden servir, en diferentes vertientes, y en el caso de las mujeres, el uso más frecuente radica en su sexualidad, en la violación, en arrancarles la voluntad, en explotarlas hasta que ya no den más.

> La víctima es expropiada del control sobre su espacio-cuerpo. Es por eso que podría decirse que la violación es el acto alegórico por excelencia de la definición schmittiana de la soberanía: control legislador sobre un territorio y sobre el cuerpo del otro como anexo a ese territorio (Segato, 2013, p. 20).

Estas infamias duelen, son desoladoras. Yo, que pude ver ese mundo, observar a esas mujeres con la tristeza y el terror en la mirada, susurrando, teniendo que tragarse su dolor y sufrimiento y aprender a decir "aquí todo está bien", en esas breves aproximaciones supe, entre todas y yo sabíamos, que no lo estaba.

Y a pesar de las denuncias reiteradas ante diversas autoridades, el tema se esfumaba, no hacía eco, porque las mujeres sólo eran importantes en sus discursos, pero las olvidaban en los hechos.

No puedo imaginar el horror, la incertidumbre, el dolor de ser una esclava sexual, de ser carne, de entregar forzosamente el cuerpo una y otra vez, de que te obliguen a perder la valía de tu subjetividad, tu poder de decisión, para convertirte en mercancía. No lo alcanzo a vislumbrar, me quedo corto, sin embargo, eso no impide intentar fisurar, dislocar el discurso que da sustento a ese cruel mundo, y sostener la denuncia.

NOTAS

[1] Término utilizado en las prisiones para hacer referencia a ciertos señalamientos que se hacen sobre una persona, llegando a la cárcel cargando con ello, a pesar de que en

muchas ocasiones son simples especulaciones, sin embargo, los internos se sirven de esas afirmaciones para construirse una imagen en esos lugares.

[2] Forma en que se designa a internos con poder de mando o una capacidad económica alta.

[3] En Sinaloa suele designarse de esa manera a mujeres de cuerpo exuberante, muchas veces producto de cirugías, que visten de forma hiperfemenina. Se tiende a asociarlas como parejas de hombres dedicados a negocios ilícitos o criminales.

[4] La red de prostitución de Los Zetas en el penal de Topo Chico.

Adolescentes criminales: Hijos del sistema

> Cuando el niño era niño, andaba con los brazos colgando, quería que el arroyo fuera un río, que el río fuera un torrente, y este charco el mar. Cuando el niño era niño, no sabía que era niño, para él todo estaba animado, y todas las almas eran una. Cuando el niño era niño, no tenía opinión sobre nada, no tenía ningún hábito, frecuentemente se sentaba en cuclillas, y echaba a correr de pronto, tenía un remolino en el pelo y no ponía caras cuando lo fotografiaban.
>
> PETER HANDKE

"Los militares recibían ráfagas por todos lados, no sabían de dónde venían los disparos, después de un rato alcanzan a ver que salen de una trinchera, quienes los atacaban habían cavado una zanja, y desde ahí se escondían, camuflajeados. Los elementos logran, después de un rato, llegar hasta el punto. Al ver a los sujetos que estaban ahí, quienes les tiraban a matar, se percatan que son tres adolescentes, de 15 años a lo mucho, diestros en el manejo de armas largas y en posesión de granadas".

"¿Qué hicieron los militares?", le pregunto.

"Se quedaron impactados, no esperaban encontrar niños. Los detienen y los presentan ante la autoridad".

Quien me narra la historia fue durante mucho tiempo directora de una prisión para adolescentes, sabe cientos de relatos, y el tema le apasiona.

Continúa: "Estos muchachos llegan al centro que dirigía, los observaba cada que salían a realizar actividades recreativas, no dejaban de correr y patear la pelota. No existía balón que aguantara. No querían parar de jugar".

Y concluye con una reflexión llena de lucidez: "A esos muchachos los alienaron de su niñez. No dejaron de ser niños, a pesar de todo lo que hacían, porque desde más pequeños sus padres los fueron introduciendo en el mundo del crimen, no conocían otra cosa. Eran maltratados, torturados, para que fueran entendiendo esa realidad distorsionada. Les robaron su derecho a jugar, su derecho a ser niños".

Ese tipo de historias se reiteran cuando uno indaga el mundo de los jóvenes delincuentes, son hijos de una época que muchas veces se entrelaza con momentos lúgubres.

Casos como el anterior se potenciaron, se extendieron como una mancha que cubría cada vez más y más lugares, un caso superaba al otro, yuxtaponiéndose.

En una ocasión, en la prisión de Poza Rica, en Veracruz, se le prohibió la entrada al hijo de una interna, ya que el personal de seguridad había visto que el niño, de 12 años aproximadamente, se desenvolvía perfectamente con otros internos —para llegar al área donde se encontraba su madre, tenía que pasar por el área varonil—, les hablaba a varios por sus apodos y los saludaba. Durante el juicio en contra de la acusada por el delito de secuestro, algunas de sus víctimas comentarían que ésta incitaba al niño para que les arrancara uñas, las golpeara y les aventara la comida.

Estas historias son duras, incomprensibles en algunos puntos, ya que no se entiende, en primera instancia, la disfuncionalidad de esos padres. El hecho de enseñarle a un hijo a actuar de esa manera, obligarlo a crecer en un ambiente hostil y violento: caldo de cultivo para que surjan subjetividades criminales. A pesar de esa realidad, sólo se alcanza a ver una parte del problema, dado que las prisiones para adolescentes no sólo albergan muchachos que viven en ese mundo, sino también de niños soldados, engranajes perfectos de una política de muerte y despojo.

Las cárceles para menores de edad, esos famosos reformatorios, "comunidades para menores", correccionales, La Corre, El Tribilín, dejaron de ser escenario consuetudinario de jóvenes ingobernables para ser campo de testaferros de la muerte, operadores del disparo fácil y certero o de la navaja afilada y precisa, prestos a ser alquilados por grupos de poder: sicarios, asesinos a sueldo la mayoría de ellos.

Vástagos de la pseudoguerra, de un conflicto difuso. Pero también hijos del sistema, quienes consumen vidas para no sentirse excluidos del mercado, y lograr entrar, aunque sea por la puerta trasera, al mundo de las marcas, de la *transitoriedad de los objetos*, donde la valía de un ser alcanza para comprarse unos tenis originales, ropa de aparador, un celular caro: aditamentos de una vida superficial que ni el trabajo, el estudio o las formas "honestas" de ganarse la vida podrían comprar en lo inmediato. Necesidades urgentes en una sociedad que vive bajo la égida del suceso y la prontitud.

Hicieron un "pacto fáustico", como diría Carlos Monsiváis. Cambiaron una vida de miseria, de vejez, por una de dispendio, a pesar de que el viaje fuera corto.

> Dame el poder inimaginable, la posesión de millones de dólares, los autos y las residencias y las hembras superapetecibles y la felicidad de ver el temblor y el terror a mi alrededor, y yo me resignaré a morir joven, a pasar los últimos instantes sometido a las peores vejaciones, a languidecer en la cárcel los cuarenta años restantes de mi vida (*Proceso*, 2009).

A esos niños criminales pude verlos abarrotando prisiones de todo el país. En Sinaloa, Sonora, Chihuahua y Durango encontré a los *plebes* afiliados a las compañías dirigidas por los *chapos*, los *mayos* y las pandillas conexas. Carne de cañón que, en su encierro, seguían siendo consentidos por sus jefes, pero también amenazados. Debían *comer callado*,[1] mantener su lealtad al grupo, silenciar sus crímenes. Celulares, televisiones de plasma y Xbox adornaban sus estancias, mientras la autoridad los complacía con más parafernalia y paternalismo. Muchos de ellos decían: "Sólo son cinco años, me los chingo sin problema", ya que sus crímenes no se juzgaban como cometidos por un adulto y su castigo máximo era esa cantidad.

En Colima, Nayarit y Jalisco vi sus rostros lozanos. Jóvenes que cargaban con decenas de muertos. Hablaban y saludaban con parsimonia, te extendían la mano, la misma con la jalaron el gatillo, cortaron cabezas y amputaron miembros. Eran empleados del cjng. De forma literal, ellos eran parte de esa *nueva generación* de aspirantes a mafiosos.

En Nuevo León y Coahuila eran fieles adoradores de Los Zetas, su inspiración y aspiración, y al final, su perdición. Amenazantes, rebeldes, apoyados por su grupo en el exterior imponían cotos de poder ante la autoridad. En diversas ocasiones se "amotinaron" para maniatarla.

Misma dinámica en Guerrero, en donde a los funcionarios los amenazaban cuando impedían la entrada de droga o la requisaban, y sus amenazas eran cumplidas a cabalidad. Desde el exterior, debido al tipo de construcción del establecimiento, se podía ver el interior, por lo que se lanzaban "pelotas de droga" de afuera hacia adentro. Hicieron un acuerdo forzoso con la autoridad: "Si la pelota la agarramos nosotros [internos], nos la quedamos, si la agarran ustedes [autoridad], pueden sacarla". No supieron perder en ese juego: ante la nula entrada de droga, la autoridad siempre ganaba, regresaron las amenazas. Se decían *rojos, ardillos, Barredora*, entre otros.

En Tamaulipas, en el municipio de Güémez, en la prisión para jóvenes allí ubicada convivían zetas, golfos, metros, norestes, por lo que sólo salían por bloques y en horarios distintos para que no se encontraran e hicieran daño. Las paredes de esa comunidad tenían frases escritas: AL VERGAZO BIEN PENDIENTES; CUIDANDO TODO EL SECTOR, ALV; EN TAMAULIPAS PURO Z; SÁLGANLE AL TOPÓN; VAN A MAMAR CDN, CDG Y DEMÁS CHAPULINES; EN TAMAULIPAS PURO Z.

En el 2017, el Comandante Viejito, un preso que ya era mayor de edad pero todavía debía cumplir por el delito que se le había imputado siendo menor, estuvo preso en Güémez. Perteneciente en un inicio a Los Zetas y luego, tras *chapulinear*, al cártel del Noreste, en específico a una facción denominada *Néctar Lima*, escapó con siete compañeros: amagaron a custodios con armas de fuego y salieron por una puerta lateral. Algunos medios de comunicación señalaron que en la fuga mataron a tres elementos de seguridad (Agencia de noticias, 2017), hechos negados por la autoridad.

En el sur, yendo hacia Chiapas y Veracruz, se notaba la pobreza, los cuerpos de los jóvenes revelaban marcas de filiación a grupos como la Mara Salvatrucha y Barrio 18, pandilleros que durante toda su vida huyeron de sus lugares de origen, comunidades asoladas por el flagelo de la violencia, la miseria y el hambre, y encontraron el "epicentro" de su ser entre tatuajes, golpes y muerte.

En la Ciudad de México vi a un montón de niños intentando ser hombres, jugando a la desobediencia, a la transgresión, para así encontrar la estructura que tanta falta les hacía en sus vidas; temerosos muchos de ellos, actuaban como si estuvieran en una escuela. Sin embargo, en el otro extremo, había jóvenes como de San Fernando y del Quiroz Cuarón, que albergaban perfiles de "alto impacto", cuna de pandillas como la Juventus, conocidos como *asesinos de asesinos de asesinos* (Padgett, 2015), imponían cotos en algunas de las prisiones de adultos de la Ciudad de México.

Los muchachos del Quiroz Cuarón debían ser vistos como el fracaso de la reinserción. Aunque se les contenía y administraba con el anhelo de que, cuando salieran, no generaran más problemas, su destino era claro: 6 de 10 serían asesinados al salir. De los cuatro restantes, tres llegarían a las prisiones de adultos, y sólo uno lograría "ser funcional" en sociedad.

En el Estado de México pude ver una mixtura de jóvenes de barrios pobres: Neza, Ecatepec, Texcoco, Chalco, Tecámac, entre otros; llenaban esos dormitorios que parecen grandes galerones, de la conocida como *Quinta del Bosque*. Muchachos completamente abandonados por todos, pero "recuperados" por los grupos delictivos y pandillas.

En ese lugar alojaban al Matadamas, al Gato y al Piraña, adolescentes *feminicidas seriales*, quienes, en compañía de un sujeto mayor de edad llamado el Mili, por ser militar, violaban y mataban a niñas, cuyos cuerpos los iban a tirar al río de los Remedios.[2]

Las historias de todos estos jóvenes reflejan el doble fracaso de nuestro sistema: tener *niños criminales* por doquier y edificar cárceles para ellos. Si la realidad no miente, ese bono demográfico no habrá servido para levantar las economías formales, pero sí las informales/ilegales. Las *segundas economías*, las fuerzas paraestatales, han encontrado en ellos un gran nicho.

Eduardo Galeano señaló al respecto:

Los niños son los más presos entre todos los presos, en esta gran jaula donde se obliga a la gente a devorarse entre sí. El sistema de poder, que no acepta más vínculo que el pánico mutuo, maltrata a los niños. A los niños ricos, los trata como si fueran dinero. A los niños pobres, los trata como si fueran basura. Y a los del medio los tiene atados a la pata del televisor (Galeano, 1996).

Jóvenes reclutas, algunos de ellos secuestrados y entrenados por grupos de poder para la "guerra"; asumidos, por un lado, como "disfuncionales" en sociedad, y por el otro, como engranajes perfectos para matar; usados como mano de obra barata y desechable; alienados. El sistema los trata con desprecio, ya que, si no los juzga y encarcela, los expulsa o mata…

NOTAS

[1] En prisión, el término hace referencia a mantener silencio.
[2] Información documentada en el libro *La fosa de agua. Desapariciones y feminicidios en el río de los Remedios*, escrito por la periodista Lydiette Carrión (2018).

GATE: Los golfos "arrepentidos"

> En el mundo real la gente que lleva armas existe, cons-
> truye Auschwitz y deja que los honrados e inofensivos le
> allanen el camino.
>
> PRIMO LEVI

En el momento que las autoridades coahuilenses "expulsaron" de las prisiones a Los Zetas, vieron en ello una proeza. No era para menos, le arrebata-
ron, por medio de un escenario muy elaborado, un bastión de operación importante a ese grupo. La forma en que lo hicieron fue digna de una película
hollywoodense.

Los líderes zetas ocupaban las estancias de visita íntima de las prisiones
de Saltillo y Torreón, por lo que, cuando menos lo pensaron, estaban rodeados de policías. Nunca creyeron que su fin llegaría desde el cielo.

Mediante "intervenciones puntuales", se ingresaba a las prisiones. En el
exterior se creó una serie de distracciones movilizando al Ejército y a la policía. La población penitenciaria se encontraba alerta, esperaban una incursión
por tierra, como solía pasar. En una acción inesperada el Grupo de Tácticas
y Armas Especiales (GATE), a rápel y desde helicópteros, tomó el control de
las cárceles. El operativo había sido todo un éxito, ya que sin rebelión de por
medio habían logrado entrar hasta el epicentro del autogobierno y capturar
a sus cabecillas. En Torreón ingresaron al penal sin apoyo, y en Saltillo lo hicieron acompañados del Grupo de Reacción Operativa Municipal (GROM).

LA PELEA POR LOS INFIERNOS

Las estancias en las que vivían los líderes tenían asadores, televisiones de plasma y aire acondicionado; también se documentaron artículos prohibidos y de lujo. En Torreón construyeron una alberca, la cual fue demolida. Posterior a la incursión desalojaron a los internos ubicados ahí, a algunos los trasladaron a prisiones del estado o federales, a otros tantos los "dejaron" en población.

Veladamente, los presos comentaron que Los Zetas, aquellos que durante años los golpearon, torturaron y extorsionaron, "fueron nuestros durante 15 días", tiempo en el que los sometieron a vejaciones y maltratos hasta que la autoridad decidió que era suficiente y los condujo a un área de protección.

El asesinato de 46 oficiales penitenciarios (Alvarado, 2015) durante la época de Los Zetas no quedó sin pago. No existieron denuncias formales al respecto, pero muchos de esos hechos se contaban como un susurro. Palabras que debían ser contenidas y selladas por el silencio mafioso, eran develadas por sujetos a los que la venganza se les desbordaba. Debían contar lo de su deuda saldada.

Las autoridades de esa manera asumían el control: entre violaciones de derechos humanos y discursos que ensalzaban las falaces labores de inteligencia, porque desde tiempo atrás sabían lo que hacían Los Zetas, sin embargo, los dejaban operar.

Las poblaciones de esas prisiones desde siempre se asumieron como gente del cártel del Golfo, motivo por el que Los Zetas los vapulearon. El tiempo de cobrar deudas había llegado. La directriz era clara: "Se acabaron Los Zetas, ahora manda la autoridad en 'cogobierno' con población afiliada al cártel del Golfo". Los Zetas sólo lograrían controlar aquellas áreas de tránsito restringido, de protección, que alojaban a su gente, pero bajo la mirada de las autoridades.

Como forma de afianzar la "posesión" de las prisiones, los directores de esos establecimientos pertenecerían a la primera generación de los GATE, elementos con formación académica profesional, pero con preparación policiaca, así como con una lealtad "inquebrantable" a su grupo. Eran una suerte de cofradía que contaba con el apoyo de una estructura bélica tanto regular como irregular, así como estatal y paraestatal.

Apoyo paraestatal porque, de boca en boca, como rumor, se decía: "Los GATE son golfos arrepentidos". Grupo que tenía entre sus filas Golfos "redimidos". Elementos que saltaban de lo legal a lo ilegal de forma constante. A modo de bisagra, cuando era necesario guardaban un perfil institucional, y cuando no, excedían los marcos legales.

Las incursiones de los GATE se dieron entre el 2014 y principios del 2015, y se observaron cambios en las prisiones de esos lugares a partir de esos momentos. Esa fuerza de élite no era nueva ni improvisada, ya que operaba desde el 2011, otras voces dirían que incluso existían desde el 2009. Habían sido capacitados por instructores de origen israelita y españoles, según algunos especialistas (Estado Mayor, 2013).

Su función fundamental era *la desarticulación de los grupos delictivos de la entidad*; y en esa supuesta función "desarticuladora", instrumentaron una política de terror *para-*, mezcla entre lo parapoliciaco y lo paramilitar, donde la violación de derechos humanos fue una constante.

La Comisión de Derechos Humanos del Estado de Coahuila, en un lapso de dos años (2013-2015), realizó cinco recomendaciones contra los GATE en las que documentaba detenciones arbitrarias, allanamientos de morada, cateos y visitas domiciliarias ilegales, además de robos. Asimismo, señalaron haber recibido algunas quejas por desaparición forzada, lesiones y ejercicio indebido de la función pública (Becerra, 2015).

Rita Segato (2013) dijo en torno a este tipo de agrupaciones:

> La licencia policial de actuar con capacidad de juez abre un espacio no claramente normativo, abre un peligrosísimo espacio de arbitrio que, encontrándose plenamente dentro de la ley se resbala con facilidad hacia afuera de la misma. Ésta es una de las formas en que el estado es legalmente dual y actúa paraestatalmente sin traicionar su normativa. Existen varias formas de duplicación, y todo un territorio liminal entre lo legal y lo criminal, un verdadero limbo (p. 65).

La participación de los GATE en la "recuperación" de esas prisiones quedó en la bruma, ya que de su actuación se sabe poco. No hay mucho asentado en documentos. Las autoridades suelen callar las circunstancias de los operativos y la *omertá* de las cárceles vuelve inaccesible esa información.

Como parte de una directriz continua, los GATE comenzaron a realizar incursiones al interior de las prisiones para generar temor y asolar a Los Zetas.

LA PELEA POR LOS INFIERNOS

Las denuncias por parte del obispo encargado de la diócesis de Saltillo, Raúl Vera, fueron en ese sentido: "Yo sé que los 'Gates' entran a torturar en las cárceles, yo lo sé y de que el edificio la Torre (en Saltillo), era famoso porque ahí también torturan y se queja la gente" (*El Siglo Coahuila*, 2015).

La pastoral penitenciaria de esa diócesis manifiesta datos más puntuales al respecto:

Algunos son sometidos a choques eléctricos en diferentes partes del cuerpo, golpes y son obligados a hablar en un volumen de voz más alto cuando reciben visita de parte de sus familiares. Las diferentes formas de tortura a la que son sometidos incluyen también la falta de comunicación con su familia; incluso, algunos de ellos han señalado que sostienen una conversación telefónica con sus familiares durante tres minutos al mes. En cambio, otros han sido aislados desde hace meses y no les han permitido recibir la visita familiar a la que tienen derecho (Tinoco, 2016).

Dentro de los argumentos esgrimidos para justificar la tortura de los GATE se habló de que con la información obtenida se pudieron encontrar fosas clandestinas, lo cual habría devuelto tranquilidad a muchas familias que buscaban a sus desaparecidos. "Los Zetas soltaron mucha información", dijeron sin empacho.

En el 2015, en una visita a las prisiones de Torreón y Saltillo, quedé sorprendido por la cantidad de elementos que se encontraban resguardando el exterior. Se podían ver francotiradores en los techos de las áreas de ingreso y en las aduanas. Estaban resguardando un fuerte, por lo que se tenía mayor cuidado en protegerse de algún ataque del exterior que de algún intento de rebelión al interior.

Con los GATE dirigiendo los centros, a excepción del femenil de Saltillo, Coahuila, se "pacificó" a los penales a la par que se siguieron violando derechos humanos y cometiendo ilegalidades. Un caso documentado muestra esa realidad. Ocurrió en el penal de Torreón, en el 2018, el director GATE fue grabado dentro de las instalaciones amenazando a un dentista con un arma de fuego, apuntando a su cabeza (Rodríguez, 2018), supuestamente porque intentó introducir pastillas psicotrópicas (*Proceso*, 2018). Los directores pertenecientes a los GATE, por lo que se ve, se encontraban armados.

La actuación de ese grupo puede entenderse, sigue una serie de directrices completamente policiacas, de actos reactivos y represivos.

Como lo señala Rita Segato (2013): "La policía, así como los sicariatos, que muchas veces se mancomunan, son recursos humanos descartables. Allí no están las cabezas. Son solamente los elementos más visibles, la superficie productora de los epifenómenos del sistema" (p. 67).

Los artífices de ese mundo se encuentran más arriba y el ejemplo más claro es la forma en que se diferenció la toma de las cárceles de Torreón y Saltillo con la de Piedras Negras. A pesar de que Piedras Negras puede considerarse como el epítome de grupos de poder, crímenes y violaciones de derechos humanos, la forma en que se "recuperó" el gobierno del centro penitenciario fue completamente política. No hubo operativos espectaculares ni resistencias y el traslado del líder del autogobierno fue llevado a cabo completamente en paz.

Derivado de estos eventos, y de querer quitarse el lastre de un sistema penitenciario gobernado por mafias, el poder político pretendió vender las prisiones de ese estado como garantes del orden y los derechos humanos. Se invirtieron recursos y fueron certificadas bajo la venia de la ACA. Así, se mostró como el triunfo de la voluntad política.

Desde mi perspectiva, siempre fue, y sigue siendo, un discurso peligroso, dado que no se puede hablar de legalidad, de restauración del orden, cuando de por medio hay violaciones de derechos humanos o actos de tortura —punible e inaceptable—, aunque diga lo contrario un tipo que sube a un estrado con traje y corbata.

En el eje central de todo este entramado de hechos hablamos de legalidad y su salvaguarda; sin embargo, en los márgenes se desborda la violencia compartida de grupos estatales y paraestatales, que son los mismos que deambulan con las insignias de la solidez y respaldo institucional, a la par que lo hacen con ropa táctica e informal. Al final del día terminan jalando el gatillo ante los "rivales".

Escribió Voltaire: "Todos marchamos descarriados; el menos imprudente es aquel que más pronto llega a arrepentirse".

En el caso de los GATE, esa premisa no se cumple. El supuesto arrepentimiento fue accesorio, porque de la misma manera que pulverizaron a Los Zetas al exterior lo hicieron al interior. Especulando desde posiciones regidas por la ley, tenían el mismo objetivo: someter y destruir al enemigo.

"Poemas" de violencia: Pedagogías de la crueldad

> Una pedagogía de la crueldad en torno a la cual gravita
> todo el edificio del capitalismo.
>
> RITA SEGATO

El "especialista" toma su arma, corta cartucho o afila el cuchillo, y como "artista de muerte", acribilla, hace cortes precisos. Realiza una "poesía": una oda a la violencia. Traza líneas perfectas, perfora órganos, cual cirujano. Se constituye como portavoz del discurso de destrucción y exterminio.

Nos muestra actos crueles, despiadados, que durante años fue puliendo, perfeccionando, para que, como actor en escena, a la hora de llevar a cabo su performance, no cometiera ningún error: frente a cámaras, mostrándose ante su cofradía y público espectador. También entre telones el buen artista practica antes de los "grandes eventos".

Desarrolla acciones progresivas, no surgen *ipso facto*, sino a través de un lento proceso de aprendizaje: ensayo y error. Cortar una cabeza, extirpar un hígado, desollar a una persona estando aún viva no es algo que cualquiera pueda llevar a cabo con precisión, rapidez y espectacularidad, sin titubear ni un segundo ante los gritos de una vida que se extingue.

¿Quiénes son esos sujetos? ¿De dónde emergen?

Desalmados, despiadados, crueles, sanguinarios son adjetivos que llevan como insignia de plusvalía. Reconocimientos, trofeos que los certifican como operadores destacados en "su campo de trabajo". Las industrias de la muerte

119

también suelen estratificar y delimitar funciones. El fordismo, en su aspecto más siniestro, opera en todos los campos.

Son personas que emergen de una producción en cadena, en serie. Subjetividades reiteradas, repetitivas, que siguen los mismos mecanismos que un artículo o un objeto. Insertos en una temporalidad: tiempos canallas. Productos, en esencia, "defectuosos", que son capitalizados por las maquinarias bélicas tanto estatales como paraestatales.

Actores crueles que consolidan sus acciones no sólo como gozosas, sino también como soberanías sobre los cuerpos-territorios. Matar, aniquilar cuerpos que son trazados, políticamente, como una diferenciación, una alteridad, una especulación… Vidas inmundas de quienes habitan esa realidad de sangre, llanto, gritos y súplicas no escuchadas.

En las prisiones, esos sujetos se cuentan por cientos. Se sienten extraordinarios sin caer en cuenta de lo ordinarios que llegan a ser. Desarrollan su "arte" en esos campos con sumo detalle, partes actuantes de una estructura de poder y control que los deja ser y necesita para desarticular poblaciones de presos, mandar mensajes, azuzar enemigos, cobrar cuotas…

Casos hay muchos, de esos actos de muerte y dolor, que desbordan nuestra realidad y alimentan lo imaginario hasta convertirlo en mito.

LOS ASESINATOS DEL Z-12 Y EL GAFE

Luis Enrique Reyes, el Rex o Z-12, uno de los supuestos fundadores de Los Zetas, fue asesinado en Nuevo Laredo, Tamaulipas, en el 2018.

Durante tres años estuvo preso en el centro federal de Oaxaca. Sin embargo, *debía* delitos en Tamaulipas (*La Otra Opinión*, 2018), por lo que autoridades de este estado lo requerían. En el momento que Luis Enrique recibió su notificación, *de facto*, estaba sentenciado a muerte. Un zeta en un penal gobernado por el cártel del Noreste no podía tener otro fin. En esa prisión fronteriza frecuentemente se cometían homicidios, y el área de talleres era el lugar predilecto para ello.

Para que no quedara duda de que ese cuerpo les pertenecía, al Rex lo masacraron con armas blancas. Además, la saña mandaba un mensaje: era algo personal. No bastó, no obstante, con eso. Mientras su familia lo velaba, robaron el cuerpo del muerto para destazarlo y repartirlo en pedazos, dentro de hieleras, en los penales de Apodaca (Gutiérrez, 2018b), Topo Chico y Cadereyta. Su cabeza fue abandonada frente a la prisión de Ciudad Victoria, gobernada por Los Zetas Vieja Escuela —la *contra* del cártel del Noreste—, maquillada y con una diadema, acompañada de un mensaje que decía literalmente:

> Así termino este traidor del Z12 fundador de los Zetas y de la Vieja Escuela. Para todos los Malagradecidos y traidores k mordieron la Mano ai les dejo un regalo para que lo disfruten y vean que esto no es un juego Hicieron su desmadre por este pendejo y valieron verga sigue la limpia perra así van a terminar en cachitos como este perro Ya no se enguilen raza en el penal con sus encargados por que les pasará lo mismo. Aqui quedo su patrón de la Vieja Escuela. Imagínense que les esperará a ustedes cuando salgan.
>
> ATTE
> Operativa GAFE Fuerzas Especiales CDN (Corporativo Radio Net, 2018)

Como respuesta a estos hechos, en el penal de Ciudad Victoria, unos días después, apareció "suicidado", colgado de los barrotes de su celda, Juan Alfonso Vázquez Canto, el Gafe, quien era identificado como uno de los líderes del cártel del Noreste, específicamente como el coordinador de las fuerzas denominadas *Grupo Operativo Gafe* (Agencia Reforma, 2018).

A modo de respuesta a la muerte del Gafe, entre 10 y 14 elementos de seguridad y custodia de la prisión de Ciudad Victoria fueron asesinados. Los cazaron, como si fueran animales, en avenidas, transporte público y sus casas. Se convirtieron en enemigos (ABC Noticias, 2018). El Noreste dio por hecho que permitieron la muerte de uno de sus líderes.

TORTURAS EN EL TOPO CHICO

En el *Informe especial sobre el Centro Preventivo de Reinserción Social Topo Chico*, publicado en el 2017 por la Comisión Estatal de Derechos Humanos de

Nuevo León, están documentadas las diversas formas en que Los Zetas torturaban a los internos, entre ellas llama la atención las infligidas por *descarga eléctrica*, derivado del estado de deterioro de las instalaciones.

PERDER LA CABEZA EN TIJUANA

Es el 2008 y en la prisión de Tijuana asesinan a Evaristo Morales Pérez. El preso era un elemento de la extinta Agencia Federal de Investigación (AFI) y se le había acusado del delito de secuestro (*El Universal*, 2008). Se le consideraba testigo clave en casos de relevancia. Evaristo fue decapitado en su celda con una lámina de metal. El homicida dejó un mensaje escrito con la sangre de su víctima: NO MÁS HOSTIGAMIENTOS.

LA TABLA DE LOS ZETAS

Una de las prisiones donde los grupos delictivos han cometido más actos crueles contra los presos es la de Nuevo Laredo. Eventos que van desde matar a una directora al interior hasta masacrar a puñaladas a prisioneros.

En el 2010, uno de los grupos rivales de Los Zetas era el cártel del Golfo, por lo que todo interno que ingresaba a la prisión y se le identificaba como tal era "tableado". Los presos elaboraron una tabla con ese fin en específico.

En una ocasión, una interna acusada de ser parte de los golfos fue torturada por las mujeres que controlaban el área femenil. La golpearon en tandas de 15 tablazos en la espalda, los glúteos y las piernas. Le arrancaron uñas y la quemaron con cigarros, además de no alimentarla.

El golpe final vino cuando una de sus torturadoras brincó sobre su estómago tomando vuelo desde la plancha superior de la celda, lo que generó que vomitara grandes cantidades de sangre antes de desmayarse. Logró salir de la prisión porque la creyeron muerta. El acto criminal generó que tuvieran que practicarle 14 cirugías (*SinEmbargo*, 2017).

EL ASESINATO DEL BORRADO

En el 2017 el líder del penal de Reynosa fue ejecutado. El cártel del Golfo gobernaba la prisión por medio de su facción denominada *Los Metros*, en ocasiones relevada por otro grupo dentro del mismo cártel, Los Escorpiones.

El *Borrado*, así le decían por sus ojos de color claro, fue acribillado junto con su escolta: armas de fuego y bates fueron usados para quitarles la vida. A él, como firma, sus verdugos le dejaron caer una piedra que le destrozó la cabeza.

"Se encontraba bebiendo alcohol cuando comenzó una riña", señaló la versión oficial. Las cervezas encontradas a su alrededor lo corroboraron (*NarcoPrensa*, 2017).[8] Sin embargo, todos sabían que el Borrado era abstemio. Era día de visita cuando ocurrió el ataque, por lo que las familias desmintieron esas versiones.

Los hechos fueron un montaje para inscribir el evento como una riña y no como una masacre, en toda su extensión, por el control de esa cárcel.

"ALLÍ VIVÍA EL LÍDER..."

Es el 2017 y visito la cárcel distrital de Jojutla, en Morelos. El establecimiento es muy pequeño, construido para albergar a 150 personas. Parece un centro escolar de estructura circular, con una cancha de basquetbol al centro de la prisión. La denominan *El ruedo*, ya que tiene apariencia de ser una plaza de toros.

El custodio que me acompaña me cuenta, de forma muy escueta y con cierto temor, que en esa prisión hay grupos de poder. Nos encontramos en la planta alta del establecimiento, me señala una estancia de la planta baja y me dice: "Allí vivía el líder del autogobierno, lo mataron de forma cruel. Se encontraba en su estancia, llegó su asesino, lo comenzó a golpear con diversos objetos, incluso con un banco, hasta que lo mató, posteriormente sacó el cuerpo de ahí, arrastrándolo por todo el patio, dejando una marca de sangre por los lugares donde lo trajo, así era como les decía a los presos que era el nuevo jefe de la cárcel".

LAS SANCIONES DE LOS CICLONES

En el 2015 acudí al centro penitenciario de Matamoros, lugar gobernado por Los Ciclones, facción del cártel del Golfo. El recorrido por el lugar era tenso, pero dentro de lo normal, ya que me seguían algunos internos. Observándome a la distancia, me daban oportunidad de andar.

La tubería de la parte posterior del dormitorio Nuevo Amanecer se encontraba abierta, por lo que las aguas negras salían expulsadas hacia un área contigua, donde se estacaban por lo inclinado del terreno, lo que permitía que se formara una especie de alberca o charco gigante que podía alcanzar una profundidad de hasta dos metros.

El elemento de seguridad que me acompañaba, de forma breve y aparentando tener una conversación común y corriente, comentó acerca de esa área, no sin antes cerciorarse de que nadie lo escuchara: "El grupo que manda utiliza esta zona para castigar a los que no cumplen con sus instrucciones y extorsionar. Los 'sancionan' o extorsionan sumergiéndolos casi por completo, sólo les dejan la cabeza afuera. En el caso de las extorsiones, los graban para que la familia pague, suelen permanecer hasta dos días así, con la sensación continua de ahogamiento, además de que el agua les ocasiona que tengan infecciones en la piel".

Ésa era la forma en la que ellos mostraban quiénes mandaban y frente a la cual la población no tenía más que obedecer.

BOXEADORES DE LA MAFIA

Las autoridades penitenciarias del estado de Baja California Sur, en el 2019, recuperaron el control de los penales de La Paz y Los Cabos, ambos, durante años, gobernados por gente del cártel de Sinaloa.

En el penal de Los Cabos un grupo de ocho internos se encontraba encerrado de manera permanente; sólo dos horas al día salían al patio, cuando la población ya estaba en sus celdas. El área donde se alojaban estaba cerrada con puertas y candados reforzados, además había guardias de seguridad custodiando la zona. Las autoridades optaron por esa solución bajo el argumento de la protección. De hecho, así lo pidieron ellos. La población quería matarlos.

El motivo de las amenazas era que durante años esos sujetos, *boxeadores muy buenos,* se dedicaron a ser los esbirros de la mafia del lugar.

Cobraban, extorsionaban y golpeaban a los internos que se revelaban. Si alguien podía contra uno de ellos, no podría contra siete más. Diestros en el uso de puños y entrenados para hacer daño con sus golpes, fueron un "grupo de choque" en la prisión. Por eso no salían, por eso preferían el encierro continuo. Sus cabezas tenían precio, y alguien de esa población asolada esperaba el mínimo error de la autoridad para cobrarse los golpes en el rostro, los puños sobre la piel, las marcas de la violencia de esa horda de "expertos".

LA HIPÓTESIS DEL NORESTE

10 de mayo de 2019, por la mañana. Los trabajadores de la prisión federal ubicada en el estado de Morelos, Centro Federal de Readaptación Social (Cefereso) 16 Femenil, esperaban el camión que los llevaría hasta esa cárcel. Como cada día, el punto de recolección estaba frente al Monumento a la Madre, en el cual se podía leer la inscripción en letras grandes: GRACIAS POR DARME LA VIDA Y ESTAR CONMIGO. DIOS TE BENDIGA SIEMPRE.

A las 7:15 a. m. (Brito, 2019) una ráfaga de metralla sorprendió a esos trabajadores. Desde un auto, un grupo de sujetos había descendido para dispararles. No iban por nadie en particular. Las balas alcanzaron a varios, pero sólo unos cuantos, cinco para ser exacto, perdieron la vida, el resto quedó herido. Los funcionarios tenían rangos menores en la estructura de control de la prisión, ya que pertenecían a las áreas técnicas y de seguridad.

En la reconstrucción de los hechos, los investigadores encargados de las diligencias hallaron que el crimen se cometió desde un auto rojo marca Sentra, con placas del estado de Guerrero, al cual encontraron calcinado y abandonado kilómetros adelante del punto del atentado.

Las autoridades inmediatamente le adjudicaron el crimen a Santiago Mazari, el Carrete, líder de Los Rojos, grupo asentado en algunos puntos de Morelos y Guerrero, pero con fuerte presencia en Puente de Ixtla, zona de la masacre. Hasta ese punto todo parecía cuadrar perfectamente: un líder criminal rebelándose contra las autoridades federales y atacando a trabajadores de prisiones. Existían antecedentes de disputas al interior de los centros estatales de Morelos realizados por su grupo, por lo que todo apuntaba hacia él.

Unos cuantos días después, ya con una visión casi completa de los hechos, recibí un mensaje que decía parcamente: "Se corre el rumor de que quienes cometieron el atentado a los del Ceferso fueron los de aquí". El mensaje apuntaba, por la ubicación desde donde me fue enviado, hacia dos grupos: Los Zetas Vieja Escuela o el cártel del Noreste.

En ese momento surgieron algunas preguntas: ¿Qué relación podía haber entre un atentado contra trabajadores de una prisión femenil y esos grupos? ¿Qué pasaría para que esos grupos se movieran desde sus feudos para matar y armar un operativo en tierras que no eran suyas?

Las interrogantes rondaban sin respuesta hasta que un funcionario de un penal estatal, quien durante algunos años fue trabajador de centros federales, me dijo: fueron los del Noreste y tiene que ver con los y las Treviño.

En los días posteriores a los hechos el Carrete buscó por todos los medios que su nombre no se emparejara con ese crimen, lo cual, en cierta medida, era cierto. No quería ser el chivo expiatorio de algo que no fraguó.

La hipótesis del cártel del Noreste y los Treviño, después de escuchar y leer a varios actores, iba en este sentido: las muertes de los trabajadores penitenciarios era un mensaje para la autoridad, no se sabe con exactitud para quién, pero tenía que ver con dinámicas al interior de esa cárcel.

El operativo fue armado por gente del cártel del Noreste que, como parte de una serie de acciones bien estructuradas, tanto de llegada como de salida, atravesó territorios de aliados y de la *contra* con el objetivo de vengar a una de sus líderes y fundadora, Ana Isabel Treviño, la Reina de los Antros (*Vanguardia*, 2019), alojada en esa prisión para mujeres.

El día y el lugar no eran simples coincidencias, ya se tenía todo estudiado. Para quienquiera que haya sido, el mensaje fue claro, preciso e ilustrativo en crueldad. Ese 10 de mayo, los del Noreste, con ese acto, le dieron las gracias a *quien les dio vida y estuvo con ellos. Dios la bendiga siempre.*

LAS BOTAS DE LA DIRECTORA

A la directora le gustaba ponerles música a los internos. Al tener una formación de psicóloga, consideraba que los procesos cognitivos y los estímulos positivos eran fundamentales para la reinserción social. La música era necesaria para que así *no vivieran todo el día en silencio.*

Por los altavoces de la prisión federal que dirigía durante todo el día sonaban diferentes melodías, aquellas que los internos le sugerían. La música de banda, seguida del pop, era la favorita de los prisioneros.

La directora se ufanaba de haber implementado el programa como garantía de respeto a los derechos humanos, único en las prisiones federales. Contrariamente, los internos tenían otra visión de ella, ya que estaban al tanto de que lo de la música era una careta para disfrazar sus acciones. "En las noches baja un grupo de seguridad y custodia como de 10 personas, todos vestidos de negro, realizan rondines y a quienes se la deben, o les 'dan su bienvenida', son golpeados y pateados, entre todos, en el piso. Ellos creen que no los identificamos, porque se cubren el rostro con pasamontañas y casi no hablan, pero dentro de esas personas viene una que pretende pasar desapercibida, y es la directora. La reconocemos por su estatura, su forma de caminar, y el tamaño de sus botas".

"La reconocemos por sus botas", aseguran a coro los prisioneros que la han visto y sentido en acción.

LAS VIOLACIONES DEL CREDO

La historia de Iván Hernández Cantú, el Credo, se comenzó a construir cuando fue asesinado a puñaladas Mario Alberto Roldán Zúñiga (*Proceso,* 2015), el Fresa, en el 2015.

El Fresa era en ese entonces el "dueño" de la prisión del Topo Chico. El evento en cuestión sería el comienzo del fin de ese lugar, no sin antes tener episodios de terror.

En febrero de 2016, para ser precisos, una facción de Los Zetas dirigida por Juan Pedro Saldívar Farías, el Z-27, intentó quitarle el gobierno de ese centro al Credo. Unos y otros, a pesar de pertenecer al mismo grupo, mostraban ya un resquebrajamiento profundo. La razón de ese acto era política, aunque Saldívar Farías comentó en ocasiones que ese intento de "golpe", en el que fueron asesinados 49 presos, no lo organizó él, sino "una población harta de los tratos del Credo".

"El Credo encadenaba a algunas personas con un grillete al cuello, los alimentaba con desperdicios, poniéndoles la comida en el suelo. Cuando alguien ingresaba al Topo Chico, el Credo los pasaba a 'investigación', es decir, los torturaba, golpeaba, y si no obtenía la información necesaria los mandaba a violar. Les daba una pastilla de viagra a alguno de los violadores que trabajaban para él y así podía lograr lo que buscaba.

Los "muertos del motín", una masacre con fin específico, pertenecían en su mayoría al bando del Credo, al cual no pudieron matar por lo resguardado del lugar en el que se encontraba alojado.

"Los muertitos eran unos hijos de la chingada", se diría. En las imágenes que tomaron las cámaras se ve cómo son asesinados con tubos, armas blancas, y cómo a algunos les azotaban la cabeza contra el suelo. Ésa era la vida en el inframundo del Topo Chico, llena de violaciones, grilletes y muerte…

Estas breves historias ejemplifican de forma explícita la violencia, esos actos despiadados contra las poblaciones y autoridades penitenciarias. Nos pasa de noche ese mundo de castigos, de cuerpos sin valor, despojados de dignidad. En los mandatos del poder, ese debe de ser su purgatorio y expiación. Almacenes repletos de cuerpos-carne, lienzos sobre los cuales el "artista" de muerte se explaya y regodea. Signos inequívocos de "subjetividades endriagas",[1] mezcla de lo monstruoso con lo humano, donde las enseñanzas, las pedagogías de la crueldad, son un campo tan vasto que podríamos hilar historias inacabables e insufribles…

NOTA

[1] Subjetividad señalada por Sayak Valencia en su libro *Capitalismo gore* (2010): sujetos insertos en las dinámicas del mundo de las drogas y grupos de poder desarrollan acciones entre ilegales y violentas, pero que se asumen como "normales" en su vida.

Drogas: Economía y lógica en el encierro

El camino del infierno estará lleno de compañía, pero
aun así será tremendamente solitario.

CHARLES BUKOWSKI

Cuando platicaba con el Beto las charlas eran largas. Una especie de catarsis para él. Nunca daba nombres, no me decía dónde se encontraba la droga escondida, no quería ser *la borrega*; sin embargo, siempre me contaba con detalle los hechos.

Su mundo era el de la violencia, de la juventud envuelta en el crimen. Nunca pudo escapar de esa vida, a pesar de dejar la prisión —lugar donde nos conocimos—, de ser "reinsertado". No tuvo otra chance, la muerte lo alcanzó en el barrio que lo vio ser: dejó sobre el pavimento del portón de su casa hilos de sangre.

Sus viajes, agarrado de la droga, sus delitos, su estancia en el reclusorio, eran un ejemplo preciso de las contradicciones y crueldades de los sistemas.

A veces, como "especialista" en el tema de los narcóticos, me explicaba: "Las drogas no tienen los mismos efectos en todos, por ejemplo, hay un chavo que viene de Tepito, es sicario, y todo el día anda 'enchochado', dice que si se le baja el efecto le da por matar, y ya lleva varios muertos en otras cárceles. Los 'chochos' no lo activan, más bien lo ponen tranquilo. En otro caso, conozco a una persona que mató a un wey, era su cuate, bajo el efecto de los 'chochos'. Cuenta que su amigo le empezó a decir 'cosas que lo prendieron', entonces tomó un cuchillo y lo comenzó a apuñalar para que se callara, primero 'lo prendió' en el estómago, y el wey seguía hablando, le dio en el cuello y seguía hablando, le dio en la boca y seguía hablando, lo acuchilló en la nuca y seguía hablando. Estaba en un viaje tan cabrón, que, aunque ya lo había matado, lo seguía escuchando hablar".

En otras ocasiones me señalaba que todo el tema de los estupefacientes era una farsa, ya que su distribución seguía operando en la cárcel, con costos establecidos y repartidores bien organizados. Desde entonces entendí que las drogas en las prisiones es un asunto completamente esquizofrénico, paradójico, cargado de contradicciones. Ernesto Sinatra (2017) lo inscribiría en aquello que denominó *políticas del delirio posmoderno.*

La contradicción fundamental estriba en que las drogas que circulan en las prisiones, lugares que son administrados por el Estado, no ingresan, generalmente, por fisuras o fallas de las áreas de seguridad, de forma ingeniosa y con métodos precisos, "coladas" por la puerta de entrada de estos establecimientos, sino que existe una distribución masiva de narcóticos controlada y dosificada por las autoridades, ya sea concesionando la venta a un grupo o teniendo *dealers* autorizados. Esto sucede a la par que las propias autoridades crean programas enfocados en el tratamiento de adicciones para los mismos sujetos a los que les venden esos productos.

¿Ustedes creen posible que la droga que inunda un país con millones de consumidores entra por túneles en las fronteras, por el ingenio de los cárteles?

Pues la misma pregunta recae sobre las cárceles.

Las autoridades penitenciarias son parte del entramado de ingreso y distribución de las drogas. Generan ganancias estratosféricas para una población cautiva que muchas veces *aguanta la cárcel* bajo las fugas continuas que ofrecen la marihuana, la *piedra,*[1] el *activo*[2] o los *chochos.*[3] ¿Se alcanza a ver el tamaño del negocio?

En una vertiente, se puede observar que las drogas en las cárceles, así como en los psiquiátricos, operan en el mismo sentido: apaciguar, mantener quietos, adormecidos, a los que albergan esos lugares, con la diferencia, un tanto ficticia, del factor volitivo: la operación de compra y consumo que implica la venia de los sujetos. En esos supuestos escapes de la realidad y sus goces se construye otra prisión. Sin duda es una paradoja cruel, ya que algunos pacientes psiquiátricos están medicados para que no se fuguen de la realidad, y los sujetos en encierro se drogan con la intención de fugarse de ésta.

En esas fumadas, *inhalaciones, tronadas,*[4] la droga es resistencia, es origen de conflicto y negocio. "Lo que es excluido de la sociedad homogénea, como desperdicio o como valor trascendente, va a constituir lo heterogéneo (la violencia, la desmesura, el delirio, la locura)" (Delgado, 2017, p. 29).

La relación de la población en situación de encierro y el consumo de drogas es grande, por lo que las ganancias son amplias. En la lógica del *valor marginal*, al ser la droga "prohibida" adquiere un valor superlativo en prisión. La criminalización del producto en la "formalidad" deja ganancias exponenciales en la informalidad.

Las drogas que deprimen el sistema nervioso, aquellas que mantienen tranquila a la población, como la marihuana —la cual es la de mayor consumo—, los inhalantes y la cocaína base tienden a ser las más económicas, aunque tienen el problema, sobre todo esta última droga, que son muy adictivas, por lo que la población que la consume, cuando no tiene dinero, tiende a robar y hasta extorsionar a su familia con tal de drogarse de nueva cuenta. En el argot se dice: "Se fuma hasta a la familia".

En cambio, las drogas activas, aquellas que tienden a generar euforia o cambios en el actuar del sujeto, tienen un costo mayor, como la cocaína, los psicotrópicos y el alcohol. Muchos eventos violentos suelen darse bajo sus efectos.

Los precios varían entonces con base en los efectos que esos narcóticos generan en las personas y las acciones que podrían desatar. Si hay mayor riesgo, existe un costo más alto.

En esos tenores la droga circula creando todo un mercado. Antes concentraba sólo a algunos asiduos clientes entre la población penitenciaria, ahora ese negocio pasó a ser parte de las diversificaciones de los empresarios del crimen. Y como parte de esta transición, la droga debía invadir las cárceles por completo, tanto dentro como fuera de éstas.

La idea de los consumidores de drogas hermanados, cuyos encuentros eran un ritual y un símbolo, se fue al traste ante la voracidad de un mercado desenfrenado, de los códigos desechados en el vertedero de lo inmediato.

Sujetos que "rolan el pase", que comparten el picadero, todos juntos, pero solos, en la completa soledad de su mundo de líneas, de agujas, de humo…

El *vicio*, forma en que se le designa a la droga, es parte constitutiva de las cárceles. La autoridad acepta su existencia sólo como parte de un proceso ilegal donde se introducen las drogas escondidas entre comida, ropa o por algunos orificios corporales de la visita familiar, o mezclada con los diversos productos que ingresan los proveedores, o por funcionarios corruptos coludidos con internos; no se acepta que su ingreso se da como parte de una directriz institucional.

Se crea una fachada para afirmar que todo ese producto entra por medio de "aguacates", es decir, droga sellada y compactada que es introducida por grupos de mujeres u hombres —en vagina, ano o excremento en los pañales de bebé—. Personas cooptadas con grupos delictivos, los cuales están a su vez en contubernio con algunos elementos de seguridad corruptos. Las cantidades de droga que logran ingresar por esos métodos son mínimas en comparación con la oleada de estupefacientes que son introducidos de forma "institucional".

¿Cómo puede ingresar la cantidad suficiente de estupefacientes para poblaciones de miles de internos? En el estudio titulado *Un modelo de atención y tratamiento para las personas con farmacodependencia en prisión,* publicado en el año 2019 por la CNDH, se afirma que 94% de la población penitenciaria del país presenta problemas de adicción (Arellano, 2018).

En ese estudio se evidencia que la población privada de la libertad suele presentar problemas de consumo de drogas antes de su enclaustramiento, sin embargo, no hay datos que indiquen que las personas en prisión cambien esa condición, y menos en lugares donde los estupefacientes circulan de la misma manera que en el exterior, y si a ello agregamos las circunstancias de encierro que potencializan su consumo, la adicción suele conservarse.

Imaginen entonces la cantidad de droga que se necesita para mantener a una población de 8 mil o 9 mil internos, como en algunas prisiones de la Ciudad de México, o de 4 mil prisioneros como en las cárceles de Jalisco.

Esto nos pone frente a una realidad en la que las drogas no podrían entrar sólo a través de los visitantes o la "autoridad corrupta"; serían necesarios canales de ingreso y distribución más amplios para mantener adicta a esa población, lo cual sólo podría darse por las aduanas, autos oficiales, vehículos pertenecientes a funcionarios o un medio autorizado por los superiores.

Ejemplos que develan este mundo de forma precisa hay muchos.

En los cateos realizados en prisiones siempre se encuentran drogas, pero lo curioso es que también botellas de licor y cerveza. ¿Cabe un empaque de seis cervezas en las vaginas de las visitas? En el penal del Topo Chico, en el 2019, se podía ver un letrero que decía: BEBIDAS. AGUA MINERAL PREPARADA. CLAMATO. MICHELADA. PERRO SALADO. DESARMADOR. PIÑA COLADA. FRESA COLADA. BOMBAS. ORGASMOS. CUBA. CAMPECHANAS. En diversos operativos, en ese penal se encontraron miles de cervezas y botellas de licor, productos escondidos en las coladeras.

En el año 2016, en un reportaje que se transmitió por Imagen Noticias, denominado *Las graduaciones del infierno*, se mostró la dinámica diaria del Reclusorio Norte, centro ubicado en la Ciudad de México, gracias a cámaras ocultas. Un interno, o internos, lograron obtener 30 horas de video: varios delitos fueron documentados, incluyendo la venta de estupefacientes. Se podían ver presos llamando desde celulares, realizando extorsiones, así como mesas llenas de drogas en los patios, a la vista de la autoridad, quienes históricamente han sido cómplices y socios. En exhibición había marihuana *golden*, de las "mejores del mundo", junto a pastillas, cocaína y piedra.

Hasta el 2016, en el penal de Pachuca, en Hidalgo, las mujeres que habitaban el área femenil de ese establecimiento gobernado por Los Zetas eran obligadas a levantarse en la madrugada a armar bolsas de droga: marihuana, piedra, cocaína, para venta al exterior e interior de la cárcel. Las autoridades negaron siempre los hechos.

En el 2019, algunos internos manifestaron que se les seguía vendiendo droga al interior de ese establecimiento, con conocimiento de los directivos (Flores, 2019), los cuales continuaron negando los hechos.

En el centro penitenciario de Los Cabos, en Baja California Sur, cuando las autoridades recuperaron el control de esa prisión, encontraron un taller en el que diariamente se "armaba" la droga que iba ser distribuida ahí mismo y en algunos puntos de ese destino turístico. Usaban la fachada de elaborar artesanías de madera, pero era un negocio formal de empaquetado de droga.

En el penal de Piedras Negras, en Coahuila, durante algunos años, hasta el 2013, diversos testimonios señalaron que ese lugar:

> Era un depósito de drogas y según las declaraciones rendidas en los juicios de Estados Unidos y analizados por un equipo de la Universidad de Texas en Austin coordinado por Ariel Dulitzky tenían un taller para "arreglar automóviles y adaptarlos para transportar drogas" y para "vender y distribuir droga".
>
> […] Sabemos que la vendían a los internos a crédito y que los cobradores recogían el pago por la mercancía el domingo por la noche (tal vez porque es día de visita familiar y recibían dinero). Si el pago se retrasaba, el castigo llegaba. Un interno presenció el asesinato por golpizas y ahorcamiento de un preso endeudado (Aguayo y Dayán, 2017, p. 13).

En el 2015, en la prisión de Colima, 13 personas perdieron la vida producto de una epidemia de hepatitis. Los internos habrían contraído ese virus mediante jeringas *hechizas*[5] que usaban para inyectarse heroína.

La CNDH en su Recomendación No. 49/2016 señala lo siguiente:

> Con base en el informe del Secretario de Salud y Bienestar Social y Presidente Ejecutivo de los Servicios de Salud del Estado de Colima, las causas que provocaron las defunciones de los internos-pacientes del Centro de Reinserción Social de Colima, fueron Hepatitis Fulminantes secundarias a la administración de Tóxicos (drogas-heroína y/o sustancias adulterantes), de acuerdo a los resultados del estudio Histopatológico y la evolución clínica que presentaron (p. 15).

Durante los motines que existen en las prisiones, una forma de apaciguar a la población es regalándole drogas. Generalmente, todas aquellas que depri-men el sistema nervioso, en su mayor proporción marihuana, para que cuando la población se encuentre tranquila entren los grupos especiales a "restituir el orden".

El consumo de drogas en los centros penitenciarios también fue demostrado de una forma poco convencional en un estudio realizado en el año 2015, pero publicado hasta el 2019, denominado *Medición de drogas ilícitas en aguas residuales: estudio piloto en México* (Cruz *et al.*, 2019). Se tomó una muestra de 13 estados del país en la que se consideró el tamaño poblacional, los niveles conocidos de consumo de drogas y los niveles de violencia (homicidios y secuestros). Las ciudades y entidades seleccionadas fueron Ciudad de México, Ecatepec, Ciudad Juárez, Guadalajara, Cuernavaca, Culiacán, Torreón, Nuevo Laredo, Ciudad Obregón, Chilpancingo, Acapulco, Poza Rica, Veracruz, Tabasco, Tijuana, Mérida, Tapachula, Texcoco y Tlalnepantla. En dichos lugares se tomaron muestras en 31 plantas de tratamiento de agua residual de 95 sitios con poblaciones específicas (38 escuelas, 42 unidades de tratamiento de adicciones y 15 centros de readaptación social).

En lo referente a los centros penitenciarios, se obtuvo información de consumo de drogas como metanfetaminas, marihuana, cocaína y morfina; se encontraron niveles altos de concentración en las aguas residuales de los establecimientos ubicados en Culiacán, Nuevo Laredo, Ciudad Juárez y Torreón, prisiones gobernadas por grupos de poder que, como parte de su diversificación de mercado, hicieron de la venta de droga un negocio rentable.

Además de negocio, parte de una estrategia tanto fuera como dentro de las cárceles.

> La narcosis amplia obedece a procesos inducidos que atañen no sólo a lo policiaco-judicial o a lo médico-sanitario sino, sobre todo, a los intereses políticos que provocan la desarticulación institucional de los territorios y las comunidades a los que invade el gran negocio de la droga, y termina por dominar (Rodríguez, 2016, p. 125).

La droga fluye, sigue su cauce, de la cárcel a las calles y de las calles a la cárcel, un ciclo inacabable, sostenido por adictos que en sus fumadas e inhaladas exorcizan sus demonios.

Atrapados en sus *pasajes al acto*,[6] en esos escapes imposibles, completamente fragmentados, por el negocio, por el "sentir", por las mafias que les venden "la felicidad", "la fantasía".[7] La ilusión del cuerpo liberado, en el mejor de los casos; pero también obligados a consumir o distribuir para beneficio de ese mercado inextinguible que se regodea sobre los huesos de los cautivos, de sus laberintos, de sus miedos…

La droga en prisión es la muestra de todo un sistema, de un mundo cargado de símbolos, de alocuciones, pero también de negocios sucios que se sostienen sobre vidas desperdiciadas, vidas a las que después de construirles una prisión de muros y barrotes, se les asegura un enclaustramiento espiritual. Divididos, adormecidos, enfrentados, por la primacía de un negocio de goces, de muerte, que encadena subjetividades, rompe solidaridades y se sostiene sobre los despojos de hombres que no encontraron en la prisión "una segunda oportunidad", porque ahí simplemente prevalece lo que es importante, sin distinción del afuera o el adentro: el dinero, el negocio, el vicio…

NOTAS

[1] Cocaína base.
[2] Sustancias inhalables.
[3] Psicotrópicos.
[4] Alusión a consumir drogas.
[5] Jeringas elaboradas de forma artesanal por los internos, jeringas falsas.
[6] Concepto del psicoanálisis que señala que una acción realizada en ese sentido va más allá del placer, en una referencia a hechos que se acercan a la destrucción, la muerte.
[7] En las prisiones de la Ciudad de México, en algunas áreas se escucha que alguien grita: "¡Alegrías! ¡Alegrías! ¡Llegaron las alegrías! ¡Llegó la fantasía! ¡Llegó la felicidad!". Frases que aluden a la venta de droga.

Fugas: Reconfiguraciones de grupos de poder

Nadie puede escapar si todo es una prisión…

ROBERTO INIESTA

El sudor cae por sus frentes, gota tras gota, la adrenalina a mil. Han estudiado y pensado el plan durante un tiempo: la rutina de los carceleros, los horarios reiterados, el clima del lugar, elementos que tienen que favorecerlos o no habrá posibilidad. El corazón anda a todo galope. Cada elemento debe de ser exacto: un golpe preciso, pulcro.

Es su segundo escape; el primero se consumó, pero fueron detenidos tiempo después. Actúan en dupla, no se aventurarían a hacerlo solos. El nivel de dificultad se acrecentó; pasaron de un centro pequeño a uno grande: bardas más altas, mayor seguridad —pero con prevalencia, también, de dinámicas caóticas.

Cuando la niebla baje y obstruya la visibilidad de las torres 1, 2 y 9, será el momento de escapar. Salir del dormitorio Azul, donde viven, y escabullirse. Los aditamentos para hacerlo serán dos cuerdas confeccionadas con hilo de hamaca y un gancho en forma de S (Romero, 2014), que lanzarán sobre la barda para así consumar su fuga. Manos firmes, brazos fuertes, piernas rápidas serán sus poleas.

Las autoridades dirían que la niebla imposibilitó ver lo acontecido, a pesar de que se dio aun habiendo luz. Los internos fueron escalando con la espalda pegada a la pared, sus movimientos fueron precisos, sigilosos, pasando desapercibidos. Esa no fue suficiente justificación, por lo que 13 funcionarios serían detenidos por su presunta complicidad. Era el 2014, y la fuga se daba en el penal del *Amate*, en Chiapas. Escape que ejemplificaría cómo se le "gana"[1] a la autoridad. Se fisuran los muros, los cuerpos se cuelan por los más mínimos reductos, para así exhibir a sus celadores.

Esos escapes pueden verse, a simple vista, como rebeliones, resistencias, concordancias de esas vidas transgresoras. Fugas que tienen antecedentes históricos, como cuando David Kaplan, traficante de armas norteamericano, y según algunas versiones agente encubierto de la CIA (Padgett, 2015b), escapó en un helicóptero, el cual lo rescataría de la penitenciaría de Santa Martha Acatitla, allá por 1971.

Esa forma de fugarse rompería con los paradigmas establecidos en ese entonces, a tal grado que provocaría que se modificaran algunos elementos en la edificación de las prisiones. En la actualidad, muchos establecimientos penitenciarios cuentan con alambradas antihelicópteros, generalmente ubicadas en áreas abiertas, para evitar esos "rescates".

Otro evento de envergadura ocurriría en el año 1976. La fuga de Alberto Sicilia Falcón, conocido como el Barón de la Droga (Molina, 2018), inauguraría los escapes por medio de túneles; por uno de 100 metros, Sicilia Falcón se iría de la cárcel de Lecumberri. Más adelante, en el año 2015, esto sería replicado cuando el Chapo Guzmán escapara del Altiplano por un túnel de 1 500 metros de longitud. Ambos barones de la droga se colaron por los suelos, a rastras.

Fugas famosas que construirían todo un imaginario respecto a los escapes y los métodos ingeniosos de hacerlos; entre telones, no obstante, pudiera esconderse una realidad más compleja: complicidades de funcionarios. Esos eventos fueron inscritos como burlas a una autoridad que con la cabeza baja aceptaría sus derrotas. Y muchos de nosotros caeríamos en la trampa.

Pero en la actualidad, muchas de las fugas no obedecerían a las lógicas de antaño, que se manifestaban de forma excepcional, ya que se convirtieron en manifestaciones reiteradas, mostrando que las prisiones se tornaron en lugares de paso que alojan a "repuestos" de los grupos delictivos, a la par que centros de entrenamiento y adoctrinamiento para obtener soldados, los cuales, ya que tienen una "formación terminada", son "liberados", "se fugan", para que así puedan ser utilizados por las fuerzas paramilitares/parapoliciacas. Saldrán graduados en *pedagogías de la crueldad*, para poder disputar batallas de sangre y muerte.

En esos escenarios no se escapan uno o dos, sino decenas, en algunos casos centenas. Fugas masivas que exhiben a las autoridades y generan la percepción de funcionarios rebasados, así como establecimientos completamente fisurados, "coladeras" o "muros de papel", cuando en el fondo prevalece lo contrario a eso: lugares con capacidad de contención para algunos y caos y dispendio para otros.

Establecimientos que se convierten en enclaves que resguardan, a la par que generan, mano de obra para los grupos delictivos, que reconfiguran fuerzas para la guerra y la fortificación de los territorios. Lugares con elementos de seguridad y custodia insuficientes, menguados y arrinconados, así como también coludidos. En la mayoría de las prisiones del país, los presos *no se van porque no quieren*.

En prisiones donde gobiernan grupos de poder, se escapan cuando así se les instruye, ya que se encuentran armados al interior, con fusiles de asalto, pistolas y granadas. Se les arma para resguardar ese bien privado, su prisión concesionada, usando como primer círculo de seguridad a las fuerzas institucionales. Se cuida lo de adentro de los embates de los de afuera. Una lógica histórica subvertida.

Se hacen colusiones o "emparejamientos" tan profusos que muchas veces en las fugas los comandantes encargados de la seguridad se van con ellos, así como muchos custodios. He ahí porque los elementos de seguridad en las prisiones tienden a ser, frecuentemente, una bisagra entre lo institucional y lo parainstitucional.

Esas prisiones también se usan como lugares de alojamiento, alejadas de las lógicas de la reinserción, ya que ahí se resguardan los delincuentes para salir a matar, secuestrar, desarticular el tejido social, con el cobijo de sus cómplices.

Duermen y descansan, así como organizan y planean sus crímenes desde los lugares de "castigo" del Estado. En ese sentido, no hay establecimiento más seguro que una prisión, ya que, a nadie, ni en sus más disparatadas fantasías, le pasaría por la cabeza que una cárcel sea un centro de operación de grupos delictivos, bendecidos por aquellos que, en teoría, los combaten.

En los sitios donde supuestamente impera la ley, es inimaginable que sea donde se transgreda ésta con tanta reiteración y cinismo.

Eventos como estos hay en excedente, todos muestran esa realidad que se desborda, inclinada siempre hacia lo funesto, siniestro y falaz.

LOS PERROS Y GÓMEZ PALACIO: "PERMISO" PARA SALIR

En su libro *Cárceles*, el periodista Julio Scherer (1998) narra una historia que dibuja la personalidad de Juan Alberto Antolín, quien fuera de 1978 a 1982 director de la penitenciaría en Santa Martha Acatitla y quien se hacía nombrar *el General*.

Antolín despreciaba a los internos, los aborrecía, se propuso victimarlos y los victimó. Por complejos intrincados como laberintos, odiaba a los violadores como a ningún otro criminal. Un día como cualquier otro mandó por uno.

—Traigan a Fulano —ordenó al pie de su escritorio de caoba y una hilera de teléfonos al lado.

Llegó el infeliz.

—Bájate los pantalones y los calzones. ¡Bájatelos!

Bastó con una mirada de Antolín y uno de los hombres de su escolta regresó con un envoltorio y una pequeña tabla de madera.

—Ponla en el escritorio.

Después, al violador:

—Coloca el miembro sobre la tabla.

—Señor…

—Que recuestes la verga, hijo de la chingada.

Vi las manos del guardaespaldas, en la izquierda un clavo grande y un martillo en la derecha.

Lo que siguió nubló mi vista, el vómito en el alma (pp. 25-26).

Esta historia, que le fue narrada a Scherer, condensa diversos elementos que van desde la barbarie y el crimen por parte de la autoridad hasta la doble moral de los directivos, ya que durante el tiempo que Antolín dirigió esa prisión, narrativas como la anterior se reiteraban.

Un caso emblemático fue el de los Perros de Santa Martha, equipo de futbol americano formado por internos que habían destacado por su fuerza y habilidad, también denominado la *Cuarta Compañía*, dado que fungía como un cuarto grupo de seguridad y custodia, un ente parapoliciaco de la Penitenciaría, la famosa Peni, que no sólo actuaba al interior de ésta, sino que también tenía permitido delinquir al exterior. Apadrinados por el jefe de la policía del Distrito Federal en esa época, el Negro Durazo, robaban bancos y autos con su venia y la del director Antolín.

La mayoría jugábamos futbol americano con Los Perros de Santa Martha; éramos los más fuertes y astutos, por eso nos eligieron para salir a robar a las calles. Teníamos que traerles a los patrones los Grand Marquis y otros carros gabachos, además de centenarios, lo que más le fascinaba a El Negro. La Cuarta Compañía se formó a mediados de 1979 y duró hasta el 81 (*Crónica*, 2007).

Corrían los años finales de los setenta, y los actos que acontecían en las prisiones del Distrito Federal mostraban una corrupción rampante y la construcción de alianzas criminales que llegarían hasta nuestros días; sin embargo, la historia de los Perros sería la preconfiguración de realidades en ese entonces "disparatadas" y a la postre comunes.

Historias de grupos de poder aliados y coordinados por las autoridades que navegaban entre lo legal y lo ilegal y que mostrarían una desfachatez superlativa.

Una situación similar acontecería en Gómez Palacio, años después. En la prisión de ese municipio se cometerían crímenes con la complicidad y pleno involucramiento de las autoridades.

En Gómez Palacio, los presos pertenecientes al cártel de Sinaloa operaban crímenes a los alrededores de la cárcel, en la Comarca Lagunera. Entraban y salían para matar y delinquir.

Tres eventos acontecidos en Torreón mostraron la dinámica y el sello de su crueldad (SUN, 2010):

- 17 muertos y 18 heridos por masacre en una fiesta en la Quinta Italia Inn.
- 8 muertos y 15 lesionados deja ataque de comando al bar Juanas.
- 10 muertos y 41 heridos hubo en el bar Ferrie.

Con la complicidad de la directora Margarita Rojas, acompañados de elementos de seguridad y custodia, en autos oficiales y con armas de la institución salían por las noches a realizar operaciones criminales.

Peleaban la zona con Los Zetas, quienes exhibirían y develarían lo que ocurría en la prisión. Secuestraron a cuatro policías de Lerdo y los torturaron. Uno de los *levantados* narró lo que pasaba ahí (*El Siglo de Durango*, 2010), e imágenes grabadas en un video sirvieron de evidencia, las cuales tuvieron un fuerte impacto al ser presentadas en diversos medios de comunicación.

A pesar de que el gobernador Ismael Hernández Deras calificó los hechos como un acto de traición a las instituciones y la sociedad, las consecuencias fueron mínimas para los dirigentes penitenciarios. Y por lo mismo, siguieron permitiendo que los del cártel de Sinaloa gobernaran las prisiones de ese estado, control que mantienen hasta estos días, aun cuando los hechos datan del 2010.

Los ejemplos expuestos convergen en muchos puntos, sin embargo, divergen en su objetivo: en el primer caso, la meta era la posesión de ciertos bienes, en el segundo, la territorialidad.

Los Perros y los del cártel de Sinaloa eran instrumentos en manos de criminales que usaban la fachada de la legalidad para construir imperios de ilegalidad e impunidad, escondidos detrás de la máscara de prohombres.

¡CULIACÁN ES NUESTRO!

Las imágenes que se reprodujeron sin parar eran elocuéntes. Un grupo de 55 internos escapaba de la prisión de Aguaruto, ubicada en Culiacán, en apoyo de sus jefes del cártel de Sinaloa —amo de esa cárcel—, en específico para ayudar en el rescate de uno de sus líderes: Ovidio Guzmán, un Chapito.

Ese grupo infería que en algún momento un escape podría ser necesario, por lo que con resistencias mínimas lograron salir de ese establecimiento

(Rodríguez, 2019). No era la primera vez que ocurría, otras fugas ya se habían dado. En los años 2010 y 2012 varios internos escaparon por túneles; sus ausencias fueron notadas hasta horas después (García, 2014).

En el 2017, nuevamente se presentaba una fuga. Cinco operadores de los de Sinaloa, entre ellos Juan José Esparragoza Monzón, el Azulito, y Rafael Félix, el Changuito, líder de Los Ántrax, ambos poderosos en su grupo escapaban sin impedimentos. Fueron extraditados, sabían que sus días en México estaban contados.

Hechos similares se dieron en el 2018 cuando dos internos identificados como gente sinaloense, aunque de grupos escindidos, escaparon vestidos de custodios del módulo de alta seguridad. En las grabaciones de las cámaras de seguridad se observa cómo los celadores los equipan con armas de fuego, además de abrirles puertas de un dormitorio completamente fortificado, orgullo de esa prisión. Antes de su huida dejaron tres mensajes en las paredes que decían al pie de la letra (Durán y Valdez, 2018):

Director y subdirector mugrosos déspotas y repugnantes se la dan de muy listos, así como en abril me volaron pues así me les vuelo a uds… aquí les demuestro mi astucia, y conmigo no le busquen… Atte. Grimald.

Aquí les demuestro mi triunfo a los que se la daban de jefes en el módulo de nueva creación. Se les fue quien decían que eran contra y planeaban matar, yo soy 100% Chapo Isidro, traigo la camisa bien puesta de mi jefe y es amigo de quien les paga y a ustedes.

Decían no se les pasaban un gol, les metí 4 de media cancha y miedo no les tengo.

Esas fugas reconfiguraron grupos de poder. Consolidaron liderazgos al exterior que se mantenían desde la prisión. Y demostraron que, en Culiacán, y en el estado de Sinaloa, en sus cárceles los internos con poder no necesitan jueces ni autoridades legalmente constituidas que les extiendan documentos de libertad, porque ellos salen cuando quieren, como lo deseen y desde donde les venga en gana.

PIEDRAS NEGRAS Y EL TÚNEL

El 17 de septiembre de 2012, del penal de Piedras Negras escaparon 131 internos.

Las autoridades dijeron que por un túnel en desbandada se esfumaron. Sus salidas constantes para recoger droga y dinero y que el líder de la prisión saliera a restaurantes o por un café no eran suficientes. Se les fueron 131 *vatos*.

[Los] presos se salieron "en sólo 15 minutos" por un túnel de 7 metros de largo y 1.2 metros de ancho, cuya entrada estaba en el taller de carpintería, los presos salieron hacia la torre 6, Rumbo Norte, del centro de reclusión. Ahí, cortaron la malla ciclónica y salieron uno a uno hasta llegar a un terreno baldío, según informaron las autoridades carcelarias (Aguayo y Dayán, 2017, p. 18).

La versión que se reiteraba en la prisión era que a los fugados los esperaban autos al exterior de la prisión. Salieron por los portones de ingreso: caminando y sin prisa.

En el afán de crear una ficción en torno a estos sujetos, removidos de esa plaza, autoridades mencionaron que la frontera fue "reforzada" previendo un escenario en el que esas personas peligrosas quisieran ingresar a territorio estadounidense (Gaitán, 2012); sin embargo, el objetivo era desplazar a esos prisioneros para que pelearan en otros estados contra sus enemigos y sumar fuerzas. Según custodios y presos, la fuga se hizo porque el jefe de cárcel ya recluido en Saltillo necesitaba gente para trabajar. "Las fugas de la prisión era uno de los recursos utilizados por los Zetas para reforzar sus filas. En los estados controlados por este grupo criminal hemos identificado fugas de cerca de 400 reos, al menos, en Coahuila, Nuevo León, Tamaulipas, Veracruz y Zacatecas" (Aguayo y Dayán, 2017, p. 19).

El de Piedras Negras fue un escape sin rebelión, simple y llanamente el movimiento de piezas en el tablero, reacomodos de grupos de poder. Los tiempos ya no los favorecían en ese lugar.

No hubo escape por un túnel, a pesar de que existía, lo que hubo fue la servidumbre y complicidad de un grupo de sujetos que intercambiaban sus roles entre criminales y autoridad, que abandonaron su guarida cuando vieron que se colapsaba su emporio de violencia y terror.

DE VERACRUZ A SAN FERNANDO: LA MASACRE QUE PUDO NO SER

¿Qué pasa cuando, en retrospectiva, se observan algunos hechos y vemos que si algo hubiera salido bien las cosas pudieron haber sido diferentes? Esta pregunta nos ubica en los escenarios imaginarios de los hubiera.

Ana María Shua señalaba en su microrrelato "La Manzana" esa gran fantasía: "La flecha disparada por la ballesta precisa de Guillermo Tell parte en dos la manzana que está a punto de caer sobre la cabeza de Newton. Eva toma una mitad y le ofrece la otra a su consorte para regocijo de la serpiente. Es así como nunca llega a formularse la ley de gravedad".

En agosto de 2010 el horror de los crímenes era nuestro purgatorio, sin embargo, en ese mar de eventos algunos hacían más olas que otros. La noticia se propagó con rapidez, a pesar de los intentos por esconderla: 72 migrantes asesinados en San Fernando, Tamaulipas.

La saña, las huellas de la masacre, apuntaba a Los Zetas, quienes hicieron de Tamaulipas un "campo de exterminio". Cabezas deformadas por marros, balas en la sien, cuerpos a medio enterrar, cementerios clandestinos eran el día a día de los poblados cercanos a ese lugar.

En su pugna con la gente del Golfo, idearon las formas más crueles y despiadadas de asentarse en algunos puntos, de ser dueños de zonas de paso, carreteras y caminos de terracería.

En el liderazgo de esos minúsculos ejércitos de canallas, siempre hubo pequeños tiranos, hombres menguados que sólo por medio de la violencia lograban imponerse. Entre ellos estaba Salvador Martínez Escobedo, el comandante Ardilla, a quien se le adjudicó la masacre de los 72 migrantes, así como la fuga de más de 280 reos de los penales de Piedras Negras y Nuevo Laredo (Loret, 2018).

Ese sujeto asoló, junto con muchos de sus operadores y aliados, extensos territorios. Sin embargo, todo eso no pudo *no ser*, quedar borrado de esas historias infames —en las especulaciones de los hubiera—, dado que su

145

historia se remonta a la fuga del penal Duport Ostión, en Coatzacoalcos, Veracruz. En el 2008, un comando de sujetos vestidos como integrantes de la extinta AFI y usando armas largas lo liberó. Él pudo no haber sido quien fue.

Si la autoridad *hubiera* opuesto resistencia, quizá no se habría fugado. Si se le *hubiera* detenido antes, si se *hubiera* combatido a su grupo…

El caso es que la historia es implacable, y se fugaron para desgracia de la sociedad, y no fue la única evasión en tierras veracruzanas. En el 2011 se repitió la historia, pero en esta ocasión el grado de "espectacularidad" aumentaba, ya que diferentes grupos ingresaron a tres cárceles del estado, ubicadas en diferentes municipios, en el mismo momento. La periodista Ana Lilia Pérez en un reportaje para *Contralínea* escribió:

> La manera en la que el comando ingresó a tres penales y selectivamente liberó a sus objetivos asemeja a las incursiones kaibil, comando de élite del Ejército de Guatemala, quienes se hacen llamar, "los mejores soldados del mundo".
>
> La madrugada del 19 de septiembre de 2011, entre las 02:30 y las 04:00 horas, un comando de 80 hombres vestidos con ropa militar y encapuchados llegaron al penal Duport Ostión, pasaron de sección en sección y de dormitorio en dormitorio, y seleccionaron a 12 internos; del penal La Toma, en Amatlán de Los Reyes, sacaron a 16; y del de Cosamaloapan, a cuatro. De los 32 reos, 15 eran del fuero federal, los otros 17, del fuero común (Pérez, 2012b).

El ruido generado por ello no tuvo ninguna consecuencia, porque nuevamente se crearon escenarios que encubrieron realidades más complejas.

Esas fugas fueron pantomimas, ya que, si esas prisiones eran comandadas por Los Zetas, con el simple hecho de dejarles franco el camino, como pasó en Piedras Negras, se hubieran ido. Pero no fue así, con los operativos se intentó mandar el mensaje de que era un "grupo arrojado", "echado para adelante", que desafiaba a las instituciones y autoridades con sus actos.

Es evidente que los grupos de poder también generan ficciones a su alrededor, y esos eventos de escape los pueden mitificar; sin embargo, haciendo un análisis más detenido, no se logra entender la facilidad para penetrar una fortaleza, un establecimiento con muros altos, alambradas, cámaras y dividido en secciones, como lo es una prisión, sin que existan muertos o disparos, además de que hay elementos de seguridad armados y distribuidos por diferentes puntos. Es incomprensible que ni siquiera se intentara "encerrarlos", tenderles una celada, en esos laberintos en que se convierten los pasillos de una cárcel.

Me imagino que el asedio a Troya fue un acto desproporcionado en tiempo, ya que, como se ve, hay formas espectaculares de lograr penetrar las grandes murallas: alguien desde dentro que abra la puerta.

A Los Zetas les abrieron la puerta; de utilería, sus "fuerzas kaibiles" y sus armas de alto poder. Un teatro montado con grandes esfuerzos institucionales y parainstitucionales.

En los imaginarios, y en los *hubiera*, en esas remembranzas de tiempos mejores, San Fernando no hubiera sido. Esa pseudoguerra no los habría matado. El comandante Ardilla andaría en su bicicleta,[2] como en la que lo detuvieron cuando intentó escapar de quienes lo apresaron, recorriendo las calles polvorientas de Veracruz o Tamaulipas.

TAMAULIPAS: VIDAS DE PASO

En un sentido figurado y literal, en Tamaulipas hay vidas que pasan. Las vidas de quienes pretenden traspasar la frontera, alcanzar el *American way of life* y escapar de la violencia. Como en peregrinación, transitan por ese territorio. Uno tras otro, se las puede ver en los límites: de Matamoros a Brownsville, de Reynosa a Hidalgo, de Nuevo Laredo a Laredo. También se pueden observar las vidas de aquellos que viven entre el naufragio y el sinsentido: van de las drogas y los picaderos a la bala en el cráneo.

Las prisiones de ese lugar no se eximen de esa lógica. Esos grandes cementerios de subjetividades albergan reos que van y vienen, unos por voluntad, otros por necesidad.

En las cárceles tamaulipecas los muros son demasiado frágiles. A pesar de las toneladas de varilla y concreto, con cualquier ligero aire se vienen abajo las paredes y las personas se fugan.

Los números no mienten, del 2007 al 2017 se dieron 30 fugas en diversas prisiones del estado y un total de 400 internos fugados (Salazar, 2017), filiados a Los Zetas y al cártel del Golfo.

El mayor escape de reos en la historia de las prisiones en México se dio en el 2010, cuando del penal de Nuevo Laredo se fugaron 151 internos pertenecientes a Los Zetas.

En ese mismo año, en el mes de abril, se evadieron 13 internos, y en el mes de septiembre, se fugaron 85 presos de la cárcel de Reynosa, gente afiliada al Golfo. Meses antes, en marzo, 41 internos de ese mismo grupo se escaparon del penal de Matamoros. En el 2011, del penal de Nuevo Laredo nuevamente escaparon 59 internos. Al igual que la primera vez, no pasó nada.

Reviso los datos de las fugas en Tamaulipas, verifico fechas, estudio las dinámicas y me pierdo en los números. Observo los métodos y me encuentro con los mismos patrones: complicidad, verdades a medias, grupos de poder, nula resistencia de la autoridad.

Analizo dos eventos, distanciados en el tiempo por 10 años. La fuga del penal de Reynosa, en el 2008, cuando escaparon 17 internos acompañados de cuatro custodios (*Proceso*, 2012) por la puerta principal. El escape de Ciudad Victoria en el 2017, cuando se evadieron 29 presos por un túnel y mediante uso de armas de fuego. En ambos casos prevalece la misma impresión a pesar de la temporalidad: lugares completamente gobernados por la fuerza y la violencia.

En el caso de Reynosa no pasó nada, no así Ciudad Victoria, ya que las autoridades castigaron a la población, en su mayoría zetas, quitándoles negocios. La autoridad disminuyó parte de sus ingresos, ya que en esa fuga aparentemente no había habido pacto. Este hecho a la postre "coadyuvaría" en la toma del penal por parte del cártel del Noreste.

Las fugas masivas en los penales de Tamaulipas fueron planeadas y coordinadas entre autoridades e internos, a pesar de que algunos funcionarios salieran a decir que *eran traiciones a la confianza*.

Alguna vez, tanto en el penal de Matamoros como en el de Reynosa, pude ver cómo los internos salían hasta la puerta de ingreso, zona prohibida para ellos —dado que, técnicamente, se estaban fugando—, y llegaban a ese punto para despedir a su familia, acción que las autoridades permitían. Fue entonces que entendí que los fugados eran aquellos a los que, por gracia de alguien, se le iban abriendo candados, tirando rejas, moviendo muros. En las prisiones de Tamaulipas esos sujetos eran de paso, temporales, demasiado breves.

CIENEGUILLAS Y LOS ¿FALSOS AFI?: HISTORIA DE UNA MENTIRA

En la madrugada del 16 de mayo de 2009, en un "operativo" orquestado por, supuestamente, falsos elementos de la extinta AFI, un comando liberó a 53 internos del penal de Cieneguillas, en Zacatecas (Aristegui Noticias, 2012). El comando utilizó autos con torretas (patrullas) y un helicóptero.

El evento quedó grabado, por lo que se pudo ver con precisión la forma en que se fraguó el escape. Se observa cómo un grupo de internos que se encontraban en el área de ingreso someten con un arma de fuego que habían mantenido escondida entre sus ropas a dos custodios que los vigilaban. La celda resguardada estaba abierta y momentos antes del escape un sujeto caminaba de un lado a otro, sin que los elementos de seguridad hicieran algo. Estaban de utilería.

En la parte exterior, mientras tanto, se ve cómo arriban varios autos y camionetas con torretas, supuestas patrullas. Dos celadores de la prisión corren presurosos a abrirles la reja de entrada a las aduanas y los deja pasar sin que medie documento alguno. Los tripulantes de los vehículos, supuestos AFI, descienden con fusiles de asalto y corren al interior de la cárcel para, momentos después, salir "resguardando" a los prisioneros que habían escapado de su estancia y subirlos a los automóviles. Algo inquietante y significativo es que en los videos se observa una prisión completamente sola, sin elementos de seguridad que opongan resistencia. Convenientemente, no había personal en sus puestos.

En un lapso de 2 minutos y 52 segundos, los reos son extraídos por un comando que portaba uniformes con las siglas AFI, PF y PGR. Las imágenes convalidarían esas versiones, y las declaraciones de los testigos serían acordes con los hechos; sin embargo, al igual que en otros eventos, se pueden ver las ficciones edificadas en torno a esa fuga.

La primera de ellas era la versión de que el comando liberador estaba compuesto de falsos policías, ya que no había dato que corroborara la pertenencia o no de los sujetos a esas instancias. Puede ser que en realidad los internos liberados de Cieneguillas fueron rescatados por elementos de fuerzas pertenecientes al Estado, fuerzas que, en algunas ocasiones y con la directriz de sus superiores, habían fungido como fuerzas paraestatales.

También puede ser que, en un operativo fachada, se hayan vestido de policías federales y AFI para así poder pasar desapercibidos por las fuerzas regulares del Estado; camuflarse, para liberar a parte de sus integrantes.

Ahora, en el supuesto de que alguno de los dos casos se cumpliera, generaría el mismo resultado: una mentira, ya que esa prisión era controlada por Los Zetas, que al igual que en el resto de las prisiones de donde escaparon sólo era suficiente con que les abrieran los portones.

Si un interno puede tener un arma de fuego dentro de las instalaciones, como lo demostraron las imágenes captadas por las cámaras, el poder de huir era algo supeditado a una mera directriz.

Jacques Derrida dijo (1995):

> La mentira supone la invención deliberada de una ficción [...]. Ya se pueden imaginar mil historias ficticias de la mentira, mil discursos inventivos destinados al simulacro, a la fábula y a la producción de formas nuevas sobre la mentira, y que no por eso sean historias mentirosas, es decir, si nos guiamos por el concepto clásico y dominante de mentira, historias que no sean perjurios o falsos testimonios (p. 2).

En Cieneguillas se edificó todo un acto teatral bien elaborado, en donde todos los elementos intentarían enmascarar el cinismo de una autoridad que entregó el control a un grupo de poder, y necesitaba encubrir sus huellas en esas fugas organizadas y planeadas desde las posiciones de arriba, por lo que esa farsa elaborada colocaría a la sociedad en un *impasse*, dado que para donde se jale el hilo, los hechos son los mismos, pero en las implicaciones y sus resultantes se podrán ver las fisuras de ese discurso completamente ficticio.

"LIBERTAD" ENTRE MASACRE

Cuando escaparon Los Zetas, supuestamente lo hicieron por el área de talleres, subiendo a la torre seis del penal, de la cual tenían las llaves de acceso, y mediante una cuerda bajaron hasta la parte exterior, donde ya los esperaban varias camionetas.

Era el 2012, y el penal de Apodaca, en Nuevo León, estuvo en primeras planas. En ese evento, 37 internos se fugaron en complicidad con las autoridades de esa prisión, a quienes hacían pagos mensuales que iban de los 4 mil a los 35 mil pesos (Aristegui Noticias, 2012).

Entre los hechos, momentos antes de la fuga sacaron de sus celdas a un grupo de 44 internos, afiliados al cártel del Golfo, a quienes masacraron en los pasillos. La CNDH en su Recomendación 40/2013 señaló:

> Un grupo de la población penitenciaria, privan de la vida a 43 internos (V2 a V44), mediante armas punzocortantes y por golpes que les provocaron, a unos, choque hipovolémico y, a otros, contusión profunda de cráneo; así también, se advirtió que el Servicio Médico de ese CERESO tiene registro de que fueron atendidos 36 internos por lesiones con equimosis, hematomas y quemaduras (p. 17).

Se pretendió hacer pasar los hechos como una riña, sin embargo, se pudo observar en todo su espectro que esas vidas habrían sido arrebatadas de forma selectiva. Los enfrentamientos al exterior se manifestaban también al interior, ya que ambos grupos, antagónicos, se encontraban en áreas diferentes del penal, pero Los Zetas pudieron desplazarse hasta los lugares de los golfos con apoyo de elementos de seguridad y custodia.

El evento mostraba que la fuga fue facilitada por autoridades, las cuales no respondieron de manera pronta y apegada a sus propios protocolos. Durante dos horas no se avisó a ningún tipo de funcionario al exterior, aludiendo que los hechos se habían suscitado durante la madrugada.

Se creó un evento pantalla para así convalidar lo acontecido. Se señaló que fue una fuga bien orquestada y una riña entre rivales, pero lo que los funcionarios encubrían era un escape totalmente pactado, aunado a una masacre, quizás también fríamente calculada, así se lograban dos objetivos en un solo hecho.

Después de observar y analizar esas fugas podemos ver que algunos eventos se inscriben en rebeliones y que son parte del presupuesto de ese juego de vencidas entre las autoridades e internos; sin embargo, también en esos escenarios completamente desquiciados de las prisiones, las fugas se vuelven un campo lleno de ficciones y mitologías.

Los patrones de algunos escapes se reiteran y tienden a darse como una manera de ocultar otras lógicas que los subyacen. Las fugas suelen darse con autoridades coludidas, que se aseguran de que todo esté acondicionado para su concreción. Encuentran poca resistencia, a menos que la fuga no sea pactada, y el resultado tiende a minimizarse, dado que se pondera el ejercicio de fuerza y habilidad sobre el análisis más detallista e histórico de esos eventos. Nos lanzan un anzuelo y nosotros lo mordemos.

En el campo recorrido se puede decir que las fugas masivas han mostrado lo endeble de los sistemas penitenciarios y la ética extraviada de los responsables. Existen acuerdos establecidos; la autoridad perdería más dejándolos dentro que fuera. Desconozco la ganancia o pérdida. La supuesta espectacularidad, las armas mostradas, los pasamontañas, las cuerdas y la logística no son más que elementos teatrales, de utilería, que esconden un asunto sencillo: la mano que quita el cerrojo de la puerta…

NOTAS

[1] El término hace referencia a la obtención de algún triunfo sobre las autoridades por medio de habilidades, de inteligencia o de los descuidos.

[2] Informes oficiales señalaban que el día en que se capturó al comandante Ardilla intentó escapar a bordo de una bicicleta, y el error que cometió fue que, cuando uno de sus captores gritó "Ardilla", el susodicho volteó, por lo que pudieron detenerlo.

Ciudad de México: Nostalgia por los viejos tiempos

> La nostalgia, como siempre, había borrado los malos recuerdos y magnificado los buenos.
>
> Gabriel García Márquez

Cuando Caro Quintero hacía fiestas cada Navidad y repartía sobres llenos de billetes a los trabajadores todo andaba bien. Pocos los rechazaban. Había eventos épicos. Los grupos de Sinaloa pagaban fiestas tumultuarias que duraban días. Repartían comida, alcohol y droga a la población. Las cosas iban excelentes. "Llegaban a durar hasta cuatro días. Daban carnitas, cerveza, tequila, y regalaban droga, hubiera visto que fiestas se hacían", señalaban internos.

Cuando los custodios "disciplinaban", pedían cuota o cobraban por los servicios todo era parte de la dinámica de las prisiones. No los denunciaban con los derechos humanos, no los acusaban ante el órgano interno ni los mataban saliendo de sus casas o afuera de los reclusorios. Se respetaba la "bonita costumbre" de los *patitos*,[1] los *bombonazos*,[2] los *pechazos*,[3] el *gancho*.[4]

Después de haber laborado en el sistema penitenciario de la Ciudad de México y frecuentemente regresar a sus prisiones para observarlas, percibo una constante: la nostalgia. Las dinámicas, el discurso de los presos y la autoridad, la vida de esos lugares apela a esas vivencias del pasado. Aferrados a un mundo que colapsó, suspiros por los lugares que se desvanecieron, que mudaron de códigos para convertirse en algo lleno de claroscuros. Transmutaciones paulatinas, sin vuelta atrás, de las cárceles de la capital.

Un mundo que añora las formas de lo que antes era el negocio, *ganarse la moneda honestamente*, donde todo lo que acontecía estaba inscrito en *lo que es*.[5] La corrupción, los cobros, los sobornos y los privilegios era algo consolidado, todo fluía. El ir y venir del dinero y los bienes ilegales se daba sin tapujos, pero amarrado a las reglas de esos espacios. Negocio infame, pero que, a pesar de ello, tenía lineamientos precisos.

Los capos colombianos dadivosos, los patrones mexicanos que sabían ser "gente" con los que eran "gente". Grupos de poder que trabajaban en perfecta armonía, sin disputas, y donde las peleas se resolvían dentro de las mismas cárceles, no afuera ni con actos que llamaran la atención. Una *omertá* perfectamente sellada.

Estaban los *de negro*,[6] los *de beige*,[7] las *mamás*,[8] los *monstruos*,[9] las *chequeras*,[10] los *erizos*,[11] que circulaban en un mundo de directrices delimitadas con precisión. Una maquinaria perfectamente aceitada de disciplina y corrupción.

Si hiciéramos un ejercicio de recuperación histórica podríamos remontarnos hasta la cárcel de Belén, al palacio de Lecumberri o a la famosa Peni para hablar de problemas que alcanzan hasta nuestros días: los privilegios, el abuso y el ultraje. Dinámicas continuadas, pero bajo otras circunstancias y con agentes completamente insertos en violencias exacerbadas, destructivas y de muerte.

La Ciudad de México, históricamente, por ser un epicentro del poder político y económico, ha albergado poblaciones cuantitativamente significativas, además de una movilidad amplia de sujetos; la gama de personas privadas de la libertad ha obedecido también a esa inercia.

Según datos de la Subsecretaría del Sistema Penitenciario, ente encargado de la administración de las prisiones de la ciudad, del 2011 al 2020 los centros penitenciarios habrían albergado 334 472 internos, aproximadamente.

Si se capitalizara la cifra, los números arrojarían ganancias estratosféricas, dado que los *generes*[12] derivados de cobros y delitos al interior, con ramificaciones al exterior, mostrarían ganancias ilegales mezcladas con legales de un amplio espectro.

Hacer un recorrido histórico por ese microcosmos me llevaría desde las violencias ejercidas contra las poblaciones de internos hasta la disputa de los grupos de poder actual, estamentos representantes del cártel de Sinaloa, CJNG, el cártel de Tláhuac, la Unión y la Anti-Unión, ambos grupos con origen en Tepito, el Duke, entre otros.

En ese mundo de presidio, las narrativas de las operaciones de grupos de poder del pasado se convirtieron en una añoranza: de la bonanza de estirar la mano hasta las propinas que se peleaban los custodios para comprarle cigarros a los señores, porque pagaban con dólares. Las cosas eran como debían ser. Los jefes, los padrinos, los *painos*,[13] vivían en "jaulas de oro".

El 16 de enero de 1992, el doctor Tornero fue nombrado director de Santa Martha Acatitla. Ahí le llegaron noticias de Caro Quintero. En el ala soleada del reclusorio norte sus millones le habían servido para levantar suites, un casino, un restaurante de comida italiana, un espacio para "relax". Centro de orgías, participaban como iguales los narcos, los funcionarios, los amigos, las favoritas. Fueron los últimos días del personaje (Scherer, 1998, p. 105).

La droga circulaba sin problema alguno para una comunidad que se "solidarizaba" en esas fugas de la *motita*, la *mostaza*, la *piedra*, los *primos*.[14] El alcohol, las reuniones, la entrada de grupos musicales y mujeres ocurrían sin impedimento, en el día y horario que se pactara. "Ya habían pagado la fiesta", se oía decir a las autoridades ante las quejas de internos o funcionarios.

Las agencias de inteligencia y altos mandos lo sabían, además de que se documentaba.

De acuerdo con documentos del Archivo General de la Nación, durante su estancia en el Reclusorio Norte, los narcotraficantes metían bandas de música sinaloense el día de sus cumpleaños para celebrar.

De acuerdo con dos tarjetas de la extinta Dirección General de Investigación y Seguridad Nacional, fechadas el 13 y 15 de noviembre de 1985, los criminales pagaron músicos para que les cantaran de las 7:00 a las 19:00 horas.

"Se tuvo conocimiento que en el reclusorio norte el 19 de octubre de 1985, entraron al reclusorio mencionado dos bandas de música sinaloenses de 12 músicos cada una, estuvieron tocando desde las 7:00 a las 19:00, en el dormitorio 10, donde se encuentran los internos Rafael Caro Quintero y

Ernesto Fonseca Carrillo (a) Don Neto, ya que el mencionado interno festejaba su onomástico, así como 9 cajas de vino para dicha fiesta", se puede leer en los documentos (*El Debate*, 2015).

En este tenor, las muertes eran silenciosas. Estaban los que eran "suicidados" o que morían de hambre o enfermedad en la zona del olvido de la Peni, y la presunción de que eran enterrados "algunos muertos" en las conocidas como *tumbas*, área cercana a la enfermería de esa misma prisión, lo que la convertiría en una de las primeras cárceles del país con fosas clandestinas. O cuando a un director de ese mismo establecimiento, Juan Alberto Antolín, se le acusaba de "matar reos a puñetazos y luego tirar sus cuerpos a un horno utilizado en el taller de fundición" (*Crónica*, 2007).

Los acribillados con puntas se reiteraban en todos los centros. Los deudores y *borregas*[15] asesinados con marcas de las mafias. Todo era silencio, nadie veía ni escuchaba nada, comían callado. La información quedaba asentada en escuetos informes, los cuales se depositaban en la basura de la historia.

El respeto era fundamental, por lo que debía ser "enseñado" por custodios y sus mandaderos, quienes quebrantaban voluntades a golpes, torturas, violaciones y vejaciones reiteradas.

Las autoridades eran dueñas del negocio, y las ganancias distribuidas de forma adecuada. Un cogobierno donde los capos eran la pantalla para cubrir las huellas de la gente de arriba, de los agentes estatales legales. Había acuerdos y bajo la lógica de estamentos sólidos las cosas se obedecían en bloque, sin fisuras ni rompimientos.

El gobierno de las prisiones citadinas descansaba en los líderes de Sinaloa y el cártel de Juárez, como eran los casos de Reclusorio Sur y Norte, los cuales tenían el control en alianza con algunos colombianos y pequeñas pandillas. Coexistían con otros grupos criminales que tenían funciones acotadas y operaban con la protección de autoridades parte del negocio.

Desde los ochenta hasta entrado el 2013, el cártel de Sinaloa dirigía gran parte de los negocios de las prisiones, trabajaban con las autoridades. Por ese motivo, todo funcionario que llegaba a administrar una cárcel se rodeaba de incondicionales: directores, jefes de seguridad, técnicos, eran guardianes de secretos y extraordinarios operadores de las coimas.

Aunque el grupo de Sinaloa controlaba la mayoría de los negocios, se veían obligados a darles espacios a otros actores, aquellos de viejo cuño, los cuales surgieron desde las entrañas de las cárceles. Uno de esos grupos fue la Familia, no la Michoacana, surgida en la Penitenciaría, su lugar de operación, para posteriormente convertirse en la Juventus:

La Familia ha sido el grupo de poder más importante conformado dentro de la Penitenciaria y en el sistema penitenciario del DF. Estuvo integrada por un grupo de internos de altas sentencias, dedicados a la extorsión y al homicidio, [que] controlaron la Penitenciaria por el período comprendido de 1995 hasta el año de 2005. Se alquilaban en un principio para los internos de alto poder económico los cuales, a través de ellos, ejercían un control en todos los dormitorios de la Penitenciaría e inclusive en los diferentes reclusorios preventivos.

El declive inició en 2005… ¿Qué ocurrió? Surgió La Juventus: asesinos de asesinos de asesinos.

A partir de 2004, la Penitenciaría del DF recibió decenas de reos procedentes de otras cárceles de la Ciudad de México. Algunos de ellos fueron trasladados por razones de seguridad institucional y luego de asesinar a otros convictos en sus cárceles de origen. Entre los recién llegados se conformó un nuevo grupo de poder integrado por 23 jóvenes homicidas, todos procedentes del Reclusorio Norte y se hicieron llamar La Juventus o La Nueva Familia, una nueva orden de matarifes dispuestos a sepultar a La Familia.

La particularidad de este grupo es que todos ellos se conocieron y compartieron estancia en el Consejo Tutelar para Menores 'Alfonso Quiroz Cuarón' —la cárcel de máxima seguridad para niños en el Distrito Federal, en donde además de haber ejercido el poder protagonizaron un motín donde quemaron colchones y amenazaron con lanzarse al vacío desde la azotea, a cambio de remover a la directora del mismo.

La sangre ya no parecía un río sino el mar (Padgett, 2015).

Los asesinos de asesinos de asesinos, comandados por un sujeto llamado Paulo Sergio Contreras Hernández, el Avispa, uno de los futuros generadores de caos en las prisiones citadinas.

Las dinámicas no se modificaron de la nada, sino que fueron cambiando por eventos que paulatinamente le dieron otro rostro. El evento fundamental sería la escisión de los Beltrán Leyva del cártel de Sinaloa, que se dio por una traición del Chapo, en el 2009, y de la cual, el 18 de mayo de 2010, surgiría la Unión de Tepito.[16]

La ruptura con los Beltrán Leyva y el surgimiento de la Unión fisuró viejos acuerdos y dinámicas, además de ser el preludio de peleas por determinados lugares. Se dio entrada y fortalecimiento al CJNG, el cual apoyó para que emergiera en el 2017 la *contra* de la Unión, la Fuerza Anti-Unión, grupo de *chapulines* y desertores que cambiaron de bando para hacerle frente a quienes antes eran sus jefes y compañeros, comandados por un sujeto llamado Jorge Flores Conchas, el Tortas.

Un segundo evento tendría que ver con la llegada de un nuevo grupo político representado por Miguel Ángel Mancera, quien fuera gobernador de la Ciudad de México del 2012 al 2018. En su Gobierno, la dinámica de las prisiones cambió, ya que el jefe Mancera revocó las concesiones dadas, tersas en algunos puntos y en disputa en otros.

Sin embargo, al romperse viejos acuerdos y luego que las fuerzas legales cedieran sus posiciones a otros grupos políticos, comenzó la lucha intestina por lugares en las prisiones. Toman relevancia dos actores institucionales de gran peso: el subsecretario Hazael Ruiz, quien llegó en el 2013 y cuya gran parte de su carrera había sido desarrollada en el sistema penitenciario de la ciudad; y Pablo López Jaramillo, colocado por el propio Ruiz como director ejecutivo de Seguridad Penitenciaria, jefe de seguridad de las prisiones de la capital.

Uno de los primeros visos del mundo por venir fue el homicidio de un jefe de custodios del Reclusorio Oriente en el 2013. Desde el 2010, ese reclusorio era "administrado" por Luis Eusebio Duque Reyes, el Duke, quien adquirió esa posición por su alianza y lealtad hacia la gente de Sinaloa y Ciudad Juárez. Este sujeto, un exmando policiaco, se posicionó como líder tanto fuera como dentro de prisión, y al momento de ser trasladado a otras cárceles dejó a gente de su confianza a cargo.

La disputa por el Oriente la dio Ricardo Anduza Velázquez, el Miraviones,[17] quien, junto con el Avispa, parte de la Juventus, intentaron quedarse con ese establecimiento; disputaron con el Duke. Tiempo después se integraron en la pelea el CJNG, así como la Unión.

La misma dinámica ocurrió en el Reclusorio Sur, que en el año 2015 se pugnó entre el Duke e Ismael Enrique Trujillo Vázquez, el Kike, cuñado del Miravones, respaldado por su grupo El Rebote (Nieto, 2018).

Mientras estas supuestas peleas se daban, la Unión lograba posicionarse. En el 2017 se adjudicó el control de tres prisiones: Reclusorio Norte y Sur, así como la Penitenciaría (Blanca, 2017). Al mismo tiempo, otros grupos relativamente pequeños también lograban colocarse en posiciones de poder, como era el cártel de Tláhuac y cada vez con mayor intensidad el CJNG.

Del 2017 al 2019, estas disputas sumaron 18 custodios asesinados (Domínguez y Díaz, 2019), más los que se acumularon en el 2020 y 2021, a quienes se les endosó, ya que los muertos no pueden defenderse, vínculos con esos estamentos ilegales y cuyas muertes fueron parte de las disputas.

Después de años de asesinatos y peleas, con la entrada de un nuevo grupo político a la capital, en el 2020, las prisiones de la ciudad se "apaciguaron" de forma parcial, a excepción del Oriente. Así, con base en visitas a estos establecimientos y un análisis de la información, la hipótesis resultante apunta a que la siguiente distribución se mantuvo al menos hasta principios del 2021:

El CJNG gobernó junto con autoridades el Reclusorio Norte, donde en algún punto estuvo preso uno de sus operadores financieros, Abigael González Valencia, el Cuini, cuñado del Mencho. Información señaló que durante su estancia gozó de privilegios (Larios, 2019), entre ellos la entrada de personas y objetos a su disposición. En algunos cartelones que señalaban los horarios y los equipos que se enfrentarían en el campo de futbol, el nombre de uno de éstos sobresalía del resto: CJNG.

El Reclusorio Sur se encontró "administrado" en algunas dinámicas por el cártel de Tláhuac, el cual tuvo apoyo del grupo de poder asentado al exterior, en Xochimilco, Los Rodolfos, que, como señaló información periodística, se volvieron aliados posteriores al asesinato de Felipe de Jesús Pérez Luna, el Ojos,[18] supuesto líder de los de Tláhuac. Actualmente, en esa prisión se encuentra Miguel Ángel Pérez, el Mickey, hijo del Ojos, que operó a una banda denominada Los Mikis. El CJNG los deja trabajar y observa a la distancia, más un aliado que un enemigo. La Unión y los de Sinaloa también tienen control de algunos espacios.

El Centro Varonil de Reinserción Social (Cevareso), que tiene en su interior un área de máxima seguridad, el Diamante, se dividió y fue un espacio de coexistencia entre algunos grupos: Tláhuac, el CJNG y la Juventus. Estos últimos, en mayo de 2020, mandaron ejecutar a Oswaldo Tapia, encargado de seguridad. El atentado ocurrió cuando el funcionario ingresaba al establecimiento, sin embargo, se trató de un intento fallido (Jiménez, 2020). En el Diamante se encuentra recluido Luis Felipe Pérez, el Felipillo, el otro hijo del Ojos, quien movió parte de la dinámica de esa área; y en la población del Cevareso, Arturo Israel Mar, el Gogo,[19] estuvo al mando. Ambos sujetos fueron avalados por el CJNG (Nieto, 2019).

En la Penitenciaría rigió lo que queda de La Juventus, y, por lo tanto, parcialmente el Avispa y el Miraviones. En su forma de operar se mostró la "pureza" de un grupo emergido de la prisión, con códigos arraigados en las cárceles. Aún sigue existiendo el equipo de futbol americano Perros de Santa Martha. Algunas personas comentan que Hazael Ruiz, el subsecretario, cuando se encuentra decaído se refugia en la Peni, y cuando tiene algún tipo de conflicto al interior llama a los Perros.

El centro penitenciario de Santa Martha Acatitla Femenil era movido por dos mujeres del cártel de Tláhuac, Diana Karen Pérez Ramírez, la Princesa, y Samantha Pérez Ramírez, la Sam, quienes, a decir de personal del lugar, hacían circular la droga. Posteriormente, declinaron esa posición, se habla de la entrada de personas afines al CJNG y al grupo de Sinaloa, motivo por el que empezaron a darse casos de violencia al interior del establecimiento. La Ley Nacional de Ejecución Penal señala que aquellas mujeres que tengan hijos o estén embarazadas no podrán ser aisladas. De esta manera, al saber que difícilmente se les castigaría, el dormitorio donde alojan a esa población se convirtió en almacén de droga, y las mujeres en distribuidoras, lo que afectó la dinámica en la que viven los niños del lugar.

El punto neural o joya de la corona es el Reclusorio Oriente, de ahí la lucha encarnizada por conquistarlo, ya que derivado de varias "virtudes" es sumamente deseado:

- La cantidad de presos que aloja. La población penitenciaria ha oscilado entre los 9 mil y 14 mil internos, lo que se traduce a ganancias estratosféricas por extorsiones y por venta de droga a la población, la cual, según el libro *El cártel Chilango* de Antonio Nieto (2020), asciende a 3 millones de pesos mensuales, aunado a los cobros por entrada de visita familiar e íntima, así como el pago de servicios.
- Su ubicación geográfica. Se encuentra en la zona oriente de la ciudad, en la alcaldía de Iztapalapa, con vías de salida hacia el norte y sur. Está cerca de Periférico, avenida Ermita y Tláhuac; colinda con las demarcaciones territoriales de Tláhuac, Xochimilco, Coyoacán, Benito Juárez e Iztacalco, además de tener cerca los centros penitenciarios de Ceresova, Penitenciaría y Santa Martha Femenil, así como las cárceles de Nezahualcóyotl, Chalco y Texcoco en el Estado de México.
- La alta gama de delitos operados desde el interior: extorsiones telefónicas, secuestros, homicidios y robos.

En pocas palabras, es un búnker idóneo para la operación de un grupo delictivo.

La presencia de diversos grupos al interior ha forzado a las autoridades a otorgarles una especie de concesión a cada uno de ellos. En el área de ingreso y en el Centro Diagnóstico de Ubicación y Determinación de Tratamiento (CDUDT) fueron ubicados varios miembros de la Unión. El Módulo 10 es administrado por un capo viejo conocido como *el Huevo*, con mucha probabilidad, perteneciente a algún grupo de la gente de Sinaloa o Chihuahua. En el resto de los dormitorios hay una pugna entre gente del Duke contra el Miraviones y el Avispa, así como con la Unión.

Entre el año 2020 e inicios del 2021 el cártel de Sinaloa redobló esfuerzos para recuperar muchos de los espacios cedidos, ya fuera mediante "cañonazos de dinero" o violencia. Lógica que obedecería al enfrentamiento que mantiene con el CJNG en otros estados de la república.

En estos acomodos, una fuerza parapoliciaca toma relevancia: la Hermandad, un grupo de sujetos con lazos en la policía que cometían crímenes con protección institucional. Con raíces históricas que datan de la administración del Negro Durazo, ha sido considerada una *mafia policiaca* (Otero, 2002) que ha brindado protección a criminales y cuyo poder ha llegado hasta las prisiones.

Uno de los funcionarios señalados de pertenecer a esa cofradía es Pablo López Jaramillo, quien, hasta el 2021, seguía fungiendo como encargado de seguridad de las prisiones de la ciudad. Comenzó su carrera en la policía de la Ciudad de México: "Ha sido un hombre que se ha desempeñado durante muchos años, desde 1972, en las filas de la Policía en el Distrito Federal, quien conoce sobre sistemas de seguridad y ha sido promovido y nombrado directamente por el jefe de Gobierno" (González, 2001).

Con la desarticulación de la Hermandad durante la administración de Claudia Sheinbaum, su poder menguó y sus tentáculos dentro las prisiones fueron cortados. Y dado que ya no tiene un apoyo institucional formal, ha intentado imponerse por la fuerza. Sin embargo, el hecho de que López Jaramillo permaneciera en su puesto sería visto como una traición, como un rompimiento o una escisión de ese grupo parapoliciaco, de ahí el inicio de las amenazas en su contra.

En agosto de 2019, en una manta dejada junto a una cabeza de cerdo cerca del Oriente, se le advertía al funcionario literalmente lo siguiente: "Jaramillo déjate de pasarte de verga aqui no es la Policia para que sigas con tu hermandad y sigas solapando a tus amigos de la calle haciendoles favores en la carcel sino renuncias pronto sabras de nosotros ATT VIVA MEXICO" (López, 2019).

Un mes después otra manta fue colocada:

No piensen que ya se nos olvidaron sus mamadas, tú Jaramillo pronto daremos contigo igual que con tus putos comandantes y custodios de mierda. Chávez, Barrios Rubalcava, Jamaica, Coba, Medina, Couch, Tiburón y Núñes. Acá afuera los vamos a esperar uno por uno, no es lo mismo pegar en bola. Feliz día de muerto (*La Jornada*, 2019).

Entonces, debe entenderse que algunos eventos violentos dentro de las prisiones obedecieron también a disputas entre grupos políticos y policiacos/parapoliciacos por mantener cotos de poder y cuotas monetarias.

Desde tiempo atrás diversos actores y funcionarios advirtieron que las prisiones eran una caja chica, llena de dinero que puede manejarse sin que deje huella contable, para enriquecimiento de algunos y empoderamiento de otros.

Durante muchos años los pude observar. Unos andaban de traje y corbata, facha de hombres rectos. Otros utilizaban ropa beige y tenis de marca, ostentación de su poder adquisitivo. El resto, uniforme negro, que portaban sólo como utilería porque no existía lealtad hacia éste. En prisión hay una frase que se usa para aquellos que traicionan lo que son allí adentro: "Se les olvida el color...".

Las cárceles capitalinas muestran las falacias del sistema penitenciario, de las hipocresías y sus contradicciones. Se podría escribir un libro inacabable sobre las historias de esos lugares. Eventos que dibujan de cuerpo entero a las autoridades corruptas y criminales, así como a los presos canallas y despiadados.

Esas prisiones son, por excelencia, un prototipo deleznable que alberga, en la mayoría de sus posiciones, gente que vive inmersa en la defensa de sus espacios como si fueran un baluarte que no debe bajar las banderas ni entregar las armas en esos conflictos difusos.

Todos confluyen en un mundo completamente turbio, opaco, de hombres infames que convirtieron la penitencia de los presos cautivos en un purgatorio de maltratos, violaciones, adicciones, extorsiones y muerte. Hechos administrados y tolerados por una "autoridad" que sobre la palestra colocó la dignidad y el dinero. Tristemente, vencieron las ganancias sobre las humanidades...

NOTAS

[1] Caminar en cuclillas de un punto a otro, considerado como un método de tortura o maltrato.

[2] Golpe que se da a los internos con la parte interior de la mano, cerrada, en las mejillas, que los castigados deben de inflar previamente. Antes del golpe se les dice: "Unos bombonazos, wey, ínflele". Las heridas causadas son visibles sólo al interior. Los bombonazos son aplicados ante indisciplinas o por no pagar cuotas.

3 Es la forma de designar a un golpe dado en el pecho con la mano abierta, y se aplica bajo la misma dinámica que los bombonazos.

4 Es un golpe dado con el puño generalmente en la boca del estómago.

5 En las prisiones se entiende como lo que es justo, lo que funciona como debe de ser.

6 Forma en que se les denomina a los custodios derivado del color de su uniforme.

7 Comúnmente así se les conoce a los internos, ya que suelen llevar uniformes de ese color en la mayoría de las prisiones.

8 Se les designa de esa manera a quienes ocupan una posición de mando, a algún custodio, en ocasiones a quienes dirigían asuntos de la prisión, o a quienes solían tener más tiempo en los centros y, por derecho de antigüedad, coordinaban o se hacían responsables de algunas dinámicas.

9 Personajes de prisión que suelen ser identificados como sucios, pobres y consumidores de drogas.

10 Personas que cobran por realizar crímenes. Puesto que han sido sentenciados a muchos años de prisión, se adjudican muertes o delitos, ya que, a su entender, nunca saldrán de la cárcel.

11 Así se les nombra a internos con problemas de dinero o pobres.

12 Las ganancias, o que deja el dinero.

13 Internos con capacidad de mando o alta capacidad adquisitiva.

14 Denominación que se le da a la mezcla de piedra (cocaína base) y marihuana para ser fumada. En otros lugares comúnmente se le conoce como *basuco*.

15 Soplón, delator, chismoso, dedo, rata…

16 "Así, ese 18 de mayo de 2010 nació La Unión, banda criminal que se apoderó a sangre y fuego del mercado capitalino de estupefacientes. La conformaron los hermanos Francisco Javier y Armando Hernández Gómez; la familia Castro, cuyo líder, Jorge Castro Moreno, El Abuelo estaba en prisión; los hermanos Romero Romero, quienes presumían relaciones cercanas con los líderes de comerciantes ambulantes vinculados con el PRD, y los hermanos Magaña, que dominaban desde hacía décadas el corredor Insurgentes y la Zona Rosa. Las familias y bandas que no fueron incluidas en el trato se someterían al nuevo orden o las eliminarían" (Romandía, Fuentes y Nieto, 2019, p. 38).

17 Héctor de Mauleón señala que se le denominaba de esa manera por tener un ojo desviado. De Mauleón, H. (4 de septiembre de 2017). "La CDMX, víctima de una guerra entre reos". *El Universal*. Recuperado de https://www.eluniversal.com.mx/columna/hector-de-mauleon/nacion/la-cdmx-victima-de-una-guerra-entre-reos.

18 "Tras la caída del Ojos, la banda se reorganizó y se alió con los Rodolfo, amos y señores de Xochimilco, aunque perdió terreno en Iztapalapa" (Romandía *et al.*, 2019, p. 121).

[19] "En el informe se desliza una relación peligrosa: un transexual, identificado como Samantha Carolina Gómez Fonseca, quien fue candidata a diputada federal por Nueva Alianza, es íntimo amigo del Gogo y un presunto enlace con Hazael Ruiz Ortega, subsecretario del Sistema Penitenciario. Hazael ha sido blanco de amenazas por parte de bandas delictivas opuestas al Duke y lo han acusado de proteger el narcomenudeo, la extorsión y la prostitución" (Romandía *et al.*, 2019, p. 162).

Topo Chico: Narrativas de un lugar lúgubre

> Y, entonces, abrí la puerta de par en par, y ¿qué es lo que
> vi? ¡Las tinieblas y nada más!
>
> EDGAR ALLAN POE

"Iba caminando por el campo de futbol, ya era de noche, cuando a lo lejos veo cómo se levanta, en la parte de en medio, una nube de polvo, por la oscuridad no percibía qué lo generaba. Me espanté, pensé que era un fantasma o algo así, pero al estar más cerca me doy cuenta de que eran cientos de ratas corriendo".

"¿Por qué tanta rata?", le pregunto al Regio.

"Porque se abrieron los registros de las coladeras para buscar restos humanos, se cree que Los Zetas podrían haber desaparecido personas y tirarlos allí, y las ratas salieron al destaparlas", concluye.

Cuando cerraron el Topo Chico, en el 2019, las autoridades festejaron el poder quitarles esa franquicia a los grupos de poder. Situaciones como la anterior eran parte de la dinámica de Los Zetas y cártel del Noreste —último amo y señor—. Durante años construyeron un complejo criminal poderoso. Hicieron de ese infierno un lugar rentable y campo de prácticas crueles, administrado por un grupo paramilitar/parapoliciaco y político.

Quien alguna vez haya entrado entenderá lo que significa esa prisión: un lugar plagado de oscuridad y opresión. Un descenso lento por el *corazón de las tinieblas*.

167

En el 2017, la Comisión de Derechos Humanos de Nuevo León dio a conocer en su *Informe especial sobre el Centro Preventivo de Reinserción Social Topo Chico* lo siguiente:

- La pérdida de la vida de 133 personas recluidas, 129 internos y 4 internas, la mayoría a manos de sus iguales, en el periodo comprendido del año 2011 a junio de 2016, conforme a los registros de esta comisión estatal.
- Los propios internos han golpeado, e incluso han llegado a privar de la vida a quienes se han negado a cubrir los montos de las extorsiones. Además, no se permite que los familiares provean artículos de primera necesidad a los internos, sino que los vende una empresa dentro del penal a precios exorbitantes.

Las vidas que fueron trastocadas, no sólo por el encierro, sino también por el sadismo de sus carceleros, tanto gubernamentales como los que pertenecían a grupos criminales, no sé si en algún momento se podrán reponer de los suplicios.

Al Topo lo pisé dos veces, y lo que vi ahí se me quedó profundamente grabado, no quiero imaginar lo que habrá sido amanecer día a día en ese lugar. La primera ocasión que ingresé fue en el 2013 y la última en el 2015, y siempre fue con un pensamiento claro: andar sin miedo y tener precaución con el grupo de poder. No sentía temor, pero sabía que entrar a un lugar prohibido o hacer una pregunta incorrecta podría costarme mucho. El ambiente de los recorridos siempre fue tenso, a pesar de que teníamos "la bendición" de Los Zetas para ingresar.

La vida de los prisioneros era la de un purgatorio: violaciones, extorsiones, golpes, tortura, muerte… El castigo estatal era prodigado por particulares, que nunca tuvieron freno para llevar a cabo actos atroces. Fueron puliendo meticulosamente sus habilidades durante años. Se doctoraron en infligir sufrimiento.

Conforme penetrabas la prisión el aire se volvía denso, insufrible, como si te adentraras en un espacio exiguo, falto de oxígeno. Las miradas eran más pesadas y los actos hostiles más recurrentes: presos que pasaban a tu lado y te empujaban "accidentalmente" o te obstruían el paso. Eras un extraño entrando a una tierra con dueño, lugar de amos crueles y déspotas.

Los *jotos*, como ellos les llamaban, estaban ubicados en la parte más lejana del centro, en una amplia estancia, donde la mayoría de ellos se dedicaba a prostituirse y a lavar ropa de otros presos.

Los pacientes psiquiátricos vivían en celdas sin higiene y casi nunca se bañaban. Se observaban sus excrementos por los suelos, y la mayor parte del día la pasaban dormidos por los medicamentos. Dichosos, porque se fugaban de ese inframundo.

Las *golfas*, mujeres que eran del cártel del Golfo, se encontraban relegadas y en constante amenaza. Las mantenían hacinadas en el área denominada *Salvadoreña* o *Clave 50*. Las que no tenían filiación a ningún grupo vivían en el área femenil de Los Zetas. Ocupaban una celda comunitaria, amontonadas y durmiendo en el suelo con sus bebés. Las golpeaban, prostituían y violaban. No había custodias en esa zona, la guarda de ese espacio se daba por operadoras de ese grupo, quienes vivían en celdas de lujo.

A la distancia pienso en sus miradas tristes, en sus súplicas, llamadas de ayuda silenciosas, y me recrimino por no haber hecho más, pero también recuerdo cómo las denuncias eran obturadas. En esos mundos las voces de protesta eran calladas y los señalamientos neutralizados. Las autoridades superiores se daban apretones de manos y abrazos cómplices. En eventos políticos se tomaban fotos y firmaban documentos plagados de "buenas intenciones". Creían que "arreglaban el mundo" desde sus oficinas y en reuniones vacuas. Una de sus frases predilectas era: "Observa, señala y espera a que las autoridades actúen. No excedas tus funciones".

Los espacios de la *contra* eran la Unidad de Reflexión (UR), un espacio inmundo, la Canina (en algún momento fue el área de los perros) y el COC. Lugares llenos de golfos, Beltrán Leyva y Sinaloa. Comían en el suelo, aglomerados, sucios, durmiendo sobre cartones y cobijas. Las áreas estaban viejas y deterioradas, llenas de chinches y cucarachas. Les ponían grilletes en pies y manos. Diariamente olían sus humores fétidos. El agua se les racionaba y había una sola taza sanitaria para decenas de internos, por lo que sus desperdicios se acumulaban. Existía un roce continuo de cuerpos, porque eran muchos y los espacios ínfimos, con ratas que corrían sobre ellos. Pero sobrevivían, estaban vivos, parcialmente alejados del mundo de horror que acontecía en las entrañas del Topo.

Aunque ha sido cerrado, no hay manera de resanar los dolores ni los horrores. La historia no siempre se exorciza con borrones y cuenta nueva. Andarán por allí los espectros de los asesinados por pugnas de poder, los acribillados, los torturados hasta la muerte. Cabezas deformes por los golpes, cuerpos quemados y asfixiados, perforados con puntas, varillas, balas… Vidas que fueron arrebatadas con total impunidad.

Años de terror pasaron frente a los ojos de autoridades, y el Topo seguía allí. Era una pesadilla sempiterna. Gran parte de la vida de los *regios* se circunscribía a esa prisión, plagada de mitos y leyendas de lo que ocurría detrás de sus muros.

Existieron muchos funcionarios que fueron testigos del espanto y, a pesar de ello, continuaron en sus puestos. Ejemplo de eso fue Gregoria Salazar, la Goya, directora durante años. "Vete, Goya. Es el momento de que te vayas", le decían personas cercanas, pero el Topo la había enganchado, la había engullido. Los disturbios del 2016 (García, 2016) fueron consecuencia de eso, la convirtieron en una presa. La acusaban de haber guardado armamento en su oficina para la masacre que aconteció. Tiempo después fue liberada.

En los discursos del poder esos acontecimientos serían reducidos a conflictos internos o pugnas intestinas, sin embargo, lo que se peleaba era una posición política estratégica. Por eso, cuando los líderes comenzaron a ser asesinados, intuyeron los escenarios por venir. Entendieron que la ejecución de Mario Alberto Roldán Zúñiga, el Fresa, en el 2015, a quien se le señaló de estar relacionado con la captura de Omar Treviño, el Z-42 (Garza, 2015), colocaba un polvorín, el cual estalló y fue preludio de la división de Los Zetas. O que el enfrentamiento en el 2016 entre Jorge Iván Hernández Cantú, el Comandante Credo, y Julio César Pardo Leyva, la July, contra Juan Pedro Salvador Saldívar Farías, el Z-27, por el control del centro impactaría con fuerza. El resultado fue la masacre de 49 internos, y origen del cártel del Noreste (Campos, 2019).

Esos interregnos, periodos de inestabilidad por el control del Topo, derivaron en el asentamiento del Noreste. Al frente quedó Jaime Cabrera Escalante, el Comandante Kakino (Casas, 2017), para posteriormente "ceder" su lugar a Jorge Elizondo, el Charal, último líder del autogobierno, quien construyó un búnker dentro de la prisión para resguardarse de cualquier ataque. Su celda estaba llena de lujos (Ángeles, 2019), además erigió un altar sobre una cancha de basquetbol en honor a Heriberto Lazcano, el Lazca o Z-3, fundador de Los Zetas (*ADN40*, 2019).

En el libro *Un sicario en cada hijo te dio* (2020) se señala:

> Entre los múltiples delitos cometidos dentro de sus paredes destacan los rituales sangrientos que El Charal (supuesto líder de la prisión y capo del Cártel del Noreste) efectuaba en un santuario dedicado a la Santa Muerte. Para ello, metía personas del exterior, las decapitaba y mutilaba como ofrenda de muerte y luego lanzaba los cuerpos a la calle (p. 15).

Siempre se especuló que en el Topo se desaparecía a personas y que podían existir fosas clandestinas. La idea no era descabellada, sin embargo, el problema era que desde el cerro contiguo se veía toda la prisión, por lo que era una tarea demasiado arriesgada *pozolear* o cavar hoyos para enterrar cuerpos. En consecuencia, se podría suponer que, si se desaparecieron personas, se usó el drenaje para ese fin.

A pesar de que se hicieron cambios estéticos: muros pintados, bardas levantadas, paredes resanadas, el terror nunca se fue. La violencia y el sufrimiento era una impronta de ese lugar. Lo que nunca se intentó, o se hizo demasiado tarde, fue reparar el dolor que quedó en los rostros de los martirizados, de las familias sometidas, de las mujeres violentadas, quienes difícilmente cerrarán esas heridas.

Los medios de comunicación y la sociedad siempre se detuvieron a consumir los asuntos tétricos del Topo, como los altares en honor a la Santa Muerte, las celdas con símbolos satánicos, los bares clandestinos y las celdas de lujo.

Las historias de ese inframundo fueron develándose, desbordándose; algunas de éstas eran increíbles, como las armas de fuego, navajas y espadas de hasta un metro de largo escondidas entre colchones. O el control del sistema de seguridad por parte del autogobierno. Algunas cámaras fueron colocadas por éstos para así poder monitorear cualquier movimiento dentro y fuera. Funcionarios dirían que el sistema del C5 fue *hackeado*.

Emergieron relatos que apelaban a lo irreal, como el asesinato de un niño de dos años, hijo de internos que vivía ahí, durante una revuelta. O de los cientos de crímenes orquestados desde el interior, mediante la posesión de información de personas del exterior, por parte de los presos (Morales, 2019).

Para muchos medios de comunicación y para los "especialistas", esas vivencias debían capitalizarse. La empatía hacia esos prisioneros, que fueron cuerpos en manos de carniceros, no existió nunca. En ese afán de ganar espectadores de forma fácil, de lectores poco críticos, se mezclarían las historias infames con lo anecdotario. La vida del médico Alfredo Ballí Treviño cumplía ese fin. "Asesino frío y calculador", inspiración para crear a Hannibal Lecter (Garza, 2019): prototipo del asesino organizado y seductor que corta y mata sin culpa. En los grupos de poder debieron existir muchos Hannibal Lecter, seres de carne y hueso que convergían con ese personaje ficticio en su capacidad para matar sin el menor reparo y el no poder reconocerse en los otros.

El Topo no tenía arreglo, se fue deteriorando, transmutando, hasta ser una edificación que sirvió de guarida de seres infames. No había forma de mantener ese monumento de desdicha.

Las autoridades le echaron el cerrojo. Este acto, sin embargo, no tuvo efecto sobre aquellos que actuaron en complicidad y permisividad, quienes vivieron en bonanza a costa de vidas de presos y ciudadanos, aunque en las tribunas académicas y públicas vociferen lo contrario, pidiendo aplausos por haber cumplido con su función. No hay aplausos cuando se le da carpetazo a un lugar así; es un deber, es un acto de justicia social.

Escribió Borges, cuando hablaba de las posibilidades e inicios: "Para siempre cerraste alguna puerta y hay un espejo que te aguarda en vano…".

En este caso no debe haber un nuevo inicio ni nuevas posibilidades. Puesto el candado, se tira la llave para siempre. Aun así, no bastará con sólo cerrar las puertas del Topo, será una obligación echar el cerrojo a las puertas de los sistemas penitenciarios aberrantes.

Centros federales: Los (des)gobiernos del Estado

> Estado es el nombre del más frío de todos los monstruos
> fríos. Es frío incluso cuando miente; y ésta es la mentira
> que se desliza de su boca: "Yo, el Estado, soy el pueblo".
>
> FRIEDRICH NIETZSCHE

Hasta ahora la mejor forma de materializar la disciplina ha sido a través de los centros penitenciarios; pero si hablamos de convertir esa disciplina en una opresión continua, entonces el mejor ejemplo que tenemos son los centros penitenciarios federales.

Esas edificaciones no buscan la reinserción social o la reconversión de hombres. No, lo que buscan es la venganza del Estado contra enemigos y disidentes. Estos sujetos son categorizados desde el derecho y los discursos del poder como amenazas, ya que contravienen sus intereses y sus posiciones, aunque en el fondo sea un engaño.

Los lineamientos de esos lugares emulan las lógicas de las prisiones norteamericanas: sistemas de vigilancia estrictos, contacto limitado entre presos, silencio reiterado, aislamiento prolongado…

Si existe un método de quebrar un alma, de asesinarla, *ése es* el confinamiento en un lugar así. He visto cómo hombres ingobernables pasan del desafío irracional a la obediencia irrestricta. En este punto, muchos dirán: "Pues, en estricto sentido, eso se pretende"; sin embargo, esas afirmaciones serán parte de las especulaciones y construcciones en torno a la sanción.

Y serán especulaciones porque esos espacios no cumplen el fin para el que fueron creados, y quizás se les defiendan como parte de un sistema imperfecto, pero necesario. Para algunos son un infierno, y para otros son infierno con matices.

En esos establecimientos suele imponer sus directrices la autoridad. En determinados momentos, sin embargo, ésta *voltea* para otro lado, fingiendo no saber, argumentando ser rebasados, cediendo sus gobiernos a personas o aliados. Algunos eventos darán cuenta de ello.

LOS CHAPITOS Y EL MENCHITO: VIDA POR VIDA

En el 2016 una noticia se esparció por los medios con rapidez (*Infobae*, 2019): Nemesio Oseguera, el Mencho, levantaba a los hijos del Chapo Guzmán.

En el restaurante La Leche, ubicado en Puerto Vallarta, Jalisco, un comando armado del CJNG secuestró a los Chapitos, ya que estaban en su territorio. Festejaban el cumpleaños de Iván Archivaldo Guzmán; presentes estaban Jesús Alfredo y César.

El desenlace podría parecer lógico: la muerte. Sin embargo, cinco días después aparecieron vivos. Uno pensaría que prevaleció el pacto de no meterse con la familia, versión que se desvaneció conforme fue pasando el tiempo.

Si no era lo anterior, entonces, *¿qué sucedió?*

Y la respuesta fue: un acuerdo por respetar la vida de sus respectivos hijos. El Mencho no le haría daño a los Chapitos, y el Chapo no le haría daño al Menchito.

"Si algo les pasa a los muchachos, lo mismo le pasará al tuyo", dijo el Chapo (Bojórquez, 2016). Y la advertencia tenía un grado de veracidad demasiado grande, desobedecerla era tentar a la suerte.

La amenaza del Chapo se daba, en teoría, en un contexto desigual: el Menchito estaba preso en una cárcel federal, desde el 2015 se encontraba bajo resguardo de la federación, y los Chapitos estaban en manos del Mencho, en una ubicación indeterminada.

Los pedazos desperdigados de esa historia señalaron que hubo agentes pertenecientes a grupos delictivos (Ismael Zambada, el Mayo, primordialmente), así como autoridades formales, empezando por el titular en ese entonces del Órgano Administrativo Desconcentrado de Prevención y Readaptación Social (OADPRS), Eduardo Guerrero, encargado de la coordinación y funcionamiento del sistema penitenciario federal, y ascendiendo hasta el Comisionado Nacional de Seguridad, Renato Sales Heredia, quienes intercedieron para que no existiera una escalada de violencia.

El Chapo, al enterarse desde su enclaustramiento en el Centro Federal 9, ubicado en Ciudad Juárez, se comunicaría con el Mencho y le diría: "Tú tienes a mis hijos, yo tengo al tuyo" (Blog del Narco TV, 2019). Sobre la mesa puso el intercambio de vidas. El Chapo ofrecía respetar la del Menchito, a pesar de que, aparentemente, no tenía ese poder.

Posterior a los hechos, al Menchito se le colocó en un área alejada de la población en la prisión que habitaba. El ingreso a la zona era riguroso para todo el personal o funcionario que pretendiera acceder. Para no dejar ni un resquicio por el que se le pudiera causar daño, se le puso una guardia personal compuesta por tres internos, la cual se encontraba liderada por un sujeto al que se le identificaba como la Vaca, integrante del CJNG. No permitían que nadie se le acercara. Lo rodeaban cuando comía y lo escoltaban a su celda. Les brotaba la agresividad por cada poro si alguien pasaba el límite que marcaron.

En los penales federales, de forma general, a los sujetos pertenecientes a grupos criminales afines se les separa con la intención de que no se generen cotos de poder; sin embargo, en este caso, la amenaza del Chapo no pasó de largo.

Y no iba a dejar de atenderse la advertencia de un tipo que en dos ocasiones se había escapado de cárceles federales, establecimientos donde la salvaguarda y custodia de prisioneros se daba de forma directa por la federación, en la que seguían activos muchos de los carceleros y celadores que fueron sus liberadores, y muy probablemente también sus cómplices y socios.

Y en la advertencia había una certeza inequívoca: si hubieran matado a los hijos del Chapo, en algún momento, ya fuera en el baño, en su celda, en un pasillo, durante un traslado, cuando comía, o en el último resquicio de la prisión, el Menchito habría sido asesinado.

CHAPO GUZMÁN: EL PODER DE SER INASIBLE

El mito del Chapo no se podría haber construido sin sus fugas, de las cuales se especulaba las lograba con grandes sobornos a sus carceleros. La historia era distinta, ya que se iba por la voluntad de grupos de poder, vieron que podía ser en algún momento útil para sus intereses.

"No me escapé. Me abrieron la puerta", le confesó al general Acosta Chaparro (Flores, 2015) posterior a su primera fuga, de Puente Grande, en Jalisco, lugar donde estuvo preso hasta que, según la versión oficial, salió del penal escondido en un carrito de lavandería, entre ropa y basura, ayudado por el interno Francisco Javier Camberos, el Chito.

> Rey cuenta que la fuga fue planeada, no espontánea. Al menos dos o tres veces durante el año 2000, el Mayo le comentó que el Chapo iba a salir pronto de la cárcel, que ya estaba muy cerca de hacer los arreglos para sacarlo. A finales de ese mismo año, después de que Fox fue electo, el Mayo mandó llamar a su hermano mayor con urgencia y le dijo: "en poco tiempo él va a salir. Ahora ellos lo van a sacar". No era la voz de un adivino, era la voz de quien tenía la certeza (Hernández, 2019, p. 89).

Las declaraciones ante una corte de los Estados Unidos de Jesús Reynaldo Zambada García, el Rey, hermano del Mayo, fueron contra la historia oficial y confirmaron que fue una liberación dada pero escenificada como un escape.

El Chapo antes de huir era amo y señor de Puente Grande; posterior a su huida fue nombrado *Puerta Grande*.

> El terror acompañó a la pudrición. Menudearon las golpizas a los insurrectos en los llamados "cuartos de agitados". Aún se ven las huellas del dolor en las paredes cubiertas con hule espuma mal lavado. A los renuentes también se les castigaba con la supresión de la visita familiar y del encuentro carnal. Del terror se encargaban nueve atletas sin alma. Los Negros se llamaban, fúnebre su estampa.
>
> Evadió la cárcel sin un percance, un error, un titubeo. A su paso, una a una se fueron abriendo 17 puertas, los videos permanecieron oscuros y desapareció el cuerpo de seguridad. En el exterior, los Rottweilers estuvieron tranquilos y

no hubo contratiempos en la garita, levantadas las barras que abren y cierran el paso a propios y extraños.

Un rumor nació en Puente Grande. El Chapo había sido el amo y había sembrado el penal de cómplices e incondicionales, pero también había dejado enemigos, odios y rencores profundos. No hay manera de entender la fuga sin algún personaje de voz inapelable que actuó a favor. El operativo había sido limpio, impecable como una maniobra militar (Scherer, 1998, p. 10).

En el libro *Los señores del narco*, la periodista Anabel Hernández (2011) plantea que el Chapo se fugó uniformado como policía judicial federal en un operativo coordinado por altas autoridades.

Dos veces estuve en Puente Grande, en una de ellas recorrí la supuesta ruta del escape y, mientras la realizaba, caí en cuenta de que carecía de sentido. No había posibilidad. La escenificación y la historia me parecieron burdas, porque no solamente planteaba algo poco probable, sino que dibujaban a unas autoridades bastante torpes, lo cual nunca fueron. Esa fuga sólo podría haberse realizado como un entramado bien dirigido y coordinado por altos mandos.

Esa fue la primera vez que se fue el Chapo, a partir de la cual adquirió cualidades, mitificadas, de ser etéreo, ubicuo, que tenía la capacidad de bilocación. Era un espectro…

Trece años después de su primer escape, en el 2014, el Chapo se materializó. Nuevamente fue atrapado. Pero poco tiempo les duró la satisfacción a sus captores, ya que se volvió a escapar en el 2015. Lo hizo por medio de un túnel en el penal del Altiplano.

La corrupción volvió a ser señalada; los hechos fueron inscritos en una trama de dinero y autoridades ambiciosas. Sin embargo, se podía ver cómo nuevamente le abrieron la puerta. Le renovaban la posición de líder inalcanzable y escurridizo, miembro reconocido de la cofradía de los hombres del negocio de la droga.

Por segunda ocasión, se esfumaba, esta vez lo hacía por un hoyo, y se perpetuaba en los imaginarios de los grandes capos, los antihéroes, los insurrectos…

Su gracia, su suerte, su buena estrella terminaron un año después. Su última captura ocurrió en Los Mochis, Sinaloa. Su facha era lastimosa: playera sin mangas, llena de tierra, sentado en la cama de un hotel. Era su fin. Fue trasladado a Ciudad Juárez, y de allí extraditado a los Estados Unidos, donde se le dictó sentencia de cadena perpetua.

En algún momento mandó y controló la vida de esas cárceles y pensó que era el gran señor, sin embargo, la realidad le mostró que era una pieza más, un engranaje, de la industria del crimen. Pasó a ser un empleado desechable de la compañía, del cártel del Pacífico, del grupo de Sinaloa.

El capo de renombre, el inatrapable, el icono de los aspirantes a narcos era condenado a estar enclaustrado de por vida en una celda silenciosa, con poco contacto al exterior, sin posibilidades prolongadas de compañía humana. Sería confinado en un espacio minúsculo para que no se le olvidara que en esos mundos nadie es un espectro, algo inatrapable e inasible…

EL POLLO Y EL CEJA GÜERA: EL MITO DE LA MÁXIMA SEGURIDAD

El 31 de diciembre de 2004, en vísperas de Año Nuevo, Arturo Guzmán Loera, el Pollo, fue asesinado de siete balazos en el penal del Altiplano, en ese entonces La Palma.

El prisionero, hermano del Chapo, fue acribillado con un arma de fuego mientras se encontraba con su abogado en el área de locutorios. Los disparos le impactaron el tórax, abdomen y raquia medular (*Vanguardia*, 2020). El asesino fue identificado como José Ramírez Villanueva.

Un preso asesinado dentro de una cárcel que era considerada de máxima seguridad tenía serias implicaciones, que se acrecentaban por el hecho de que ese crimen habría sido realizado con un arma de fuego.

Ni los retenes ni las revisiones exhaustivas y denigrantes ni los perros de olfato infalible pudieron evitar ese crimen, porque era mayor el mensaje que se mandaba con esa muerte, que la salvaguarda de la institución y su "seguridad inviolable".

Hay personas a las que les han encontrado clips que olvidan sacar de sus bolsillos, a otras les han observado algún tipo de implante o les han identificado cicatrices de operaciones, pero una pistola, por arte de la corrupción, se volvió invisible.

No era el primer homicidio que se cometía en ese centro. Dos meses antes asesinaron a Miguel Ángel Beltrán Lugo, el Ceja Güera. Cinco balas calibre 0.22 acabaron con su vida: dos al cuerpo y tres a la cabeza (*Infobae*, 2019). Su asesino fue identificado como Lucio Govea, Don Juan, un asaltabancos con una sentencia extensa por cumplir.

En mayo de ese mismo año, el prisionero Alberto Soberanes Ramos, el Socorro, cercano al Chapo, fue asfixiado en el área de baños (Divany y Montaño, 2004).

Los homicidios tenían un origen al exterior, ya que se encontraban enmarcados en disputas y rupturas de grupos de poder. Los homicidios del Pollo y el Ceja Güera ocurrieron posterior al asesinato de Rodolfo Carrillo Fuentes, el Niño de Oro, líder del cártel de Juárez, quien trabajaba en ese momento con gente del Golfo.

El 11 de septiembre de 2004 asesinaron a Rodolfo Carrillo Fuentes en Culiacán. El Chapo mandó al Negro, un exmilitar de las fuerzas especiales del ejército que era parte de su equipo de seguridad. El Chapo jamás habría podido hacerlo si el Mayo no le hubiera dado su consentimiento. El Mayo y Vicentillo siguieron la operación a control remoto (Hernández, 2019, p. 112).

Como respuesta, se dieron los homicidios de gente cercana al Chapo dentro del Altiplano que demostraban que había en ese lugar un poder paralelo constituido, el cual era dirigido por Osiel Cárdenas Guillén, líder del cártel del Golfo, Benjamín Arellano Félix, del cártel de Tijuana, y Daniel Arizmendi, el Mochaorejas.

Era octubre de 2004, y unas semanas atrás había sorprendido [Osiel Cárdenas] a la opinión pública al publicar un desplegado pagado en los periódicos, dirigido al presidente Vicente Fox, quejándose de sus derechos humanos y los de sus abogados y familiares en el penal de La Palma eran violados; posteriormente llamó directamente desde el penal donde estaba recluido al noticiario de Carlos Loret, en Televisa, donde el capo concedió una larga entrevista que fue transmitida de manera íntegra al aire sin ser molestado. Antes, semanas atrás, junto con Benjamín Arellano Félix y Daniel Arizmendi, el famoso Mochaorejas, tomó las oficinas del director del reclusorio. En su camino, otros dos internos de La Palma, adversarios de este grupo, fueron asesinados (Fernández, 2012).

En ese centro de "máxima seguridad", emulación tercermundista de los SuperMax norteamericanos, se mostraba que había dueños. Las mafias y socios gubernamentales desde ahí seguían operando negocios y controlando a su gente al exterior.

> Se descubrió también que Osiel Cárdenas había logrado corromper a custodios "y posiblemente a directivos". "Tenía más celulares que los directores", escribió José Blancornelas: desde su celda seguía manteniendo la frontera de Nuevo Laredo (De Mauleón, 2015).

Las muertes dentro del penal tenían culpables materiales, eran chequeras, y tenían también autores intelectuales. Vicente Zamba, el Vicentillo, hijo del Mayo, al menos en el caso de su "compadre el Pollo", señaló: "Detrás de su muerte estuvo Benjamín Arellano Félix, Osiel Cárdena [del cártel del Golfo] y Vicente Carrillo Fuentes" (Hernández, 2019, p. 114).

El mito de la prisión infranqueable, inviolable, con medidas de seguridad dignas de un campo de concentración, tenía resquicios, huecos por donde se colaban armas, muertes, drogas, dinero, celulares… Por eso, y a pesar de los años, ese lugar sigue siendo una edificación falaz, contradictoria e infame.

EL BAILE DE LOS ZETAS

Una de las premisas de los centros federales es neutralizar a los líderes delictivos, por lo que suelen apartarlos del grueso de la población y mantenerlos en áreas donde se restringen sus movimientos. Su contacto con autoridades o internos es mínimo, aunque eso no impide que obtengan prebendas o que se reagrupen.

Ese tipo de presos suelen realizar acciones que los empoderan y convierten en referentes. Existen diversas formas de lograrlo. Una de las más comunes son los depósitos de dinero[1] para que puedan comprar productos en la

CENTROS FEDERALES: LOS (DES)GOBIERNOS DEL ESTADO

tienda. En una cuenta a nombre del interno receptor, cada mes, desde el exterior, se les deposita efectivo, operaciones que suelen realizar operadores de los líderes que se encuentran libres. Para ellos, que durante años no recibieron ni un centavo de su familia o amigos, tener un poco de dinero para comprar un rastrillo, refrescos, papas o galletas es un acto que se paga con la lealtad.

Pude observar personas que atesoraban esa comida chatarra como el más grande manjar que haya existido. Celdas atiborradas de sopas instantáneas, frituras y chocolates. Productos que acumulaban y protegían como si en ello les fuera parte de su vida. Para algunos era su único bien.

Existen otras formas de ganárselos, como lo hizo Miguel Ángel Treviño, el Z-40, a quien se le señalaría por haber organizado un baile para festejar el Día de la Independencia en el 2013.

El evento ocurrió en un predio aledaño al Altiplano, donde tocaron varios grupos; el estelar, Los Tucanes de Tijuana. El objetivo era que el sonido llegara hasta los oídos de los presos.

El Z-40 había arribado unos meses antes a ese centro, y consideró que podía ser la mejor manera de mostrar su poder a sus compañeros.

En esos momentos, la directora del Centro Federal de Readaptación Social (Cefereso) era Marisa Quintanilla de la Garza, quien fue advertida de los posibles riesgos ante la realización del baile, que presuntamente fue patrocinado por Miguel Ángel Treviño Morales, alias El Z-40. Se detalló que incluso durante el baile, el espectáculo estuvo amenizado con luces láser se dibujaban en una pantalla la letra Z y el número 40, y en el penal se llegaron a escuchar los gritos con expresiones de agradecimiento al líder del grupo de Los Zetas (Vicenteño, 2015).

CENTROS DE EXTORSIÓN TELEFÓNICA

En el 2016, el Subcomité para la Prevención de la Tortura de la Organización de las Naciones Unidas (ONU) realizó una visita al Centro Federal No. 1, Altiplano, para verificar el trato dado a los presos y sus condiciones de vida. Algunos de los visitadores, derivado de la forma en que las autoridades se condujeron durante su estancia en el lugar, manifestaron que el establecimiento contaba con medidas de seguridad rígidas, en algunos momentos invasivas y extenuantes por su reiteración, pero que se daban en un marco equitativo y extensivo: todo funcionario debía pasar por ellas.

Derivado de las mecánicas implementadas para ingresar a un centro federal, que los miembros de dicho subcomité vivieron en carne propia, las observaciones surgieron: filtros de seguridad, registro de sus nombres y firmas en diversas libretas —"Me siento Ricky Martin dando tanto autógrafo", comentó alguno de ellos—, auscultación de su equipo de trabajo, exposición a rayos X para verificar que no introdujeran algún artículo prohibido, revisión corporal con detector de metales, así como "marca personal" de elementos de seguridad y custodia.[2]

Durante horas estuvieron en la piel de quienes habitan diariamente ese mundo, y de quienes lo hemos tenido que visitar reiteradamente. Fueron observadores de la "vida de un centro penitenciario federal": calvarios insufribles que se dan bajo el argumento de la seguridad institucional.

En ese entendido, uno supondría que la seguridad es infranqueable. Las revisiones corporales denigrantes y exhaustivas, tantos ojos viendo, la tecnología de punta dificultaría la entrada de cualquier objeto prohibido. La realidad es que esos sistemas no funcionan, y no lo hacen porque son manipulados por personas que, acostumbradas a permitir actos de corrupción u "omisiones", permiten el ingreso de diversos objetos prohibidos. Lo vimos con la entrada de armas de fuego, las drogas encontradas en decomisos y los teléfonos celulares.

En los centros federales, a decir de internos y autoridades, un celular puede tener un costo que va de los 40 mil a los 80 mil pesos, siendo modelos sencillos, ni siquiera son *smartphones*, más una renta mensual, la cual depende del uso que se le dé. Y no hay mayor claridad en cuanto al tema que la información dada a conocer por la misma autoridad.

En el 2018, el Instituto Federal de Telecomunicaciones (IFT) le entregó al Senado de la República el informe denominado *Estudio estadístico del número de terminales móviles y de llamadas de móviles y de casetas telefónicas públicas que operan dentro de una muestra de penales en el país*. El ejercicio duró un año —junio de 2017 a junio de 2018— y encontró 947 "equipos terminales sospechosos", los cuales se conectaban a la radio base más cercana al penal y tenía un número atípico de llamadas salientes, hasta 219 700 en tres semanas, por lo que de forma anual arrojaba 3.7 millones (Robles, 2018).

Millares de llamadas salían de prisiones con el fin de cometer crímenes. "Para la sociedad en general, las cifras reportadas en este estudio son alarmantes si se combinan con los reportes oficiales de actividades delictivas relacionadas con la extorsión y el secuestro" (IFT, 2018, p. 11).

La paradoja de los resultados del estudio fue que mientras la federación invertía para combatir esos eventos, su génesis tenía lugar en los lugares que administraba. Desde dos centros federales se realizaban muchas de esas llamadas, los señalados con las letras C y G.

El caso más llamativo es el recinto "C", donde se hallaron pocas terminales sospechosas, que en ningún caso rebasan los 48 en una semana. Sin embargo, ahí se registran los mayores índices de intensidad con 180, 148 y 160 llamadas por equipo durante cada una de las 3 semanas analizadas; esto es, el doble del índice reportado en el inciso anterior, aunque el total de equipos es solo el 10 por ciento del total que operan en el recinto B.

A nivel individual, el problema en un recinto sale totalmente de proporción. En el "G", un concesionario reporta que durante la segunda semana: "18 usuarios realizan más de 300 llamadas y hay 9 usuarios con más de 500 llamadas cada uno. El usuario que más llamadas registró llegó a 2 457 en el periodo de muestreo" (IFT, 2018, pp. 4 y 5).

Algunos funcionarios de centros pertenecientes a la federación señalaron: "Se apagan los inhibidores de señal a determinadas horas".

Las autoridades ocultaron el nombre de esos establecimientos a pesar de que podían entenderse como lugares de operación delictiva. Ante la ausencia del señalamiento directo, se puede inferir que esos centros pueden representar, con base en la existencia de grupos de poder, cobros por parte de la autoridad e internos, presencia de drogas, armas y celulares, además de una disciplina completamente relajada.

Los centros penitenciarios fueron: Altiplano, Estado de México; Puente Grande, Jalisco; Gómez Palacio (Cefereso 14), Durango; Villa Aldama

(Cefereso 5), Veracruz. No dudaría que en los cuatro ocurriera lo mismo, aunque en algunos de ellos con menor intensidad.

A pesar de que las prisiones federales son lugares donde la mano dura del Estado se puede ver plenamente, también son sitios de prácticas desleales y falaces. Cementerios de subjetividades y fábricas de hombres peligrosos, es decir, lugares donde si antes de su ingreso los sujetos no eran ya dañinos, terminan siendo inventados y creados como tales en una suerte de profecía autocumplida.

Ésos son los (des)gobiernos del Estado y sus consecuencias, y aquí pudimos ver una pequeña muestra de sus inacabables e infames historias.

NOTAS

[1] En los centros penitenciarios federales no se permite el uso de dinero, por lo que existe un sistema de depósitos mensuales a las cuentas de los internos por montos máximos de 750 pesos, generalmente.

[2] En los centros penitenciarios federales, a las personas externas y a los presos no se les permite deambular por el establecimiento solos; siempre deben de ir acompañados de un elemento de seguridad y custodia, al menos, procedimiento al que se le denomina *traslado en cadena*.

La celda 20: De Salinas al Chapo

> Cómo pensaron Almoloya1 sus creadores; ¿qué tan cerca
> está la perversidad de su alma a la de su criatura? ¿O tal
> vez Almoloya tomó vida propia? ¿Quién circula por sus
> pasillos emanando su aliento fétido que pudre todo lo
> que toca y lo que allí se respira, convirtiéndolo en un
> verdugo medieval, un dios del castigo, una dosis diaria de
> veneno? Almoloya es una enfermedad terminal sin de-
> recho a eutanasia.
>
> CORINA GIACOMELLO

Días antes de la fuga del Chapo, los presos que se alojaban en la zona se que-
jaron de ruido de maquinaria. Se trataba de las obras de ampliación de la Línea 2 del Cutzamala para dotar de agua a la ciudad, les explicarían para cal-
mar sus reclamos.

Entre el martilleo y el sonar de taladros se encubrirían, supuestamente,
las obras del túnel por donde se iría el señor Guzmán. Los ecos de todos esos
ruidos fueron desoídos.

Por las imágenes que grabó una cámara de vigilancia asentada en su celda, vimos cómo, a hurtadillas, por un boquete en el suelo, se les iba a sus carceleros. Parecía un acto de magia. Se escabulló por un hoyo: olor a tierra, dié-
sel, cañerías, inmundicia… Quisimos asombrarnos de su "proeza", pero no
hay proeza en los actos de los hombres infames. No se esfumaba como una
resistencia a esos poderes que lo encarcelaron, se iba como un acto de resarci-
miento por parte de sus socios.

Por esa abertura se desvanecía, de paso, la dignidad de sus cuidadores. Se veía truncada la justicia para aquellos que lloraron a sus seres queridos. Las paredes del Altiplano nunca habían sido tan nítidas, porque se pudo ver lo carcomido de ese sistema penitenciario y lo putrefacto de la vida política.

El asunto, de principio a fin, estuvo lleno de interrogantes, pero también de paradojas que apelaban hacia el pasado de esa cárcel. En su momento, el Altiplano fue un signo de la máxima seguridad, por un lado; por el otro, que no había lugar que detuviera o contuviera al poder y a sus testaferros. Ese establecimiento fue el primer Centro Federal de Readaptación Social, erigido en 1991 en el municipio de Almoloya de Juárez, Estado de México, durante el Gobierno de Carlos Salinas de Gortari.

Su función principal era la de un centro penitenciario de *máxima seguridad* —sólo aquellos que acuñaron el término sabrán lo que eso significaba— que, en seguimiento a las lógicas norteamericanas del complejo industrial penitenciario, albergaría a sujetos peligrosos. Juan Pablo de Tavira sería uno de los principales impulsores de ese monumento equívoco del progreso y falso ejemplo de disciplina y humanismo. Las entrañas de ese lugar fueron albergue de huéspedes "distinguidos": Ernesto Fonseca, Caro Quintero, el Güero Palma, Raúl Salinas de Gortari, entre muchos otros.

Para entender las historias del Altiplano, es necesario verlo como un bucle de tiempo: las vivencias se reiteran y repiten. Pasar siempre por lo mismo. Caminar en un laberinto sempiternamente. No hay salida, ni una Ariadna que les muestre con un hilo el camino para salir. Privilegios para algunos, mano dura para otros. El maltrato y la corrupción comienzan y terminan, vuelven a comenzar y vuelven a terminar, se pausan y se reinician.

En ese mundo de tiempo detenido, hay espacios que cambian en su estética, pero permanecen en su esencia. Uno de estos es la celda 20, ubicada en lo más recóndito de esa prisión, donde el frío cala hasta los huesos y los gritos y lamentos no se escuchan en el resto de la cárcel. Es un espacio diminuto de tres por dos metros.

Si caminamos por el pasillo que queda frente al espacio que alberga esas celdas se observa una caseta de vigilancia. Del lado izquierdo, están las estancias de la 1 a la 10; si se gira a la derecha, se encuentra de la 11 a la 20. En los extremos se ubican la número 1 y la número 20, consideradas como las más restringidas o con "mayor privacidad", ya que de un lado hay pared y sólo se tiene un vecino. ¿Se imaginan tener que ver día con día el mismo muro gris? El infierno de la repetición es el mayor suplicio, dicen muchos de ellos.

Posterior a la fuga del Chapo, se hizo público que habitaba la celda 20, mismo lugar que alojó a Othón Cortez, acusado de ser el segundo tirador en el caso de Luis Donaldo Colosio (Tijuana Press, 2015).

Un dato importante proporcionado por Cortez fue señalar la presencia de Raúl Salinas de Gortari en esa zona. ¿Por qué es importante?

Durante mucho tiempo, corrió el rumor de que a Raúl Salinas lo dejaban salir de la prisión. Testigos afirmaban haberlo visto en restaurantes de la comunidad, en Almoloya. Historia que se alojaba en las mentes de un pueblo permeado por la corrupción y el cinismo de la clase política, y que la creía posible. Eran eventos que mitificaban a esos personajes representantes del poder, quienes pagaban sus crímenes a medias, y la cárcel no se excluía de esa dinámica.

La historia reciente nos muestra que existieron presos que salían y entraban de las prisiones con permiso de la autoridad, como los casos de Gómez Palacio, en Durango, y el Maga en Piedras Negras. Eventos que confirmaron lo que muchas veces sólo se consideró posibilidad o rumor: presos que únicamente usaban las cárceles para dormir y engañar a la sociedad que los creía purgando su pena.

Durante la estancia de Raúl Salinas en Almoloya ocurrió un hecho coincidente que adquirió un nuevo significado con el tiempo, la directora en ese momento era Celina Oseguera, la misma que fue encarcelada posterior a la fuga del Chapo, acusada de auxiliarlo en su escape.

Quizás fuera una simple casualidad, quizás no, el hecho es que ella se encontraba allí, atrapada en ese bucle temporal en el que llegan a convertirse las prisiones.

Cuando escapó el Chapo escuché de alguien que ha tenido contacto con el sistema penitenciario largo tiempo: "Ese túnel ya estaba, por allí sacaban a Raúl Salinas". Escuchar esa afirmación revivió en mí los recuerdos sobre lo que se decía de Raúl Salinas, el Hermano Incómodo: "Salía a hurtadillas de la prisión". Esa información me pasó por la cabeza durante mucho tiempo. ¿Era posible eso? ¿Un túnel simple y sencillamente reabierto? ¿Ya existía el túnel?

Y la respuesta vino tiempo después.

El 31 de mayo de 2018, casi tres años después de la fuga del Chapo, Celina Oseguera concedió una entrevista desde la prisión de Tepepan, en la Ciudad de México, a Humberto Padgett y Humberto Loza, la cual fue transmitida en Radio Fórmula, en el noticiero de Ciro Gómez Leyva. A lo largo de los 10:15 minutos de duración (Grupo Fórmula, 2018), tocó puntos fundamentales en torno a ese evento:

- Formuló propuestas para que fuera reubicado de esa celda y ese centro.
- Se inconformó de la ubicación del Chapo, ya que la celda 20 era de tránsito temporal, no de estancia permanente, pese a que ahí llevaba alojado ya un año.
- Falló al no haber cambiado los sistemas de seguridad.

Y el punto nodal del asunto ocurrió cuando afirmó: "Ahora me entero que [*sic*] el túnel estaba hecho cuando yo llego a ocupar ese puesto, por los peritajes que la Procuraduría ha realizado, y el tiempo que yo llevaba a cargo de esa coordinación, el túnel ya estaba hecho".

Si se trata del momento en que ella fue designada coordinadora general de los Cefereso del país, hablamos de julio de 2014. La detención del Chapo y su ingreso al Altiplano ocurrieron en febrero del mismo año. Se trata de un periodo de cinco meses en el cual, según la propia Celina, se construyó el túnel.

Cuando el Chapo ingresó al Altiplano se encontraba como titular del OADPRS José Luis Musi Nahmias, quien dejó el cargo en julio de 2014 y su lugar fue ocupado por Juan Ignacio Hernández Mora —removido después de la fuga—, cercano al entonces secretario de Gobernación, Miguel Ángel Osorio Chong.

Posterior a la huida, fueron cuidados y exculpados aquellos funcionarios que se encontraban un escalafón arriba, como los encargados de la Comisión Nacional de Seguridad (CNS) Manuel Mondragón y Kalb y Monte Alejandro Rubido García, ambos personajes ligados con grupos de poder político. A pesar de que se les señaló de tener conocimiento sobre lo que ocurría en el Altiplano, no hubo repercusión (Méndez, 2015).

Tampoco fue señalado ni juzgado quien se encargaba de una parte de la inteligencia que se desarrollaba en ese centro penitenciario: el director de la División de Inteligencia de la Policía Federal, Ramón Eduardo Pequeño García (Carrasco, 2018), a quien actualmente se le investiga por recibir sobornos del cártel de Sinaloa y ser cercano a Genaro García Luna, exsecretario de Seguridad Pública señalado por diversos delitos conectados con ese grupo (Juárez, 2020).

La duda sobre lo expuesto por Celina Oseguera me llevó a preguntarle a la autoridad, vía Instituto Nacional de Transparencia (INAI), sobre los razonamientos de esas afirmaciones y los peritajes. La respuesta fue que esa información era reservada o confidencial.[2]

No podría ser de otra forma. De ser cierto lo dicho por Celina, muchos más personajes estarían involucrados en la fuga y existiría la posibilidad de que esa vía de escape, el túnel, hubiera estado en ese lugar desde hace mucho tiempo, lo que tiraría a la borda la supuesta capacidad del Chapo de haber tenido bajo su mando a especialistas que lograron construirla en uno de los lugares supuestamente más vigilados del país.

En este caso podemos ver el discurso atemporal sobre las prisiones y su sino corrupto, y a partir del cual se demuestra que para el poder no hay cárceles que lo detengan, ya que siempre les quedará una vía de escape. Esos lugares son la representación de una gran farsa, y el Altiplano materializa esa premisa.

No tengo la certeza de que a Raúl Salinas lo dejaran entrar y salir del Altiplano, tampoco la certidumbre de que el túnel existiera desde antes de que llegara Celina Oseguera; la evidencia científica de esto se mantiene en resguardo. Sin embargo, tiempo después de sus declaraciones fue liberada. Tampoco tenemos la verdad respecto a la forma en que se fraguó la fuga y lo que pasó con el túnel. La mayoría de los datos son piezas sueltas. Sin embargo, de algo sí podemos tener la certidumbre, el Chapo se escapó por las rendijas que el sistema, para el que fue fiel sirviente, le dejó abiertas.

La celda 20 y el túnel es la materialización de una idea abstracta: la justicia es asunto para unos cuantos.

De Salinas al Chapo se inscribe una historia en repetición, vivencias reiteradas de un país que está atrapado en el mismo laberinto en el que, ahí sí, no se ve túnel o rendija por donde escapar...

NOTAS

[1] Forma en que se le denominaba al Altiplano.

[2] Oficio No. FGR/UTAG/DG/001721/2020. Asunto: Negativa por ser reservada o confidencial.

¡Adiós a Los Zetas!

> Los Zetas son una inusual y extraordinaria amenaza a la estabilidad de los sistemas políticos y económicos internacionales.
>
> BARACK OBAMA

Cuando los viejos dueños de las cárceles se fueron, o los expulsaron, las poblaciones penitenciarias pensaron que tendrían un respiro. La vida miserable que durante años les fue proporcionada por Los Zetas, parecía llegar a su fin.

Hay una sentencia que dice: "Nos van a extrañar, luego llegan peores". Y en ocasiones pasa que se materializa esa postura.

¿Podía haber algo peor que Los Zetas?

El hecho de que se hayan ido casi por completo era para celebrar, fueron una calamidad, pero los grupos que les siguieron en realidad cambiaron poco. Cada prisión vivió un proceso diferente, pero bajo los mismos términos.

Las transiciones en el poder también calaron en las prisiones. Hasta el 2013, Los Zetas eran dueños casi absolutos de las cárceles del país, primero bajo el mando del cártel del Golfo, luego de forma independiente, cuando rompieron con éste.

MAPA 1. *Prisiones donde había presencia e injerencia de Los Zetas hasta el 2013*

Esa fuerza paramilitar y parapoliciaca con poco esfuerzo fue desplazando a los grupos asentados tanto en las comunidades como en las prisiones.

Con su entrada, aún bajo el yugo de sus socios del Golfo, el rol clásico de las prisiones cambió, podría decirse que, con mayor intensidad en el año 2007, después de que comenzara la "guerra contra las drogas".

Las prisiones antes de esos años eran administradas bajo la lógica del silencio y complicidad: *no se hacía ruido hacia afuera*, una administración de las ilegalidades bien delimitada y regida bajo la *omertá* mafiosa. Históricamente, fueron gobernadas por grupos como el cártel de Sinaloa, el de Juárez o el del Golfo en alianza con autoridades. Uno de los principios rectores era que se supeditaban a las órdenes institucionales.

Posteriormente, se tornaron en lugares donde los grupos de poder se mostraban sin tapujos, pasaron a ser un engranaje más de su sistema operativo. Se robaban los insumos para la población, realizaban extorsiones tanto al exterior como al interior, se fortificaban los establecimientos como cuarteles y se obtenía mano de obra para las actividades criminales.

En esta nueva lógica, de norte a sur, Los Zetas fueron teniendo concesiones; en sus tierras, y en las que no eran suyas, se fueron posicionando. En algunas prisiones compartían poder, en otras hacían vasallaje. Los grupos sometidos eran aislados en áreas donde los torturaban física y sexualmente, los dejaban sin comida, no les permitían el acceso a servicios básicos, además de desvincularlos de sus familias.

Por todas las cárceles del país se les podía ver. En algunos lugares sus células eran pequeñas, por lo que se encontraban, también, sometidas: habían sido derrotadas en la avanzada.

En Ciudad Juárez se aliaron con el cártel de Juárez. La prisión era una mezcolanza donde se repartían los dormitorios: en algunos gobernaba el grupo de Sinaloa, en otros los Artistas Asesinos, en el contiguo podían estar los Mexicles, etcétera.

En el penal de Cancún compartieron poder con el grupo del Golfo, dividiéndose la prisión en dos, donde cada uno manejaba sus negocios sin la intervención del otro. Mientras afuera se masacraban, adentro tenían que convivir forzosamente. Algunas veces podían ser vistos *echando la cáscara* de futbol en el campo de ese establecimiento.

En el centro penitenciario de Tapachula pusieron a trabajar a los maras con ellos de la misma forma que lo hacían en el penal del Amate, donde compartían gobierno con la gente del cártel de Sinaloa.

Los Zetas fueron una fuerza expansiva poderosa. Con anuencia de gobiernos y bajo el cobijo de grupos legales tanto en la milicia como en las policías, fueron avanzando en su consolidación y sometiendo territorios.

Pero un día, de repente, se acabó el ensueño criminal y "tuvieron que abandonar los barcos". En ese momento no se pudo ver con claridad, pero los éxodos masivos se comenzaron a dar, sabían que iban por ellos y emprendieron la huida. Comenzó cuando, en el 2012, en el penal de Apodaca, Nuevo León, se fugaron no sin antes masacrar a la población, y continuó cuando salieron por la puerta de enfrente 131 internos de la cárcel de Piedras Negras, Coahuila, en septiembre de ese mismo año.

Para los que se quisieron quedar y no se fueron, los grupos sometidos les dijeron: "¡Ya no más!". Y ocurrieron hechos como la masacre en el penal de La Pila, en San Luis Potosí, en abril de 2013, donde gente del cártel del Golfo, que antes eran los *apachurrados* de ese lugar, masacraron a mansalva a Los Zetas.

Otro hecho conexo fue cuando las autoridades de Coahuila retomaron el gobierno de las prisiones de Saltillo y Torreón, entre el 2014 y 2015, mediante los GATE, grupo de élite de la policía estatal, expulsando a Los Zetas.

Cuando Los Zetas se fueron no pregunté por qué lo hicieron, pensaba que había sido por inercia y porque las autoridades menguaron sus fuerzas. Después, caería en cuenta que no obedeció su partida a esa lógica. Comencé a sospechar que tenía que ver con los movimientos y cambios en los grupos políticos. Con esa idea en mente, le pregunté a las autoridades sobre ello, y con las respuestas pude hipotetizar que la milicia estaba inmiscuida también, al fin y al cabo, punto nodal de su historia y origen, puesto que era un grupo que emergió de las supuestas filas disidentes y corrompidas del Grupo Aeromóvil de Fuerzas Especiales (GAFE), pertenecientes a los militares.

Se fueron Los Zetas y sólo dejaron sus escisiones: Zetas Vieja Escuela y cártel del Noreste. No sé a ciencia cierta si lo hicieron completamente, o sólo fue una estrategia. Tal vez dieron un paso atrás para tomar vuelo y dar veinte hacia adelante. Así que, mientras tanto, adiós a sus gobiernos de muerte, miseria y espanto...

Militares en las cárceles...

Vivimos en un mundo que tiene muros y esas paredes
deben ser custodiadas por hombres con armas.

AARON SORKIN

Durante mucho tiempo una interrogante que me rondó fue: ¿Qué papel jugaban los militares en las prisiones? La duda surgía porque en las instituciones y la vida pública del país eran actores fundamentales, con mayor énfasis en la seguridad pública, lugar desde el que se tomaban las decisiones en torno al sistema penitenciario. Era común verlos como secretarios o altos mandos, sin embargo, difícilmente se les observaba actuar abiertamente en las cárceles. En contadas excepciones se les podía ver plenamente en un centro penitenciario.

En el penal de Nuevo Laredo, Tamaulipas, en el 2013, los recuerdo custodiando las torres, desde donde observaban el interior, cuidando el área perimetral y vigilando las aduanas del lugar. Ese día, los internos con filiación a Los Zetas habían decapitado a dos de sus "compañeros", a pesar de que los militares se encontraban ahí.

En las aduanas de los penales de Reynosa y Matamoros custodiaban y hacían labores de vigilancia desde camionetas blindadas y armamento de alto calibre.

Durante unos cuantos años, al menos lo pude ver en el 2013 y 2015, en la cárcel del Topo Chico, en Nuevo León, resguardaban el ingreso, lo cual no impidió que Los Zetas asolaran a la población tanto al interior del lugar como al exterior ni que dejaran de entrar artículos prohibidos.

Sergio Aguayo y Jacobo Dayán mencionan en el estudio *El yugo zeta. Norte de Coahuila, 2010-2011*:

> Con motivo de la situación delincuencial que estaba sufriendo el Centro de Readaptación Social de Piedras Negras, desde el año 2009 y como modelo de la estrategia de seguridad del por entonces presidente Felipe de Jesús Calderón Hinojosa, el centro estuvo "militarizado". Luego añade que el "centro penitenciario de Piedras Negras estaba dirigido por militares bajo las directrices del presidente de la República y no por el Gobernador del Estado de Coahuila".
>
> En 2010 y 2011, ¿quién mandaba y controlaba la cárcel de Piedras Negras? ¿Felipe Calderón o Humberto Moreira y Jorge Torres? Es importante esclarecerlos para establecer responsabilidades (p. 28).

Las imágenes de militares en prisiones sólo habitaban en lo imaginario, resguardando establecimientos donde se llevaban a cabo torturas y alojaban a enemigos o disidentes. Las dictaduras, los campos de concentración, los gulags, Guantánamo…

Y la realidad es que lo anterior no estaba del todo errado, ya que la "guerra contra las drogas" era una dictadura del capital, ejecutada por grupos probélicos que se enriquecieron de la muerte, la barbarie y la desolación.

Al verlos actuar, una de las interrogantes que surgió era que si los militares no disuadían la entrada de artículos prohibidos ni evitaban que se cometieran crímenes, entonces ¿qué hacían ahí?

La hipótesis que tengo es que Los Zetas obedecían a un grupo de poder legal, el cual dependía en cierta medida de los militares.

Los Zetas era un estamento *para-*, un grupo paramilitar y parapoliciaco, el cual tenía dos membretes: uno político, emergente de Tamaulipas y que se extendía por toda la parte del Golfo, como su origen primario, y el otro militar, que seguía obedeciendo directrices de mandos castrenses, con núcleo en la Secretaría de la Defensa. No hay que olvidar que Los Zetas surgen como un grupo de militares disidentes que habían formado parte del GAFE.

Por eso, cuando Los Zetas abandonan las prisiones lo hacen como parte de un proceso estructurado. El membrete militar es retirado bajo un nuevo orden de poderes políticos, ya que comienza el Gobierno de Enrique Peña Nieto, y también cambia el liderazgo en las fuerzas armadas,

Los Zetas vuelven a sus orígenes y se escinden entre aquellos que se decían los originales, que pasan a formar del grupo Zetas Vieja Escuela, y aquellos que tenían su bastión en Tamaulipas, en especial en Nuevo Laredo, que forman un grupo "insípido" pero con un apoyo político, económico y policiaco sólido, además de contar con "operadores de la violencia", el cártel del Noreste, comandado por uno de los últimos líderes, el Z-40, quien ya se encontraba en prisión.

Estos hechos generaron un declive en las prisiones gobernadas por Los Zetas, lo que dio pie a la entrada de otra fuerza paramilitar, el CJNG, que se reacomodaría conforme a las nuevas formas políticas.

Muchas dudas quedaron en el aire: ¿Por qué dejaron de ser útiles Los Zetas? ¿Por qué sacarlos de las prisiones cuando las controlaban? ¿Qué información proporcionaban? ¿Había militares formales en sus mandos?

Ahora, también había grupos que se encargaban de indagar qué pasaba en las prisiones. Formalmente no se aceptaba su rol en las cárceles, sin embargo, autoridades e internos sabían que elementos activos se infiltraban como presos o autoridades para realizar actividades de inteligencia.

Algunos cateos, ubicación de droga y armas, en muchas ocasiones se dieron por medio de la inteligencia militar, que utilizaba tecnología de punta como drones para llevar a cabo operativos.

Los militares fueron parte de una desgracia, ya fuera por su complicidad, su indiferencia o permiso, por lo que no pueden eximirse de su responsabilidad e infamia en las cárceles.

Mis pasos y memorias por los inframundos

¿Cómo tejer esto que está roto? ¿Qué hacemos con esto con lo que no estamos de acuerdo? ¿Qué activamos cuando las cosas fallan? ¿Qué escuchamos en este silencio? Sabemos que no hay soluciones únicas. Esta guerra nos obligó a caminar las ruinas de la destrucción. Continuamos y seguimos aquí, aunque a veces no encontremos sentido lo que se hace, lo que hacemos. Y lo hacemos porque hay que hacerlo.

Ya no somos las mismas y aquí sigue la guerra[1]

No es trabajo fácil desandar el camino, tampoco buscar entre notas y recuerdos lejanos la precisión de las palabras y sentimientos. El sentir por momentos fluye, otras veces se embota, se pierde entre un mar de imágenes y de momentos. Al final, queda aquello que dejó una marca. Historias de vida, de vidas, que intentaré sean retrato y reflejo de un mundo oscuro, pero en ocasiones matizado con algunas luces.

ROSTROS QUE SE REPITEN

Caminar tantas cárceles me ha llevado a experimentar algo que no he podido definir aún. A veces veo rostros, de extremo a extremo en nuestro país, y se me figuran familiares; sin embargo, no los conozco. Apelo a la memoria, pero no existe algún encuentro previo. Les pregunto, ¿nos conocemos? Y la respuesta siempre es un no rotundo, pero de reojo me miran como si mi duda fuera suya también. Veo sus miradas extraviadas, sus rostros demacrados, sus sonrisas forzadas. No sé quiénes son esos extraños que pausaron sus vidas para vivir en esos mundos crueles. Nos cruzamos en el camino para poner frente a frente nuestras historias; no sé si distantes o cercanas, pero al fin y al cabo dos subjetividades. Me doy cuenta de que somos seres divergentes que temporalmente convergen.

Me muevo, ando, y en realidad no sé con exactitud cuántas veces he recorrido los mismos pasillos, o cuántas prisiones he visitado. En el fondo creo que todas se parecen: son tumbas de cemento y varilla. A veces recuerdo de forma nítida la estructura de algunas de ellas, los dormitorios, celdas, murales, y pareciera como si se detuviera el tiempo. Las cárceles son ejemplo del tiempo relativo: continúa, anda, pero aparentemente se pausa. Una especie de limbo donde todo se queda como esperando algo, uno no sabe qué, pero algo.

Los rostros ahí están, resistiendo el paso del tiempo, reiterándose. Tal vez sea una mala jugada de mi mente o simple y llanamente esas personas son el mismo reflejo, el de la pobreza, de los sistemas políticos segregadores y la reiteración del castigo sobre aquellos que "parecen[2] delincuentes".[3]

APODACA Y PIEDRAS NEGRAS: LOS ESCOMBROS DE LA "GUERRA"

> La guerra es una masacre entre gentes que no se conocen, para provecho de gentes que sí se conocen, pero no se masacran.
>
> PAUL VALÉRY

Volteo al pasado y me veo caminando con miedo. Estoy dentro de la prisión de Apodaca, Nuevo León. Observo impactado las ventanas de los dormitorios, están rotas, pedazos de vidrio cuelgan de los marcos. Parece una zona en guerra donde cayó una bomba. La imagen es un claro ejemplo de la destrucción. Un sitio que da la sensación de ser postapocalíptico. Sus habitantes no distan mucho de ser una suerte de horda, de marabunta, que carcome todo.

Camino pasillos sucios, veo paredes rayadas y muros derruidos. El acoso de algunos internos es constante, son zetas. Generan un ambiente pesado, hostil.

Al salir de ahí supondría que no se repetiría la vivencia, podría decirlo, de espanto; sin embargo, vuelvo a pasar por lo mismo cuando entro a la prisión de Piedras Negras —ese monumento infame de dolor que debería ser derruido y en su lugar erigir, al menos, algo que reconozca a las víctimas que fueron torturadas y asesinadas dentro de ese instrumento de muerte—, y recorro sus pasillos, mezcla de polvo del desierto y hecatombe. El asombro me invade cuando advierto las mallas ciclónicas cortadas y las paredes derruidas. La mayoría de las celdas eran inaccesibles, los internos las habían cubierto con madera y asegurado con candados. El área médica y los espacios que albergaban a los servicios técnicos habían sido quemados. El mensaje era claro: no los querían dentro.

En estas dos vivencias me vi frente a establecimientos destruidos con toda intención, ambos lugares gobernados por Los Zetas, lo que daría pie a que entendiera y acuñara, junto con mis compañeros, una frase que hasta el día de hoy aplica: "Los Zetas cualquier lugar que pisan lo destruyen, se lo acaban".

Era cierto, convirtieron los establecimientos que gobernaron en lugares lúgubres, completamente insalubres, destruidos sin reparo y bajo las narices de las autoridades.

Tenía esa vivencia, pero no lograba conectarla con una realidad más allá de las prisiones, hasta que leí un magnífico texto escrito por Sara Uribe, "Aquí sigue pasando la guerra" (2020),[4] donde señala algo muy parecido cuando habla sobre lo que le generaba mirar los *yonkes*, "esas enormes colecciones de chatarra y óxido apostadas en las afueras de Matamoros y Reynosa a manera de cementerios de metal" (p. 136).

Los *yonkes*, los "deshuesaderos" de autos, como parte de algo que conecta todo.

La imagen de estos archivos o bibliotecas de la herrumbre me pareció y sigue pareciendo fascinante. Sin embargo, no se trataba sólo de una experiencia estética, la visión de estos lugares, denominados de manera genérica "autopartes", me provocó una sensación que entonces no fui capaz de identificar ni definir […] O quizá, mejor dicho, a la certeza de que esos despojos, de que esos restos desahuciados, de que toda esa basura inerme intentaba decirme algo que tenía que ver conmigo, con mi cuerpo, con mi lenguaje […] La alegoría de las auto-partes va de las palabras a los cuerpos en sí mismos. Porque ¿qué son las fosas si no una suerte de yonkes corpóreos? Los cuerpos fragmentados y fragmentarios, la acumulación de todas sus partes abandonadas en carreteras, en maletas, en co-bijas, en bodegas o páramos son un índice de la desarticulación, un inventario de la ruptura, de la dislocación corporal. El acopio de todos esos cuerpos —que en manos de quien les otorga ese tratamiento oprobioso no son sino desechos, piezas que ya no sirven para nada, pero que, no obstante, hay que almacenar en algún sitio— está formulado a partir del mecanismo de la lógica y la violencia capitalis-ta de la que habla Žižek: consumo-desecho-acumulamiento (pp. 136, 138, 139).

Entonces, entendemos que las fosas clandestinas y las prisiones son vistas por los dispositivos necropolíticos como lo mismo: basureros, vertederos de dese-chos, alojamientos de excedentes que, en algunos casos, se reciclan, y en otros tantos, se dejan pudrir hasta que desaparezcan.

En estos casos, y desde diferentes posiciones, continuamos viendo lo mismo, la misma ecuación y lógica: asistimos a los escombros de la "guerra".

DIÁLOGOS CON IMPOSTURAS

¿Alguna vez se han preguntado qué pasaría si pudieran hablar o platicar con esa parte suya, la "mala"? ¿Qué le preguntarían ustedes a un espejo que les arroja una imagen distorsionada de sí mismos? Y quizá lo más complicado, ¿qué hacer frente a algo que te arroja una impostura?

Esas preguntas retóricas y especulativas se pueden plantear cuando se habla con esas personas que las narrativas securitarias llaman *capos* o *líderes delincuen-ciales*. Los señalados como enemigos del sistema, los malos del cuento, los lobos masacradores de caperucitas… Sergio Reyes (2020) mencionaba al respecto:

De las muchas vías para la comprensión criminal desde el pensamiento críti-co, la monstruosidad del crimen escribe Sergio Tonkonoff, es la más arriesga-da; siendo uno de los peligros mayores, el replicar la lógica "mass" mediática dominante y la espectacularización de la violencia que realiza en el plano de los imaginarios sociales, produciendo grandes monstruos criminales mediante la dramatización de transgresiones. Labor análoga a la que realiza Massino Pavarini, sobre los sistemas penales y su criminalización selectiva (p. 6).

Cuando conocí a varios de esos "monstruos" poco a poco fui dimensionando el poder estatal aplicado sobre el cuerpo de esos cautivos y cómo el discurso que pregona articula una gran farsa.

DANIEL ARIZMENDI Y EL MOCHAOREJAS

Mientras me acercaba a su celda, todavía a cierta distancia, me pareció ver a un hombre pequeño que no podía levantar la cabeza. Cuando lo tuve de frente, vi a un hombre envejecido, encorvado, que no podía sostener la mirada. El sistema federal lo había quebrado. Daniel Arizmendi, el famoso Mochaorejas, símbolo de la maldad y el crimen, estaba frente a mí.

El famoso cortador de orejas, el que se las mochaba a sus víctimas, no era más aquel personaje de barba larga que, frente a las cámaras de televisión, aceptaba sus crímenes, ufanándose de éstos.

La lógica rotatoria —cambios de prisión— y el sistema de excepción —apartado constantemente del resto de la población y ubicado en áreas de máxima seguridad— a los que fue sometido durante más de 20 años de encierro dieron como resultado los despojos de hombre que veía frente a mí.

Ese ladrón viejo, un chivo expiatorio más del sistema, no fue reeducado o reinsertado, sólo fue el ejemplo del confinamiento insustancial, el encierro porque sí, porque se puede, porque se quiere. Agonía justificada por su calidad delincuencial, por ser un preso *intelectual*, término usado en las cárceles federales para los internos de capacidad cognitiva y organización superior, según las construcciones ideológicas de las prisiones.

Prototipo de los futuros secuestradores que le seguirían, a los cuales ni las leyes ni la cárcel frenaron, intentaba hacer sorna de sí mismo, sin lograr su objetivo, cuando les preguntaba a los custodios, con una comicidad inexistente: "¿A quién se le debe cortar una oreja para que le hagan caso a uno?".

Mientras me alejaba de él reflexionaba cómo se había amalgamado con esos relatos crueles y tétricos, de páginas oscuras, que lo habían "encumbrado". Y era testigo de cómo el ser se rendía ante el mito criminal. En tanto, su vida se le escapaba detrás de las rejas, y lo único que le quedaba era rumiar sus "glorias pasadas".

Ríos Galeana y Caletri: Los ladrones viejos[5] se están muriendo

Los otrora enemigos del Estado se han ido encaneciendo, ya no tienen el ímpetu de su juventud transgresora y criminal, pero el aliento de vida que les queda les sirve para seguir pataleando, para sacudir las rejas.

Cuando los conocí, los libros que narraban sus actos se materializaron en los rostros de hombres envejecidos, vapuleados por el encierro.

Los ladrones viejos se han ido extinguiendo.

En las páginas de la nota roja, ambos personajes fueron epítomes de la relación poder/crimen. De mirada dura y desconfianza en las palabras, no bajaron la guardia, a pesar de los años, sentían que tenían deudas por cobrar aún.

El sistema no los dobló por completo. De los muchos que conocí, eran de los pocos que aún se mantenían erguidos. En su mente existía la creencia de que saldrían a resolver pendientes. A Ríos Galeana el tiempo no le alcanzó. En el año 2019 la cárcel le dio sepultura. Caletri siguió siendo un incendiario, los malos tratos que le propinaban *esos hijos de la chingada* —sujetos indeterminados que habitaban en su cabeza— lo ponían fuera de sí, la rabia brotaba con cada palabra que pronunciaba.

Ya no hay ladrones viejos, sólo queda un montón de criminales insertos en un orden discursivo que los reitera, los usa y los desecha.

El Profesor: El preso de la libreta subrayada

"¡Oigan, oigan!", nos dice el Profesor.

"¿Cómo está, Profesor? ¿Qué pasa?", le contestamos.

A Servando se le conoce de esa manera en la prisión, *el Profesor*, por sus años ejerciendo como tal en escuelas michoacanas y por ser egresado de la Escuela Normal de Arteaga.

Preso considerado prioritario por sus ligas con grupos delincuenciales y ser catalogado como artífice del *cagadero* en que se convirtió Michoacán. A pesar de que existen fotos y audios donde aparece charlando con políticos, sus probables socios, él está preso y los otros libres.

La cárcel difícilmente aloja a los poderosos, sería un contrasentido castigar con su propio instrumento a quienes lo mantienen y le dan cuerda, así no funcionan las cosas en el país de la impunidad.

El Profesor nos mira desde el otro lado de una pared de acrílico y, por unos pequeños orificios por donde circula el aire, nos pide que atendamos sus demandas. Con voz atropellada, nos muestra una libreta y nos explica con detalle su situación. La libreta tiene una caligrafía impecable, pero lo que más nos llama la atención es su obsesión por subrayarla.

Me quedo con esa imagen, más allá de los hechos por los que se le juzga, por sus crímenes atroces, cargados de rituales y supersticiones: desde los apóstoles hasta los templarios, pasando por los horrores de su historia criminal. El sistema le ha hecho entender de mil maneras que es su cautivo, su prisionero, su posesión, pero aun así el Profesor se aferra a documentar, a señalar y subrayar, compulsivamente, su historia y cada paso que da.

Le dicen el Menchito

Lo conocí en el 2015 en el centro penitenciario federal de un estado del norte. Su grupo, el CJNG, no tenía presencia en esa área. El cártel del Golfo era amo y señor de la zona, por eso lo llevaron a esa ubicación, para evitar una incursión que intentara salvarlo.

Su delito, por lo que se entiende, era el de ser un gran operador delictivo, pero en el fondo no se le castigaba por sus supuestos crímenes, sino por una razón de mayor peso, ser el hijo del Mencho.

Cuando conocí por primera vez a Rubén, el Menchito, se me figuró el rostro de un muchacho común y corriente, de gestos amables, un *junior*, podría decirse, que tenía más la facha de alguien asustado que de un criminal irredento; de un joven que encuentras un sábado de compras en una plaza comercial más que el del sujeto prioritario que desestabilizaba a las fuerzas del Estado.

Soy consciente de que un libro no se juzga por su portada, pero en su discurso encontré lo mismo, el lenguaje de una persona que vivía inmersa en una nueva realidad, el sistema penitenciario, que intentaba integrarlo a un mundo que asumía o intentaba ver como lejano, el de la criminalidad.

Un par de años después, en el 2017, me lo volví a encontrar, lo habían trasladado a una prisión federal del sur del país ante las amenazas de muerte que pendían sobre su cabeza producto de los conflictos que había generado al exterior su papá, se le tenía resguardado en un área de difícil acceso, cuidado por elementos de seguridad y custodia, además de otros internos, los cuales fungían como sus guaruras.

En ese lugar volví a coincidir con lo visto por primera vez —por si me quedaba duda de nuestro primer encuentro—, al tipo con cara de niño, cuerpo delgado, mirada melancólica, voz tenue y palabra amable, contrario a lo que prodigaban la mayoría de los sujetos que lo rodeaban: gestos toscos que irradiaban agresividad, postura corporal de confrontación, que no permitía que nadie se le acercara.

Al final de todo creo que los hijos, muchas veces de forma desmerecida, y en una vuelta de tuerca un tanto torcida de la vida, pagan los pecados de los padres. Terminan sacrificándose, o los sacrifican, en aras de un "fin más grande", pero en el fondo son niños asustadizos de mirada triste que se levantan a vivir diariamente un infierno del que no necesariamente fueron artífices, pero sí fieles purgadores, y desde donde no saldan ninguna deuda.

LOS GOBERNADORES CANALLAS

Cuando se cae de los olimpos del poder, la caída debe de doler. Ser la persona *non grata* de la cofradía o ser el *apestado* de la familia es una herida al narcisismo. Que haya un gobernador en prisión es una puñalada para la democracia, una traición hacia quienes lo eligieron, pero también una pequeña palada para la construcción de la justicia social.

El poder, el cual suele ser criminal con más frecuencia de lo que quisiéramos, no siempre va a la cárcel. Máxima que prevalece en un país que ha visto hasta el hartazgo gobernantes que se enriquecieron, que cedieron sus funciones a poderes fácticos y que vapulearon a las poblaciones que debieron ayudar.

Visitar a varios de ellos fue encontrarse frente a esas subjetividades que el psicoanálisis señala como *canallas*.

> El problema entonces de "Ser" en lo simbólico (imaginario), es pretender ser re-conocidos por el Otro (con mayúscula) del sistema, colocado, dice Lacan, en la posición "canalla", el lugar del deseo del Otro a fin de manipular a los sujetos para sus propios fines (Otro del Otro que manipula el deseo de los demás); colocarse en el lugar del saber y la respuesta ante la falta estructurante del sujeto (Reyes, 2018a, párr. 28).

Personajes manipuladores, de mirada vacía, vestimenta impecable —a pesar de sus uniformes penitenciarios—, que se comportaban como si los hechos imputados fueran fantasías. Fraudes, robos al erario, desapariciones forzadas, ejecuciones extrajudiciales, operaciones con recursos de procedencia ilícita eran algunas de las joyas en su haber.

Uno de esos gobernadores, norteño, llegó a comentar que le parecía una tragedia el estado material en el que se encontraba la cárcel que habitaba. Cuando le comenté que a él le competía dar presupuesto y administrar esos lugares, mostró sorpresa y sólo atinó a decir: "Pues sí está muy feo aquí". El día que pisó el patio de la prisión, a pesar de que todos los internos se encontraban en sus celdas bajo candado, no soportó estar ni cinco minutos, ya que le gritaban que era un ladrón, un criminal, que regresara lo que le quitó al pueblo.

Otro gobernador, del sur del país, al cual encontré en una prisión de la Ciudad de México, ubicado en un espacio denominado la *chiquizona* —un área de protección—, actuaba como si todo fuera una broma. El encierro le parecía un juego. Los familiares de miles de desaparecidos, algunos de los cuales aún buscan en fosas los cuerpos de sus hijos, no lo consideran para nada una broma.

Conforme los fui conociendo no pude ver más que a tipos completamente apartados de sus actos, sin manifestar culpa. Eran ególatras, narcisistas, manipuladores que parecían emerger de una especie de club donde eran masificados y quienes, aun tras las rejas, seguían aspirando a ser vistos como chivos expiatorios, los sacrificados del sistema. En el fondo tenían razón porque la estructura que les permitió ser continuaba erguida, incólume. Una "fábrica de canallas".

Momentos antes de conocer a esos sujetos —para hablar con ellos se le tenía que pedir permiso a algún secretario de Estado, y atravesar reja tras reja— esperaba ver emerger de entre las sombras, de la penumbra, a horripilantes monstruos, pero en su lugar me encontré con una gran impostura. Sólo pude ver tipos pequeños que ocupaban el lugar de los *grandes criminales*, de aquellos para los cuales, generalmente, no existe prisión alguna, por lo que caminan impunemente afuera.

Tonkonoff admite que existen ciertos crímenes que se tienen efectivamente como monstruosos y ciertos criminales excepcionales para el conjunto social al que escandalizan y fascinan; pero los monstruos, menciona, están hechos de fantasmas; no es que no existan, más bien, debe darse cuenta de sus modos de producción y las reacciones que suscitan; mostrar qué sucede cuando lo excluido retorna, cuando el cuerpo social se ve obligado a ingerir lo que excreta (Reyes, 2018b, párr. 6).

LABERINTOS ESPIRITUALES

Cuando era estudiante de psicología, los profesores solían decir: "Nunca dejen de lado la intuición o el sexto sentido en la clínica con los pacientes, siempre es importante hacer caso de ello, pero tampoco caigan en la trampa de alimentar y legitimar los discursos disparatados". Durante mucho tiempo consideré esa posición innecesaria, ya que nuestra ciencia debía tener elementos objetivos y cuantificables, sin embargo, mantuve siempre los ojos bien abiertos y no silencié esa intuición. Hice caso a los maestros.

Asumí esa idea como una suerte de escucha y observación cuidadosa, no quería ser parte de un embuste, hablar de cosas extracorpóreas, visiones o eventos paranormales, o como decíamos en la misma facultad, ceder ante el "pensamiento mágico", cargado de ideaciones y suposiciones.

Cuando comencé mis acercamientos a la criminología y al sistema penitenciario, esa intuición se materializó. El conocimiento continuo de historias de crímenes, el tener frente a mí a sujetos a los cuales se les debía adjudicar una clasificación, dio lugar a desarrollar una atención detallada. Así también, el diariamente tener que caminar por las cárceles potenció algo, que yo supongo es a lo que se le llama *intuición*.

Algunas ocasiones, en determinados lugares, ese algo me hizo dar la vuelta, no pasar por ciertos pasillos o no entrar en una celda. Una mirada, una seña de un interno a otro, un chiflido, un olor, una sensación me obligaban a pausar y cambiar de rumbo.

"¿Existe la maldad?", me han preguntado muchas veces. Y a pesar de que la respuesta implica una suerte de ausencia de objetividad, mi respuesta es un sí; sin embargo, no la percibo como algo anudado a la criminalidad.

En pocos lugares y en pocas personas lo he "sentido", 80% de las ocasiones en prisiones, el porcentaje restante ante autoridades que administraban esos lugares. Y quizá se lea como un disparate, pero se siente "el mal" como si pusieran encima de ti un objeto con peso, como traer a cuestas un manto denso, algo que sofoca. Lo he sentido al ver miradas vacías que generan escalofríos al instante, así como en sonrisas y cortesías falsas.

En contadas ocasiones, mi vida ha corrido peligro estando dentro de una prisión. Un par de veces, yo diría, ambas en Tamaulipas. En Ciudad Victoria un grupo de internos me rodeó y expulsó de un dormitorio, y en otro momento, en Nuevo Laredo, un preso me amenazó por tomar una fotografía de su estancia llena de lujos: "O la borras o atente a las consecuencias", me dijo al oído. "Mira, ya la borré", le contesté mientras le enseñaba la cámara. "Ahora, quiero que te quites de mi lado y me dejes en paz", le dije. Me miró con cara de incredulidad, pero se fue.

El grueso de las visitas las realicé de forma metódica y con apego a las normas en la materia, pero siempre con la intuición como brújula. Sin embargo, en el mundo de la prisión, ese sexto sentido a veces lleva a territorios un tanto inexplicables.

En una ocasión, en una cárcel de Oaxaca, observé a una enfermera que no existía. Las autoridades médicas palidecieron cuando lo mencioné, ya habían tenido registro de esa aparición.

En la prisión de Uruapan, en un dormitorio, un escalofrío me recorrió. El elemento de seguridad que me acompañaba me señalaría que el lugar llevaba años vacío, ya que los internos no querían dormir ahí, puesto que, argumentaban, en las noches se oían gritos y "les jalaban los pies". Un grupo de poder había quemado vivos a dos prisioneros y a otros, en la barda contigua, les había cortado las cabezas.

En Puebla, en una cárcel municipal, con el cambio de Gobierno en el 2020, el equipo de videovigilancia se había modernizado, por lo que las cámaras capturaban imágenes más nítidas tanto de día como de noche, además de contar con sensor de movimiento. Mientras el jefe de seguridad y custodia me daba esa explicación, recorríamos el inmueble, al cual acudía por tercera vez, y veía las mejoras que se habían realizado.

El área de visita íntima había sido mejorada, estaba iluminada y el baño arreglado, por lo que entré a ese espacio, tomé una foto y repentinamente escuché un susurro en mi oído, volteé inmediatamente, pero no había nadie en el lugar. Afuera me esperaba el elemento de seguridad que me acompañaba, a quien le comenté los hechos; me mencionó que a partir de que se habían cambiado las cámaras se habían comenzado a capturar eventos inexplicables. En una ocasión, vieron a una niña parada en medio del pasillo de un dormitorio, cerca del amanecer. Era un área cerrada y custodiada por guardias, por lo que era imposible. En otro momento se pudo observar, también durante la madrugada, a un sujeto que caminaba en la cancha de basquetbol, posteriormente se introducía a la cocina y saltaba encima de las estufas, por lo que tuvo que entrar un grupo de seguridad a buscarlo. No se encontró a nadie, sin embargo, debido a que podría haber sido un intento de fuga, se tuvo que realizar un pase de lista extraordinario. La población estaba completa.

Esta reflexión no va sobre lo sombrío de las prisiones o sus mitos, como son los fantasmas y apariciones, parte constitutiva de esos lugares, tampoco es una explicación de las andanzas de un sujeto y la necesidad de traer a flor de piel la intuición o el sexto sentido; es más bien un intento de hablar sobre esos lugares de dolor que se convierten en laberintos físicos y espirituales, de los cuales las personas que entran ahí no logran salir. Como almas del Purgatorio, no se pueden ir a pesar de que sus cuerpos hayan abandonado esos espacios, ya fuera siendo libre o muertos, pero sus espíritus se quedaron deambulando en los pasillos, vagando por siempre en esos espacios de miseria, dejándose ver en apariciones nocturnas, dejándose oír en susurros y recordándonos que siguen estando prisioneros.

OLORES DEL ENCIERRO

Las prisiones tienen un olor a humano, un humor intensificado que se impregna en todo. Cuando sales de esos lugares, "hueles a cárcel".

En los pasillos y dormitorios, en ocasiones se entremezcla ese olor a cárcel con el humo de la marihuana y la suciedad de los baños: humedad, orines y mierda. En las áreas de sanciones o de protección, los olores se magnifican al punto de volverse nauseabundos.

En el penal del Topo Chico entrar al área que Los Zetas usaban como calabozo para enemigos era un calvario. El hedor era insoportable, producto del hacinamiento —en celdas para una persona albergaban a seis—; además, durante días no les proporcionaban agua, por lo que no podían bañarse. Los sanitarios se desbordaban de excrementos y orines; la comida era servida en el suelo. No se recogían las sobras, por lo que se pudrían y eran un festín para cucarachas y ratas, lo que, aunado a la falta de ventilación, generaba un ambiente denso, una mezcla insoportable.

En la prisión de La Mesa, en Tijuana, en una celda de 12 metros cuadrados se alojaba a 30 pandilleros, salían una vez a la semana a su *yarda*, es decir, a su hora de patio, por lo que todas sus actividades las desarrollaban en ese minúsculo espacio, incluido el ejercicio. El olor a humano era tan intenso que cuando se abría la puerta del lugar uno quedaba en shock por el tufo que se desprendía de esa zona. Había gusanos, chinches, piojos, moscas y más moscas. Respecto de éstas últimas, Guy Briole (2016) señalaba:

Una mosca es una calamidad universal portadora de todos los males, vector insidioso de la peste, del cólera y muchas otras cosas más. Es la encarnación misma de lo nocivo, de lo que puede ser odiado sin que nos preguntemos por qué. Lo que, en tiempos de guerra, podría ser reducido al cuerpo del enemigo (p. 3).

También el miedo y la adrenalina se huelen, son indescriptibles, pero fundamentan la estancia en prisión porque alertan. En las prisiones lo conceptualizan como *se huele el peligro*, y es algo que ni ellos mismos logran explicar, pero lo saben. La cárcel huele a miseria, a abandono, a lágrimas, a sexo clandestino, a sudor… Es un olor único, imposible de nombrar, pero quienes hemos estado ahí sabemos que es el olor del encierro.

DESAPARECIDOS Y SUPLANTADOS

Cuentan quienes han tenido o tienen un familiar desaparecido que es como vivir en una agonía continua. Es fluctuar en un limbo emocional en el que las lágrimas dejan de correr ante la esperanza de encontrarlos vivos.

A esas familias la vida se les va entre la *memoria de un corazón ausente*[6] y la búsqueda de vida. ¿Dónde puede estar un desaparecido? Quizás en un hospital, vagando en las calles, en el forense, en el mejor de los casos. Esclavizados, prostituidos, en una fosa clandestina, hechos cenizas, en el escenario más cruel.

Uno pensaría que en el sistema penitenciario no puede existir un desaparecido, por el simple hecho de que la identidad de los prisioneros se coteja, se buscan sus antecedentes, se insertan sus datos en los sistemas y existe un expediente. Durante los recorridos en diversas prisiones del país pude observar a colectivos que intentaban hacer *match* con las fotos de sus familiares y las de los presos que veían en las fichas signaléticas, o trataban de ver los nombres coincidentes con sus desaparecidos. Recorrían esos lugares intentando saber si existían áreas donde los pudieran encontrar, donde los tuvieran cautivos en celdas inmundas o en carracas ubicadas en recovecos inaccesibles.

Su lógica era correcta, aunque parezca increíble. Piedras Negras alojó a desaparecidos, lo mismo pudo haber pasado en establecimientos como Topo Chico o la prisión de Coatzacoalcos, pero aun así era demasiado irreal que eso pudiera pasar en lugares administrados por el Estado. Tendría que haber la venia de alguna autoridad, su complicidad o al menos su aquiescencia.

Se sospechaba que grupos delictivos los mantenían en las prisiones suplantado la identidad de una persona que había cometido un delito, es decir, los levantaban o secuestraban para hacerlos pasar por un criminal. Mientras el verdadero criminal salía de la prisión, alguien más ocupaba su lugar, pagaba su condena.

Una ecuación perfecta: el desaparecido diariamente estaba en una lista, era un número más del sistema, cumplía una pena que no era suya y lo obligaban a guardar silencio. Las autoridades acostumbradas a no preguntar, por cómplices u omisas, legitimaban esa dinámica.

Las y los buscadores de *sus tesoros*, como los llaman, querían encontrarlos, ya fuera en huesos, en despojos o en el sombrío cuerpo de un cautivo. Juzgado y encerrado sin haber cometido crimen, una vivencia como la que narra Kakfa en *El proceso*, donde un hombre es detenido, Joseph K., y encerrado sin razón, ubicándose en un laberinto sin solución ante la ley. ¿Quizá soy culpable? ¿Tal vez estoy pagando algo que hice?, se podría preguntar el desaparecido.

Cuando vi andar sus pasos y cómo hacían las tareas de autoridades indiferentes, que rogaban que en sus establecimientos no encontraran a nadie, comencé a entender a los buscadores y comprendí que su labor no era un camino aislado, sino un continuo en su tragedia.

No hay datos concisos sobre los desaparecidos en las cárceles o la suplantación de identidad. Sin embargo, el simple hecho de que colectivos busquen dentro de una prisión devela a estos establecimientos como entes caóticos, donde el Estado "se hace a un lado". Así también como lugares donde las idas y venidas surrealistas, kafkianas, no son disparates de la literatura, sino hechos de nuestra realidad cotidiana: encierros, desaparecidos, y las identidades fantasmagóricas de los seres que las habitan.

ENTRE EL TIEMPO PAUSADO, PRIVACIDAD Y MIERDA

AQUÍ NO NOS DEJAN TENER RELOJ

Entrar de forma continua a una misma cárcel permite que puedas observar detalles que se reiteran, algunos de estos dan la apariencia de que el tiempo paró. En la dinámica de las prisiones federales existen diversas privaciones, las cuales se usan como argumento para mantener la seguridad institucional, siendo el tiempo una de ellas. ¿Se puede generar la sensación de que se pausa o se detiene?

En Las Vegas, para que los apostadores pasen mayor tiempo jugando, los casinos crean condiciones climáticas completamente neutras, además de no contar con ventanas ni relojes en las paredes. Algunos tienen pintados los techos de color azul con nubes, como si fuera el cielo, y las luces siempre se mantienen en la misma intensidad. Se crea la ilusión de que no pasan las horas, si es de noche o de día. El sujeto se encuentra absorto en jugar, en llevar a cabo apuestas, por lo que todo anda de forma continua para muchos de los futuros ludópatas.

Ahora, imaginemos algo similar pero donde una persona tenga que lidiar consigo mismo y no haya estímulos diversos. En los centros federales opera esa lógica. Una y otra vez los sujetos viven la intrascendencia de su temporalidad.

En una manipulación cruel, las autoridades edificaron edificios sin ventanas, las paredes sin relojes y con ambientes artificiales, fríos la mayoría de ellos, y donde las luces nunca se apagan.[7] Los presos no llevan reloj y no se les proporciona la hora, sólo se les comunica algunas fechas, ya sean festivas, audiencias o citas médicas.

Está prohibido hacerles saber la hora, porque podrían planear u organizar algún tipo de evento; sin embargo, han instaurado formas de saberla: momentos en que ocurre la distribución de alimentos, pase de lista, programación televisiva —en los lugares donde existen pantallas en los dormitorios— y rotación de los elementos de seguridad y custodia.

Las autoridades generan una sensación de que el tiempo es algo sin sentido, así se va socavando a los presos. El día de su visita, la hora en que se bañan o en que deben dormir, el momento en que se levantan son entendidos como disciplina, nunca aceptados como medios de control.

En estos escenarios hay algunos presos que ven su vida como un calvario, por el simple hecho de envejecer, por observar los estragos del encierro sobre sus manos y rostros. No habían presupuestado vivir tanto, esperaban que una bala o una sobredosis les acortara el viaje. Entonces, el vivir con el "fracaso" de ser viejos ya implica un purgatorio, que se intensifica con ese "hacer nada" que les recetan diariamente en las prisiones federales.

Algunos presos han llegado a comentar: "Siempre juré que preferiría estar en un panteón antes que en una cárcel". En el momento de su detención dudaron de esa máxima, la cual habían propagado para luego tirarla por la borda, porque las ganas de vivir les pudieron más, pero asumen su vida como estar en un cementerio, muertos vivientes, desde donde ven cómo pasa todo sin pasar nada.

No hay trabajo, no hay suficiente personal para que los saquen al patio, no hay adecuadas actividades culturales o deportivas, no siempre les prestan libros y las televisiones en ocasiones no las encienden. Para los sujetos prioritarios esa realidad se multiplica, ya que les dan dosis de privación sensorial y estímulos repetitivos. No deben hablar con otros internos, en sus celdas de aislamiento no se perciben sonidos externos, y en ocasiones no existe ventilación ni iluminación natural, además de encontrarse rodeados de paredes grises.

Dicen que el tiempo es relativo, máxima que se confirma en esos purgatorios de puertas y alambradas, porque se convierte en una eternidad. No hay fin a ese suplicio, y la idea de la libertad es un laberinto imposible. No sé hasta qué punto una persona puede mantener la cordura en una vida que día a día se repite, se recicla, donde no se distingue el lunes del jueves ni un mes de calor de uno de frío.

Alguna vez un interno, preso en una cárcel federal, vio mi reloj y me pidió la hora. "¿No tienes reloj?", le pregunté. Y me contestó: "Aquí no nos dejan tener reloj". Entonces entendí que el sistema no sólo pretendía mantenerlos cautivos, sino también irlos sometiendo lentamente, y que la privación de su tiempo no abarcaba la temporalidad de su condena nada más. Los presos eran suyos, y de forma tan clara que les habían quitado el acceso al tiempo.

EL OJO QUE VE "HASTA CUANDO CAGAS"

Un interno prioritario me soltó sin miramientos: "Las cámaras nos ven todo el tiempo, la que está aquí, dentro de mi celda, me ve dormir y cuando me levanto, y eso pasa con todos nosotros, a los que consideran peligrosos, con decirte que te ven hasta cuando cagas".

La idea me pareció escalofriante y reflexiva. El sistema penitenciario, las prisiones por sí mismas materializan la idea del panóptico de Bentham. En su estructura, su lógica y operatividad se consolidan. Con la tecnología de las cámaras y la observación continua, se potencia su sentido distópico.

El ojo del gran hermano *te mira hasta cuando cagas*. Es la mirada omnipotente del Estado que te sigue vigilando hasta cuando defecas porque dejó de ser un acto íntimo para ser algo público. ¿Cuál es la lógica de observar todo el tiempo a una persona privada de la libertad? La respuesta de las autoridades siempre apela a la seguridad. El Chapo vivió años en esas condiciones y se les escapó.

En estos hechos muere la privacidad, la dinámica de una persona y su subjetividad se convierte en objeto de escrutinio.

Las narraciones plasmadas en los libros que hablan del holocausto y sus centros de exterminio, o los gulags, y que se actualizan en las prisiones, eran referentes de las grandes conglomeraciones y, por lo tanto, la imposibilidad de la intimidad *per se*. El hacinamiento, el excedente de personas, los obligaba a compartir baños, lo que generaba que todos se observaran en su desnudez y se sintieran vulnerados al defecar, ante la mirada del otro, en una letrina por la que pasaban cientos y cientos de personas.

Milan Kundera cuenta en *La insoportable levedad del ser* la muerte del hijo de Stalin, preso en el campo de Sachsenhausen:

Fue en 1980 cuando pudimos leer por primera vez, en el "Sunday Times", cómo murió Yakov, el hijo de Stalin. Preso en un campo de concentración alemán durante la Segunda Guerra Mundial, compartía su alojamiento con oficiales británicos. Tenían el retrete común. El hijo de Stalin lo dejaba sucio. A los británicos no les gustaba ver el retrete embadurnado de mierda, aunque fuera mierda del hijo de quien era entonces hombre más poderoso del mundo. Se lo echaron en cara. Se ofendió. Volvieron a reprochárselo una y otra vez, le obligaron a que limpiase el retrete. Se enfadó, discutió con ellos, se puso a pelear. Finalmente solicitó una audiencia al comandante del campo. Quería que hiciese de juez. Pero aquel engreído alemán se negó a hablar de mierda. El hijo de Stalin fue incapaz de soportar la humillación. Clamando al cielo terribles insultos rusos, echó a correr hacia las alambradas electrificadas que cerraban el campo. Cayó sobre ellas. Su cuerpo, que ya nunca volvería a ensuciar el retrete de los ingleses, quedó colgado de las alambradas.

El hijo de Stalin dio su vida por la mierda. Pero morir por la mierda no es una muerte sin sentido. Los alemanes, que sacrificaban sus vidas por extender el imperio hacia oriente, los rusos, que morían para que el poder de su patria llegase más lejos hacia occidente, ésos sí, ésos morían por una tontería y su muerte carece de sentido y de validez en general. Por el contrario, la muerte del hijo de Stalin fue, en medio de la estupidez generalizada de la guerra, la única muerte metafísica.

Una *muerte metafísica* que se daba en medio del sinsentido de la guerra, pero donde también veíamos la supresión de la intimidad. El hijo de Stalin se lanza contra la alambrada *por la mierda*, mismos circuitos discursivos que se conectan con aquellos que son arrojados a la muerte espiritual, al asesinato del alma en las prisiones.

No es el hecho en sí de bañarse de manera colectiva, o de tener que defecar en un mismo sanitario, o de verse diariamente desnudos, sino la sensación de que algo te observa todo el tiempo, de que eres mirado hasta cuando duermes. Una paranoia continua donde el ojo vigía ya fue introyectado. Se asumen observados, escuchados y espiados. A veces hurgan en sus pensamientos.

Las prisiones federales se extienden y actualizan, en un bucle temporal, de los campos de concentración a los de refugiados, donde todos son despojados de lo íntimo.

Las distopías del encierro no se diluyeron, se tornaron en legales y se materializaron en uno de los holocaustos modernos: las cárceles donde te miran hasta cuando cagas.

PACHUCA Y CULIACÁN: LUGARES IMPROBABLES

Cuando la realidad parece que emerge de una fantasía, una ensoñación o hasta una pesadilla, uno busca entenderla. A veces esa realidad parece trazada por un pincel, como una pintura abstracta cuyos elementos muestran eventos inscritos en otros lados pero que ahí están. Un elefante-cisne a lo Dalí o seres míticos como los de Remedios Varo o Leonora Carrington.

En ocasiones esas alegorías se materializan en realidades incomprensibles, insertas en momentos que, cuando ocurren, impactan. El azoro se adueña de uno, y lo que pasa frente a los ojos se convierte en objeto de duda, ¿qué es lo que está pasando?

LA MOTO DE LOS ZETAS

En el año 2013, en el penal de Pachuca, Hidalgo, observé con asombro, al mismo tiempo que lo hacían las autoridades, cómo un sujeto acompañado de una mujer circulaba en una moto de pista a toda velocidad. Lo hacían en la zona conocida como de *hombre muerto*.[8] Al preguntarles a las autoridades sobre lo que veíamos, manifestarían que eran internos y que corrían la moto en esa zona porque se dedicaban a arreglarlas y la estaban probando. Un argumento torpe, pero que permitía justificar la clara violación de los preceptos institucionales.

En esa época, el lugar era gobernado por Los Zetas, por lo que el establecimiento era un caos, y los privilegios y los abusos eran parte de su dinámica. Había gallos de pelea, consolas de videojuegos y pantallas de televisión tan grandes que apenas entraban en las estancias, además se permitía que los presos organizaran fiestas y cumpleaños en el área de visita íntima. Recuerdo una cartulina pegada en una celda que decía: SE RENTAN EQUIPOS DE SONIDO PARA TUS EVENTOS.

El área femenil se encontraba infestada de ratas y las mujeres señalaban, de forma cautelosa, que las obligaban a pararse en las madrugadas a armar bolsas de droga, y si no cumplían, las amenazaban y golpeaban Los Zetas. Había prostitución, explotación sexual, maltratos, entre otros eventos.

En la mitad de la cárcel, existía un hoyo gigante y profundo en el que se quemaba la basura; nunca había visto algo similar, ni lo volví a ver.

Una moto dentro de una prisión fue algo que no podía concebir, me pareció el claro ejemplo de lo surrealista de nuestro sistema, sus excesos y sus sinsentidos.

El gallo en Aguaruto[9]

Es el 2019 y camino sobre un pasillo que conecta diversos dormitorios de ese centro. A lo lejos, dentro de un bote de basura, observo cómo asoma un objeto que llama mi atención. Al acercarme veo que se trata un gallo decapitado, y que aún guarda en su pata el anillo donde se colocaba la navaja. Como si fuera basura, el animal fue desechado.

En esa imagen se condensa lo que era la prisión de Aguaruto, en toda su extensión, al igual que lo que era Sinaloa. Era un mundo con eventos brumosos.

Hasta el 2014 en el área femenil había una habitación donde vivían hombres, líderes del autogobierno. La mandaron construir y recubrieron las paredes para aislar el sonido y en la entrada colocaron equipo de videovigilancia. Las habitaciones del área de visita íntima femenil fueron acondicionadas para albergar a las novias de los capos.

En el 2016, en una revisión sorpresa se encontraron armas en una pared del dormitorio 5:

> Luego de que ayer se realizara un cateo en el centro de la adaptación, se encontraron 14 armas de fuego, entre las que destacan de grueso calibre, diversas armas automáticas, dos subametralladoras, varias pistolas y una granada (Elizalde, 2016).

Ese evento no era excepcional, ya que, en el 2012, en ese mismo dormitorio, también hallaron un arsenal (*Noroeste*, 2015).

Al estar de pie en ese dormitorio fue que entendí lo de las armas. En ese espacio habitaba el grupo de choque del Mayo Zambada, los Ántrax, su pequeño ejército privado irregular. Se habían armado por si era necesario hacer frente a la gente de Damaso López, el Licenciado, al cual se le consideraba un traidor del grupo de Sinaloa, junto con su hijo el Mini Lic. La gente del Licenciado se ubicaba en el mismo penal y se pensaba que podían atacar en algún momento.

El área de los Ántrax era un búnker resguardado por internos, quienes cuidaban desde la entrada hasta los dormitorios, y donde habitaba el entonces líder del grupo, el Changuito Ántrax, rodeado por su escolta de cinco internos. Sólo pude ver su cuarto a lo lejos, estaba con la puerta abierta y él se encontraba recostado con una mujer en una cama *queen size*, observaban la televisión.

Sus guaruras me rodearon y preguntaron qué hacía allí. Les expliqué mientras trataban de azuzarme, a pesar de que me acompañaba un elemento de seguridad y custodia del centro.

En ese mismo recorrido pude ver que en diversos dormitorios tenían perros de pelea, bóxer y bulldogs, además de la presencia de asadores y albercas, las cuales fueron habilitadas cerrando una especie de canal de riego que pasaba por todo el penal.

Las condiciones encontradas en ese establecimiento derivaron en que se hicieran observaciones a diversas autoridades. Dos escenarios fueron previstos: una fuga o una masacre. Se cumplió la fuga.

Unos cuantos meses después de esa visita se escaparon reos considerados de alta peligrosidad, quienes se encontraban amparados para no ser trasladados a prisiones federales.

A sólo un mes y medio de haber sido detenido, Juan José Esparragoza Monzón —hijo de Juan Esparragoza Moreno, El Azul— escapó este jueves junto con otros cuatro reos de alta peligrosidad del penal de Culiacán, en Sinaloa. Esparragoza Monzón es considerado por el gobierno federal como operador financiero del Cártel de Sinaloa. Además de Esparragoza Monzón escaparon del penal Alfonso Limón Sánchez, "El Limón"; Rafael Guadalupe Félix Núñez, "Changuito Ántrax"; Jesús Peña González, "El 20" y Francisco Javier Zazueta Rosales, "El Pancho Chimal". Todos están relacionados con el cártel de Sinaloa.

Los reos contaban con amparos para no ser trasladados a reclusorios de máxima seguridad, por lo que se encontraban en el penal de Culiacán a pesar de ser considerados un objetivo de alto perfil (*Animal Político*, 2013).

No era la primera fuga que se daba, ni de presos comunes ni de personajes de alto perfil, ya que en el año 2014 se habían escapado, supuestamente por un túnel, los internos Adelmo Niebla González, el Señor o el G-3, Ramón Ruiz Ojeda, el Monchi, y Adrián Campos Hernández.

Culiacán, incluida la prisión, mostraba esa idea fantasmagórica y fundante en el imaginario de lo narco, de la ingobernabilidad de las mafias y el control absoluto de un grupo de poder, un claro ejemplo del *gobierno privado indirecto*.

Pero faltaba un evento más, y era la fuga masiva de presos en el año 2019 para apoyar a la gente de los Chapitos ante la captura de Ovidio Guzmán, hijo del Chapo, al que liberaron ante las amenazas de dañar a civiles.

En las escenas, que se reprodujeron hasta el cansancio, se observa cómo algunos autos se detienen frente a la prisión y los presos corren para abordarlos, sin ningún tipo de disuasión que limitara su escape.

Ese evento mostró varios hechos:

- La cárcel no se encontraba bajo el control del Gobierno del estado.
- El grupo asentado en Culiacán no era tan poderoso, no era ese "gran ejército paramilitar" que se habían encargado de mitificar. Las fuerzas federales los superaban por mucho, y hubieran tardado demasiado en lograr que se desplazaran sus integrantes desde los diferentes puntos de Sinaloa, por lo que se echó mano de su gente recluida en el penal de Aguaruto.
- La ruptura entre el Mayo y los Chapitos se acentuó dado que ninguno de los fugados era de los dormitorios que alojaban a gente del Mayo. Su brazo armado, los Ántrax, se mantuvieron dentro de la prisión y no se movieron de sus estancias, cuentan quienes fueron testigos.
- La prisión de Aguaruto era un centro de operaciones del grupo de Sinaloa que alojaba varias fracciones del mismo cártel, aunque cada una se ubicaba en diferentes dormitorios.[10] Reclutan mano de obra criminal y realizan actos delictivos. Los internos se fugan cuando se autoriza por los líderes del grupo.

En todos estos casos podemos asomarnos a la realidad de nuestras prisiones y sus formas de operar, que en ocasiones parecen imposibles de ser, surrealistas. Durante años esa ha sido la tónica, la lógica sin sentido en la que siguen "funcionando" esos establecimientos, que, más que aportar, van en detrimento de la edificación de una sociedad justa. Así, podemos ver los dislates, arbitrariedades y tragedias que ocurren detrás de los muros y rejas.

NOTAS

1 Libro colectivo publicado por Grijalbo y editado por Daniela Rea Gómez en el año 2020.
2 En el ambiente de las prisiones suele decirse que muchas personas presas se encuentran ahí por el delito de "portación de rostro", que significa que alguien fue detenido y juzgado, no por ser un delincuente o criminal, sino porque lo parece.
3 Sergio Reyes, en su artículo "El mal del otro" (2020), menciona: "Hay personas con ciertas características que tienen más probabilidad de ser vigiladas, observadas, detenidas, acusadas y sentenciadas que los demás; aquello cuyo delito más grave refiere Neuman, es el de 'portación de cara' prohibida (hoy aún más grave, con la criminalización de la protesta social: 'portación de ideas prohibidas')".
4 Capítulo del libro colectivo *Ya no somos las mismas y aquí sigue la guerra*.
5 Título alusivo al documental denominado *Los ladrones viejos. Las leyendas del artegio*, del año 2007, el cual narra las historias de delincuentes de viejo cuño a modo de nostalgia por un mundo delictivo que mudó de códigos y, por lo tanto, también su forma de actuar.
6 Título de un libro publicado en el año 2018 por Heinrich Böll Stiftung que narra historias de personas desaparecidas en el estado de Coahuila.
7 Algunos privados de la libertad se han amparado o interpuesto quejas con el objetivo de que se les permita usar un antifaz que les cubra los ojos, dado que, al no apagarse la luz, sufren trastornos del sueño, lo que les genera ansiedad y algunos problemas psiquiátricos, al punto de tomar medicamento controlado para poder dormir.
8 Área que limita con las murallas de las prisiones y que recibe ese nombre porque ningún interno puede estar en esa zona sin autorización, ya que, de hacerlo, las autoridades están facultadas para disparar a matar, dado que puede ser indicio de fuga.
9 Nombre que recibe el centro penitenciario ubicado en Culiacán, ya que la sindicatura donde se ubica es la de Aguaruto.
10 Los grupos son considerados como: *gente del Chapo*, todos aquellos que jalan con el señor Guzmán y sus hijos, los Chapitos, además de la familia Coronel, su esposa; *gente del Chapo Isidro,* que son los que trabajan para este sujeto, remanente de los Beltrán Leyva; *gente de Dámaso,* a la cual se le ubicaba en el área conocida como *Golfo*, se decían leales al Licenciado y al Mini Lic, y *gente del Mayo*, los Ántrax, ubicados en el dormitorio 5.

Seguridad dinámica e inteligencia penitenciaria: Las falencias del Estado policiaco

> El supremo arte de la guerra es someter al enemigo sin luchar.
>
> Sun Tzu

En el momento en que la Marina entró a la prisión ya sabían dónde se encontraban las armas y la droga, por lo que los prisioneros estaban sorprendidos, *pensaron que había un soplón entre ellos.* Desde una altura de dos kilómetros, los drones habían ubicado los objetos, el operativo había resultado efectivo, *quirúrgico.*

La explicación de cómo la Marina apoyaba en labores de inteligencia para la *desarticulación de grupos delictivos* me pareció poco común, además de increíble, ya que no había escuchado antes de ese tipo de equipo ni su uso para hallar objetivos en las cárceles.

"Fue una ayuda hacia nosotros, por mi formación en la Marina", me comentó el encargado de seguridad de la cárcel. Un pago de favores o quizás un trabajo entre instituciones, pensé.

Estas actuaciones de la autoridad en las que se hace uso de inteligencia son poco comunes en las prisiones. En realidad, el uso de la inteligencia en las cárceles de México se ha hecho con fines meramente políticos; bajo la lógica del Estado policiaco y de excepción, ha sido magnificado.

Eso no ha servido para edificar una estructura operativa eficiente y que cumpla con los fines legales y legítimos para los que dichos órganos de

223

inteligencia supuestamente fueron creados, pero sí ha dado pie para que burócratas grises y ambiciosos que han hecho de la inteligencia un ejercicio de espionaje y de la información obtenida, un botín político.

El ejemplo más claro es el de Genaro García Luna, quien emergió de las filas de la inteligencia mexicana y que como secretario de Seguridad Pública fue encargado de las prisiones, pero también existen personajes como Jorge Tello Peón, a quien se le relaciona con la primera fuga del Chapo, además de ser uno de los artífices del Centro de Investigación y Seguridad Nacional (Cisen).

Durante años, las prisiones han sido un campo de información de valía para la seguridad nacional. Las incursiones de la Dirección Federal de Seguridad (DFS) y posteriormente del Cisen por medio de agentes de campo, internos pagados o los conocidos como *borregas* son un referente común en esos establecimientos.

Sin embargo, de la información allí obtenida la sociedad no tiene conocimiento, como tampoco de la metodología y las formas. La finalidad no se comunica; los resultados son vistos como poco trascendentales. Los expertos en la materia se inscriben en aquello que Žižek señaló: "Sirvientes de aquellos que están en el poder: en realidad no piensan, sólo aplican sus conocimientos a los problemas definidos por los poderosos".

En México, la inteligencia es un área de actuación supeditada a la seguridad nacional, con una operatividad difusa y que abarca muchos campos, sin embargo, no tiene lógica ni estructura en las prisiones ni ley que le dé una base. No existen tampoco criterios de separación entre lo que es la inteligencia en seguridad nacional, la inteligencia penitenciaria y la inteligencia criminal.

Sansó-Rubert Pascual (2015) señala:

La inteligencia criminal es una necesidad estratégica y no una opción. El crimen organizado opera dentro y fuera de las cárceles, y al igual que domina determinados espacios físicos en detrimento de la autoridad estatal (barrios, ciudades, porciones del territorio nacional), desde hace varios años los sistemas penitenciarios han sufrido un proceso de descomposición, corrupción y deficiente gestión que ha permitido que organizaciones criminales se hagan con su control, en ocasiones, en connivencia con el poder político (p. 100).

En el mismo sentido, la Oficina de las Naciones Unidas contra la Droga y el Delito (UNODC) (2015) define la inteligencia criminal como:

> El producto (o servicio) que resulta del análisis de las actividades pasadas y presentes para predecir actividades futuras, y que sugiere la implementación de acciones alternativas que pueden tomarse para interceptar y minimizar el impacto de una actividad o de un grupo de delincuencia peligroso (p. 51).

Asimismo, la misma UNODC (2015) manifiesta que la inteligencia penitenciaria se obtiene:

> A través de la recopilación planificada en forma objetiva, estratégica y operativa, la función de la inteligencia penitenciaria pretende detectar a los reclusos, las visitas, el personal y las organizaciones que planean involucrarse en una actividad (o que están involucrados en alguna actividad) que puede considerarse una amenaza al orden y a la seguridad de un establecimiento penitenciario, antes de que ocurra el hecho (p. 51).

En torno a la inteligencia penitenciaria hay tres elementos que dependen el uno del otro: la seguridad física (estática), la seguridad procedimental y la seguridad dinámica. En nuestro país, estos tres aspectos están rebasados en la mayoría de las cárceles.

La seguridad física implicaría aquello estructural de una prisión, como son instalaciones, cámaras, alarmas, candados, entre otros. La seguridad procedimental complementa a la física, son los procedimientos de los establecimientos, que ejercen un rol importante en la prevención de fugas. La seguridad dinámica sería fundamental en la construcción de una inteligencia e intervención efectiva en el campo. La UNODC (2015) conceptualiza la seguridad dinámica como:

> El conocimiento de lo que ocurre en el establecimiento penitenciario, además de ofrecer un contexto de seguridad y protección con relación a todas las actividades que se llevan a cabo en el establecimiento penitenciario. El concepto de seguridad dinámica cuenta con el beneficio de abordar a los reclusos de

forma individual, obteniendo perspectivas materiales e intuitivas de la gestión del establecimiento (p. 34).

La seguridad dinámica consistirá en construir relaciones meramente profesionales entre el personal y los presos que permitan generar un contacto efectivo desde un primer momento, faciliten sus peticiones y se fomenten ambientes con mayor integración, además de obtener información de relevancia y funcional para el establecimiento.

La falta de estructura en estas operaciones puede radicar en diversos factores: corrupción, venta de información, desconfianza, desconocimiento, entre otras.

En contadas cárceles se pueden ver actuaciones de las autoridades respecto a la inteligencia penitenciaria y la seguridad dinámica; de forma general, son actividades que se realizan en la penumbra, de bajo perfil, desorganizadamente y sin claridad. Se suelen violar derechos humanos.

En una prisión federal un trabajador del área jurídica contaba una historia ilustradora: "Una compañera, la cual frecuentemente entraba a población, ya que aplicaba estudios de personalidad, logró ganarse la confianza de los presos, por lo que le enseñaron el lenguaje de señas con el que se comunican.[1] Ella, en un afán de transparencia, avisó a los superiores de ese conocimiento. Resultando en que le prohibieron la convivencia con aquellos, además no debía enseñarle a ninguno de sus compañeros lo aprendido".

La trabajadora desarrolló seguridad dinámica, ya que en la comunicación continua con los privados de la libertad logró que confiaran en ella, gracias a lo cual obtuvo información relevante para los fines de la institución, sin tener que realizar acciones intrusivas o violatorias de los derechos humanos. Sin embargo, sus jefes, al no estar capacitados, le prohibieron entrar y difundir ese conocimiento, a pesar de que podría haber sido de ayuda a custodios, para prever acciones o entender mensajes que se comunicaban los prisioneros.

En el mismo régimen federal conocí a un trabajador que en el organigrama del establecimiento figuraba como ayudante de la dirección. Ocupaba un puesto administrativo, pero actuaba como operativo, dado que entraba a los dormitorios, además de que sabía la ubicación de los internos considerados como prioritarios o aquellos que el Gobierno consideraba de riesgo.

Conocía sus expedientes e historias, que los mismos presos le contaban. Ante la pregunta de qué función cumplía en el lugar, respondía que auxiliaba en las labores de la dirección y que solía guiar las visitas que llegaban a esa prisión federal.

En un inicio pensé que se encontraba adscrito al Cisen y estaba encubierto, pero su dinámica y la forma en que se comunicaba con los presos era más cercana a un trabajador más del centro, con la diferencia que su función era la de obtener datos, formal e informalmente, sobre la vida del lugar. Era interesante ver la forma en que lo hacía, ya que llevaba a cabo una labor de seguridad dinámica e inteligencia penitenciaria. En el resto de los centros federales que visité nunca vi replicado este tipo de perfiles en el personal que laboraba en estos.

En torno a la obtención de la información, el común era tener conocimiento de la presencia de células de la Policía Federal y el Cisen, que, si somos críticos de sus actuaciones, su ineficiencia alcanzó la cúspide cuando se concretó la fuga del Chapo.

Uno de los lineamientos de la ONU respecto del trato a la población considerada de riesgo institucional, como era el Chapo, va en el sentido de implementar un sistema de seguridad dinámica que incluya elementos que se acerquen a esos prisioneros y generen una relación profesional más cercana, además de que, al ubicarlo en áreas restringidas, deben tener mayores libertades ahí. En el caso de las prisiones mexicanas, ninguna de esas directrices es aplicada, ya que a este tipo de población se le mantiene durante 23 horas encerrada en su celda, sin comunicación con otras personas.

La inteligencia penitenciaria siempre ha sido aplicada, y quizás entendida, como intromisiones o espionaje, ya que de forma irregular y en ocasiones ilegal las autoridades acceden a información mediante la intervención de comunicaciones, colocación de micrófonos en áreas de visita familiar, así como en locutorios, donde se escucha a los abogados.

En otros casos, mediante la inteligencia se han obtenido datos para usarlos contra enemigos o consolidar a grupos de poder. Siempre he tenido la sospecha, y la intuición, de que grupos como Los Zetas reportaban a mandos formales legales información diversa, incluyendo la que podía afectar a su grupo, y que aquellos que la recibían la utilizaban como botín.

En este punto surgen algunas preguntas: ¿Hasta dónde alcanza la complicidad o encubrimiento de los órganos de inteligencia? ¿Se supeditaba ese conocimiento a autoridades nacionales o también internacionales?

En el libro *El yugo zeta. Norte de Coahuila, 2010-2011*, Aguayo y Dayán (2017) señalan al respecto, hablando de Los Zetas:

> Si querían destruirlos resulta absurda la indiferencia del gobierno federal hacia lo que pasaba en las cárceles de Nuevo León, Tamaulipas y Coahuila la mayoría de los cuales parecen haber sido enclaves criminales. En el caso del asentado en Piedras Negras tenían los informes de la CNDH, del Cisen y otras dependencias, pero nunca consideraron prioritario presionar, exigir o coadyuvar con el gobierno de Coahuila para recuperar el control de un enclave criminal que servía para proteger a los jefes cuya eliminación era uno de los objetivos centrales de México y Estados Unidos (p. 29).

Alguna información se obtenía sin llevar a cabo el uso de inteligencia, se daba de forma circunstancial, sin embargo, se presentaba a la sociedad como si se hubiera instrumentado ésta para lograr desarticular autogobiernos o como si hubiera sido de suma importancia para los fines de justicia y paz.

Casos emblemáticos se dieron en la recuperación de los centros penitenciarios de Saltillo y Torreón, en donde las autoridades fueron acusadas de torturar a los presos con la finalidad de obtener información sobre desaparecidos y la ubicación de fosas clandestinas en Coahuila (Cedillo, 2014).[2]

Misma dinámica que se llevó a cabo en los penales de Baja California Sur, en la Paz y Los Cabos, cuando fueron "tomados" los penales por parte de la autoridad. También se llevaban a cabo torturas para obtener información, a pesar de las múltiples negaciones de los titulares de los establecimientos (Santisteban, 2019).

> Es posible alcanzar el equilibrio trazando un camino intermedio entre una posición que defienda a ultranza los derechos humanos, que argumente la imposibilidad de justificar bajo ningún pretexto cualquier violación de los mismos, y una posición exclusivamente pragmática, que juzgue las medidas adoptables sólo por su eficacia (Sansó-Rubert, 2015, p. 106).

En estos últimos casos, la inteligencia les daba más valor a los resultados que a los métodos, so pretexto de la "necesidad" y la "prontitud", en detrimento de la normatividad y la adecuada operatividad, además de los actos criminales por parte de las autoridades y las violaciones de los derechos humanos.

En México, respecto al campo de la inteligencia penitenciaria, hay mucho por desarrollar. Después de observar la forma en que ésta opera, se proponen las siguientes dinámicas:

Capacitación e integración de trabajadores que desarrollen relaciones profesionales estrechas con los presos. Dichos trabajadores deben estar bajo escrutinio constante y cumplir con un perfil ético sobresaliente.

En las prisiones de la Ciudad de México, tiempo atrás, se creó la figura de *técnico penitenciario*, sobre la que recaía desarrollar una especie de seguridad dinámica, sin embargo, el puesto se fue *torciendo* en una serie de complicidades y actos de corrupción, lo que generó que se perdiera su misión original. Los trabajadores se comportaban como presos, adoptaron su lenguaje, sus gestos, algunos adquirieron adicciones y se volvieron un canal de comunicación entre grupos de poder.

Creación de un ente que analice, procese y comparta información tanto al interior como al exterior de las prisiones, cuyos valores sean la confidencialidad, la urgencia y la salvaguarda.

Identificación, mediante tatuajes, lenguaje, caló, cicatrices, de la pertenencia de presos a grupos de poder y la elaboración paralela de documentos que expliquen esta lógica y el significado de cada uno de ellos. En algunas ocasiones existen elementos que identifican las labores que los sujetos realizaban en su grupo: violaciones, homicidios, golpes, etc.

Esta información no se debe tirar por la borda, ya que existen casos donde privados de la libertad llegaron a manifestar por voluntad propia su filiación a un grupo delictivo o pandilla y las autoridades, por la simple manifestación de los sujetos, los ubicaron en el espacio correspondiente a dicho grupo; y precisamente debido a que no se realizó una labor de inteligencia, no se pudo prevenir que dichos sujetos, una vez que se instalaron en el área de su supuesta filiación, mataran a un objetivo asignado por su verdadero grupo, es decir, se habían hecho pasar como parte de una asociación, incluso habían imitado claves y lenguaje, para poder matar a una persona de la *contra*.

Desde las entrevistas iniciales, las cuales efectúan las áreas técnicas, se puede realizar una parte de la seguridad dinámica y obtener información útil a futuro. Se pueden identificar desde piezas clave de su personalidad hasta emprender una evaluación de riesgos, sin vulnerar en ningún momento a los prisioneros.

En algunas prisiones se llegan a elaborar carpetas que contienen datos de filiación más allá de los oficiales, que condensan las historias de los presos, carpetas que se clasifican como de acceso limitado.

Creación de equipos capacitados para ubicar a los sujetos de riesgo y realizar intervenciones preventivas, con una estructura de mando definida y con procesos claros, donde se fomente el respeto por los privados de la libertad, se disuadan los actos de corrupción institucional y se estimule la denuncia de cualquier acción que ponga en riesgo ya sea a algún interno o a alguna autoridad tanto de dentro de la institución como de fuera.

Elaboración de organigramas que expliquen las filiaciones a grupos de poder y la operatividad de los prisioneros. En los centros penitenciarios federales es habitual llevar a cabo este ejercicio, sin embargo, en los establecimientos estatales, a pesar de que se tiene conocimiento de los grupos de poder, no se elaboran documentos ni se establecen las conexiones de estas personas.

Conocimiento de la ubicación de las personas consideradas de riesgo u objetivo con la intención de realizar intervenciones acertadas, además de desarrollar un diálogo constante y fluido para desactivar amenazas. En algunas prisiones se ubica en las partes centrales o distantes de los ingresos a los considerados como riesgos con el objetivo de disuadir rescates o fugas.

Como se puede observar, la seguridad dinámica y la inteligencia penitenciaria son temas rezagados en el sistema penitenciario, desestimados por las autoridades como signos de complicidad, pero también de ignorancia. Acostumbrados a obtener información mediante torturas, borregas, soplones, abandonaron el campo de la investigación, del arte de obtener datos mediante el trabajo en sitio.

Ahí están algunas de las falencias del Estado, el cual adelgazó formal e informalmente su rectoría sobre la vida en las prisiones.

NOTA

[1] En este punto es importante mencionar que los centros federales están bajo un régimen de silencio (auburniano), es decir, las autoridades prohíben, o al menos lo intentan, que los privados de la libertad hablen entre sí debido a que pueden formar grupos de poder, por lo que los internos han creado un lenguaje por medio de señas, parecido al del exterior pero con variaciones que son propias de la cárcel. No faltan a las disposiciones, ya que no hablan, pero se comunican.

Cuerpos S.A. de C.V.:
De la caja chica a la privatización del cautiverio

> Si se me preguntara: ¿Qué podría hacerse para mejorar el
> régimen penitenciario?¡Nada! —respondería— porque
> no es posible mejorar una prisión. Salvo algunas peque-
> ñas mejoras sin importancia, no hay absolutamente nada
> que hacer, sino demolerlas.
>
> PIOTR KROPOTKIN

El Estado, que no entiende de ideologías, de vez en cuando inclina la balanza
hacia ciertos modelos políticos o económicos. Bajo la lógica y yugo del capital,
el Estado de bienestar fue sepultado como un mal intento de las regulaciones
e intervenciones estatales. El neoliberalismo, y sus consideraciones completamente ideológicas, adelgazó las funciones rectoras de éste, desde la explotación
de recursos naturales en grandes territorios hasta la aplicación de la violencia.

La idea se vende como genial: el Estado es un ente ligero, sin lo robusto
y lento de las burocracias, más bien con la dinámica de un algo que evolucio-
na y avanza al son que le toque el mercado global. Inmerso en esta lógica, los
administradores del Estado nación operan, más que como dirigentes de un
país, como gerentes de una sucursal, la cual, bajo el ojo del capital, puede po-
tencializarse por la diversidad de inversiones.

La seguridad pública y sus derivados como las prisiones se vuelven terreno
de inversión o negocios. En un país "en guerra", son una apuesta segura. Los
millonarios de la guerra[1] emergen de las entrañas de ese mundo que, como
plantearía Clausewitz, "es la continuación de la política por diferentes medios".

Los señores de la muerte se regodean entre sus ganancias, edificadas sobre los despojos y sufrimientos de las personas. Como políticos fariseos, pretenden vendernos la paz, mientras acrecientan su capital con la desgracia de los conflictos bélicos, las amenazas securitarias y los sujetos peligrosos. Pregunta la periodista Peniley Ramírez, con sentido práctico: "¿Cuál es la maquinaria del dinero que está detrás del discurso de la 'guerra'?".

Si buscamos respuestas podemos ver cómo se asoma la privatización de las cárceles. Las prisiones federales fueron la primera apuesta por este modelo de administración de justicia. Este sistema opera bajo la lógica de las grandes acumulaciones de capital, con cargo al erario. Están depositadas en manos de particulares por medio de contratos inaccesibles e incomprensibles, denominados *contratos de prestación de servicios* (CPS).

Un CPS es un convenio en donde la autoridad y un particular, por medio de empresas o sociedades mercantiles, acuerdan la edificación de centros penitenciarios. Las características generales de la construcción de esos lugares siguieron una lógica: alejados de la población, no debía existir ningún tipo de edificación en un radio de dos kilómetros. Así, como debían ser asentadas en zonas alejadas y con ausencia de servicios básicos, las tierras, grandes hectáreas, eran adquiridas a bajo costo. Desde ahí comenzaba el negocio.

Este esquema permitiría que durante 25 años esos lugares fueran concesionados, es decir, que la autoridad pagara por esas instalaciones a privados, quienes las construían con la finalidad de que, al terminar ese lapso, pasaran a manos del Estado. Asimismo, los servicios como alimentación, limpieza, mantenimiento, entre otros, serían manejados por particulares. La única "limitante" era que la seguridad y la administración de los centros estarían a cargo de la federación.

En 2013 comenzó a operar el primer centro federal bajo el esquema de CPS, que es el de Sonora.[2] Y al 2021, se encuentran funcionando ocho establecimientos, los cuales son identificados por número: Hermosillo, Sonora CPS 11; Ocampo, Guanajuato CPS 12; Miahuatlán, Oaxaca CPS 13; Gómez Palacio, Durango CPS 14 —que alberga únicamente presos acusados de secuestro—; Villa de Comaltitlán, Chiapas CPS 15; Coatlán del Río, Morelos CPS 16 —penal exclusivamente femenil—; Buenavista, Michoacán CPS 17; Ramos Arizpe, Coahuila CPS 18.

La lógica que gravita y da estructura al negocio de un CPS es que representa una forma sencilla de mover dinero público a manos particulares con algo que tiende a ser flexible, como son los números en torno a personas sujetas a un proceso penal. Esos contratos siguen en las sombras, ya que bajo el argumento de "seguridad nacional" se encuentran resguardados. Los múltiples análisis y diversos estudios son concluyentes: los CPS fueron un hueco en las finanzas, un despilfarro sin sentido, un atraco obsceno, una mercantilización del encierro y la justicia.

En el año 2016, la Auditoría Superior de la Federación (ASF), después de una revisión administrativa, concluyó:

> El sistema penitenciario federal —incluidos los penales construidos con capital privado— carece de un programa integral de reinserción social, y sólo se limita a dar albergue, custodia e implementar actividades de manera aislada y desarticulada.
>
> [...] El esquema de cárceles está enfocado a mantener la seguridad dentro de los Ceferesos, y no a contribuir a mejorar la seguridad pública (Cisneros, 2017).

Para el 2019, con el cambio de Gobierno, se tuvo mayor conocimiento respecto a este esquema privatizador. En palabras del entonces encargado del OADPRS, Francisco Garduño, esas prisiones absorbían un gran porcentaje del dinero destinado al sistema penitenciario federal.

> El presupuesto actual de este órgano oscila entre los 2 mil millones de pesos, pero 80 por ciento se va en pago de los ocho Ceferesos privados. Nosotros tenemos los custodios, las reglas, las políticas y el sistema de seguridad. Lo que pagamos a los privados es la infraestructura, la instalación, la tecnología. ¿El problema? Son contratos a 25 años (Díaz, 2019).

A la par, en ese mismo 2019, la ASF encontró más irregularidades.

> Los gobiernos de Felipe Calderón y Enrique Peña Nieto contrataron la construcción de ocho Centros Federales de Readaptación Social (Ceferesos) con

sobreprecios que suman 41 mil 26 millones 400 mil pesos, lo que representó 31 por ciento más al monto estimado en 2001, cuando la Secretaría de Seguridad Pública Federal (ssp) estaba a cargo de Genaro García Luna (Castillo, 2019).

En el 2021, el Gobierno en turno haría mayores señalamientos al respecto y mostraría el lastre que implicaba su funcionamiento, lo que se complementó con el cierre de algunos centros federales: Jalisco (Cefereso 2), Matamoros (Cefereso 3), Huimanguillo (Cefereso 6), Ciudad Juárez (Cefereso 9) y las Islas Marías.

Los convenios fueron firmados en su mayoría en el 2010 y sólo uno en el 2012, el cps de Oaxaca. Se dieron con la venia de Felipe Calderón y su secretario de seguridad pública, Genaro García Luna.

Desde la construcción de esos lugares se tenía contemplado que el pago se haría por cada espacio (celdas o planchas), es decir, si la capacidad era para 2 500 presos, anualmente se pagaría por ese número de personas mientras durara el contrato, a pesar de que cada centro penitenciario tuviera subocupación. A lo que se tendrían que sumar los salarios del personal de seguridad y técnicos, además de los altos funcionarios (directores de los centros).

No se puede tener una idea precisa de la forma en que operan estos contratos, lo hasta ahora develado obedece a algunos aspectos monetarios, administrativos y los nombres de las compañías que los firmaron.

Uno de los argumentos fundamentales en la construcción de esos lugares era la supuesta necesidad de tener más espacios para despresurizar los sistemas estatales y federales penitenciarios. Sin embargo, siempre hubo subocupación, por lo que el objetivo primordial obedecía más a una lógica económica que social.

Ahora bien, los centros insertos en la lógica de los cps han presentado históricamente una población reducida en comparación con algunas prisiones administradas completamente por la federación. De esa forma se continuaba con el negocio.

En nueve años de aplicación de esos contratos, sólo se ha cubierto 36% de los montos acordados, quedando aún por cubrir 64%, lo cual puede entenderse como documentos que se extienden de forma transexenal y que implican compromisos económicos a largo plazo, con ganancias estratosféricas

GRÁFICA 1. *PPL por Centro Penitenciario, 12 284 Total PPL en CPS (% ocupación)*

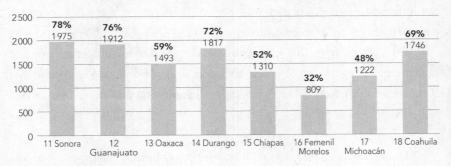

* Datos al 11 de enero de 2021.
FUENTE: Gobierno federal. Gráfica de subocupación en establecimientos regidos por los CPS.

para particulares. El gasto anual entregado a empresas privadas, con datos actualizados a enero de 2021, muestra que tener a un privado de la libertad en un centro CPS cuesta más que tenerlo en una escuela, los costos estarían cercanos a los dos millones de pesos anuales por persona.

CUADRO 1. *Gasto por PPL en centros penitenciarios privados, seguridad 2021*

Centro	Total pagado 2020 a empresas privadas	No. de PPL	Gasto por PPL al año	Gasto por PPL al mes	Gasto por PPL al día
Sonora	1 819 178 376.80	1 975	921 102.98	76 758.58	2 558.62
Guanajuato	1 808 872 216.13	1 912	946 062.87	78 838.57	2 627.95
Oaxaca	1 771 913 932.21	1 493	1 186 814.42	98 901.20	3 296.71
Durango	1 875 746 155.16	1 817	1 032,331.40	86 027.62	2 867.59
Chiapas	2 001 045 958.10	1 310	1 527 516.00	127 293.00	4 243.10
Femenil Morelos	1 867 318 618.95	809	2 308 181.23	192 348.44	6 411.61
Michoacán	2 230 024 529.98	1 222	1 824 897.32	152 074.78	5 069.16
Coahuila	2 188 804 875.09	1 746	1 253 611.04	104 467.59	3 482.25
Total	15 562 904 661.42	12 284			
		Promedio	1 375 064.65	114 588.72	3 819.62

FUENTE: Gobierno federal. Gasto por persona privada de la libertad en centros federales con el régimen de CPS.

Desde un inicio hasta la actualidad, estos establecimientos operativamente han sido un rotundo fracaso. Se trata de centros que almacenan cuerpos, que los subyugan y los encierran de forma permanente, sin oportunidad de reinserción social, donde las personas son un número más, como los que portan impresos en sus uniformes. Son objeto de inventario a la par que sujetos de ganancias de los grandes capitales.

En septiembre de 2013, pocos meses después de que empezara a operar el primer establecimiento bajo ese régimen, el de Sonora, la CNDH emitió la Recomendación No. 35/2013, donde se vislumbró la constante a seguir durante los siguientes años.

> En ese centro de reclusión no hay actividades laborales, educativas ni deportivas, la vinculación social del recluso es inadecuada, se proporciona una limitada y deficiente atención médica a la población penitenciaria, no se cuenta con personal suficiente, por lo que no se realizan las acciones necesarias para la protección y observancia de los derechos fundamentales de las personas internas ahí (p. 2).

En un estudio realizado en el 2016 por el Instituto de Investigaciones Sociales (IIS) de la Universidad Nacional Autónoma de México (UNAM), con apoyo de la Comisión Nacional de Seguridad (CNS) y el OADPRS, denominado *Evaluación de procesos. Programa presupuestario. E094: Administración del sistema penitenciario*, concluye, ya desde ese momento, que existen huecos en la aplicación y uso de presupuesto en torno a las prisiones federales. Se visitaron cinco prisiones (Cefereso 1, Altiplano; Cefereso 5 Villa Aldama, Ceferepsi, el cual aloja a privados de la libertad con problemas psiquiátricos, en Morelos; Cefereso 11, CPS Sonora; Cefereso 16, Femenil Morelos). El estudio se encargó de hacer la medición de los atributos (eficacia, oportunidad, suficiencia y pertinencia) de los procesos y subprocesos. El puntaje de cinco era el máximo para dar una valoración.

Posterior a un trabajo de campo y gabinete, la mayoría de los procesos evaluados fueron apenas aprobatorios: arrojaron una valoración global de 3.08. La finalidad del sistema penitenciario en términos de presupuesto tampoco cumplía sus objetivos fundamentales. Entonces, ¿a qué obedecen estas directrices? Angela Davis (2016) señaló al respecto:

Las empresas asociadas con la industria penal cosechan beneficios del sistema que gestiona a los reclusos, y son parte claramente interesada en el crecimiento continuo de las poblaciones carcelarias. Dicho en términos más sencillos: esta es la época del complejo industrial penitenciario. Las cárceles se han convertido en un agujero negro en el que se depositan los detritos del capitalismo contemporáneo. El castigo ya no es un aspecto marginal de la economía en su conjunto. Empresas que producen todo tipo de bienes —desde edificios a aparatos electrónicos y productos de higiene— y proporcionan todo tipo de servicios —desde comida hasta terapia y asistencia sanitaria— están directamente relacionadas, en la actualidad, con el negocio del castigo (p. 35).

En el mismo sentido apuntaba Loïc Wacquant (2004):

Un último método de cortar el costo asombroso de la transición del Estado social al Estado penal extiende a la justicia la ideología de la mercantilización que ya orienta el endurecimiento de los programas de asistencia a los indigentes: privatizar el encierro. Complejo comercial carcelario asistencial, punta de lanza del Estado liberal paternalista naciente. Su misión consiste en vigilar y sojuzgar, y en caso de necesidad castigar y neutralizar, a las poblaciones insumisas al nuevo orden económico según una división sexuada del trabajo, en que su componente carcelaria se ocupa principalmente de los hombres, en tanto que el componente asistencial ejerce su tutela sobre (sus) mujeres e hijos (p. 96).

Ante esta realidad podemos ver cómo el sistema penitenciario privatizado ha fracasado en todas sus vertientes, ya que desde un inicio fue concebido como un ente sin instrumentación clara, por el contrario, opaco en toda su extensión. Gran parte de su "éxito" estribaba en la colusión de aquellos que firmaron los contratos y los políticos beneficiados, los mismos que pregonaban la paz por medio de las balas, los "combates frontales" y los encierros.

La privatización se da en medio de un país enfrentado y fragmentado entre diferentes grupos políticos y sus operadores de la violencia, los cuales no tienen clemencia cuando encierran y ven cómo se les va la vida en esos lugares a los prisioneros.

Los cuerpos, propiedad del Estado, son vistos como un reducto de humanidades extraviadas, carentes de valor por sí mismos, pero en el mercado voraz de las cárceles adquieren uno superlativo. Mientras nos hablan de orden, justicia y una lucha contra la criminalidad, nos dejan en los márgenes las implicaciones y las ganancias de esos sistemas, que los poderes en turno tratan de esconder debajo del tapete de la historia, minimizando los métodos y glorificando los resultados, los cuales, en el nivel más básico de análisis, se desmoronan frente a la realidad.

De manera formal, ese es el panorama de las privatizaciones, sin embargo, no podemos dejar de lado la manera en que se opera informalmente, es decir, por medio del manejo de una red subrepticia que genera capital ilegalmente y que, de la misma forma, coloca dinero del erario a la par que divisas informales en manos de grupos tanto regulares como irregulares. Todo esto mediante cobros y simulación de ejercer recursos asignados en los centros penitenciarios, generalmente los que se encuentran bajo la administración de gobiernos locales.

Para ejemplificar esto, el estudio denominado *Privatización del sistema penitenciario en México* (2016) menciona:

> Las dinámicas generadas por esquemas de autogobierno, de estructuras de control que se manejan a través de dinero y sobornos a gente del Estado y a personas internas que tienen el dominio y la distribución de los espacios, cobros por pase de lista y seguridad, privilegios al interior de los centros de reclusión, entre otras prácticas, constituyen el quebrantamiento de los principios constitucionales y de derechos humanos de dicho sistema y configuran una privatización de facto; de ahí que el esquema propuesto por el Estado agravaría la situación actual (p. 15).

La magnitud del negocio va de la mano del tamaño de la población penitenciaria. En México, al mes de abril de 2021, la cantidad de presos era de 215 227 según datos del Observatorio de Prisiones.[3] En el 2021, el World Prison Brief posicionó a México en el noveno lugar mundial de entre los países con mayor población penitenciaria y en el tercer lugar regional por debajo de Estados Unidos (2 094 000) y Brasil (759 518).[4] Como los números muestran, las poblaciones penitenciarias de un país podrían constituir, numéricamente hablando, una comunidad, una ciudad o un estado.

La generación de divisas ilegales, mediante cobros, extorsiones, cuotas o pagos fijados, se ha vendido como una dinámica efectuada por seres ingobernables que, siguiendo su vida delincuencial, crean toda una estructura de operaciones. Esta visión es imprecisa, dado que, generalmente, los árboles crecen hacia arriba, aunque echan raíces hacia abajo: la corrupción se ciñe a esa norma. De forma recurrente, se señala entre rumores o chismes de pasillo que las plazas de directores generales del sistema penitenciario o subsecretarios penitenciarios se venden al mejor postor o se dan como pago político.

Las grandes ganancias y la acumulación de capital, como vemos, se dan tanto de forma regular como irregular bajo el cobijo de los operadores políticos, que, en ambos casos, gestionan la apropiación de los cuerpos y las ilegalidades, a la par que reproducen los discursos segregacionistas e implementan directrices con las que pretenden legitimarse, pero que en realidad son una ficción. Como decía Loïc Wacquant, se da "la gestación policial y carcelaria de la miseria".

Como también se da la proliferación de una economía del encierro que pretende ser sostenida con alfileres de preceptos legales, pero que se derrumba sobre la oscuridad de sus fines, inciertos en todo el espectro, y teniendo sólo una certidumbre: lograr la mayor ganancia. Aunque en las privatizaciones planteadas vemos ciertas divergencias, ambas se reconocen o conectan por los mismos circuitos: la apropiación o explotación de un aparato/instrumento que come desechos-personas y defeca dinero.

El Gobierno actual denuncia estos hechos e intenta detener esos atracos, o al menos negociarlos, lógica que se da a entender como *posneoliberalismo*: se "recupera" lo cedido, pero sin tener en cuenta los aspectos sociales o comunitarios de su decisión, sino como meros actos administrativos en los que los aspectos gerenciales se ponderan sobre las dignidades de las personas.

Ese discurso se inscribe sobre la necesidad de generar ahorros, de que esos lugares no sean "hoteles de cinco estrellas" (*Infobae*, 2020), sin mencionar los malos tratos, las torturas y las violaciones sistemáticas a los derechos humanos. Lo importante es el dinero sobre lo humano.

NOTAS

1 Alusión al libro escrito por Peniley Ramírez *Los millonarios de la guerra*, Grijalbo, 2020.

2 Inaugurado el 2 de octubre de 2012 por el presidente Felipe Calderón.

3 https://observatorio-de-prisiones.documenta.org.mx/

4 https://www.prisonstudies.org/highest-to-lowest/prison-population-total?field_region_taxonomy_tid=All

Masacres en prisión: Las vidas que no valen

> Ningún hombre es una isla entera por sí mismo. Cada hombre es una pieza del continente, una parte del todo. Si el mar se lleva una porción de tierra, toda Europa queda disminuida, como si fuera un promontorio, o la casa de uno de tus amigos, o la tuya propia. Ninguna persona es una isla; la muerte de cualquiera me afecta, porque me encuentro unido a toda la humanidad; por eso, nunca preguntes por quién doblan las campanas; doblan por ti.
>
> JOHN DONNE

Son las 3:34 a. m. y las cámaras de la prisión captan cómo un grupo de presos camina por los pasillos, por donde pasan los guardias les abren las puertas, sin ninguna resistencia les van haciendo camino.

Más de 100 reos, algunos de ellos con el rostro cubierto, se desplazan desde los dormitorios 5, 6 y 7, su objetivo es tomar la zona individual, que es considerada un área de resguardo y albergue de los líderes zeta, un búnker, además del espacio de los túneles, el cual conduce a los juzgados del penal, donde vive el resto de ese grupo.

Las cámaras siguen los movimientos de los sujetos, son integrantes del Golfo que van armados. Golpes, cuchilladas, bombas molotov se observan en las imágenes de esos videos. El caos y la violencia parecen inenarrables, sin embargo, algunos testigos dieron voz a lo que se vivió dentro:

"Detrás de él [del preso] venían unos 15 internos con machetes, tubos, varillas y lo que parecían toletes de policía, lo alcanzaron y en segundos le pusieron en toda la madre".

Los policías corrieron para disuadir a los sublevados que golpeaban a su presa, lo picaban y le estrellaban la cabeza contra el pavimento. Llegaron al punto crítico, ahuyentaron a los agresores, rescataron al moribundo sujeto que sangraba por diversas partes, incluyendo el rostro, y lo arrastraron hacia un punto neutral.

[...] "No fue riña, ¡fue una masacre! Los dormitorios olían a sangre, el piso y las paredes estaban manchadas y alcanzamos a ver a tres de los fallecidos, no sólo por armas punzocortantes, sino por golpes que les dieron con tubos de gran tamaño".

[...] Ni siquiera el tardío arribo de los diferentes cuerpos policiales fue útil del todo porque cuando regresaron a la primera puerta, el moribundo que habían rescatado ya no estaba. Una estela de sangre revelaba que lo habían arrastrado de nuevo al infierno (Araiza, 2013).

El reloj marcaba las 6:00 a. m. cuando todo concluyó, se había llevado a cabo una masacre. En voz de las autoridades, sería una venganza de la gente del Golfo. Con ese acto expulsarían a Los Zetas del penal de La Pila, enclave ubicado en la capital de San Luis Potosí. La supuesta rebelión de los "oprimidos" se daba una madrugada del 2013. Los forenses, que contaron 13 cuerpos, registraron la fecha: 27 de abril.

El gobierno de Los Zetas fue cruel con los presos, al punto de que durante el 2012 la Comisión Estatal de Derechos Humanos de San Luis Potosí documentó la muerte violenta de 15 internos en el transcurso de ese año,[1] asesinados bajo el mando de ese grupo, por lo que la gente del Golfo, harta, decidió desalojarlos del lugar.

En la narrativa oficial así se darían los hechos, sin embargo, en los relatos de los presos lo acontecido mostraba la pérdida de protección de la que gozaban Los Zetas, ya que no era rentable tenerlos en la prisión. Las imágenes mostraban cómo los encargados de resguardar la seguridad permitieron que todo ocurriera sin contratiempos, lo mismo que las autoridades al exterior.

Versiones que los propios internos dieron a sus familias y a las autoridades afirman que fueron gente de "adentro y de afuera" los que masacraron a internos miembros del grupo delictivo zeta y que los verdugos pertenecían al bando del Cártel del Golfo, pero en una conclusión temeraria señalaron que la matanza fue impulsada y tolerada por las autoridades penitenciarias y la policía estatal (Zapata, 2013).

En torno a las masacres existen dos acciones bien estructuradas por parte de las autoridades, las cuales intentan encubrir sus participaciones. La primera: se suelen hacer pasar esos hechos como motines, disturbios o riñas porque, siendo así, se mostraría a poblaciones penitenciarias volátiles, que se mueven por voluntades inherentes a la lógica de la prisión. La segunda: permite inscribir los eventos como actos ejecutados en complicidad con autoridades inmediatas o intermedias, como custodios, los encargados de las cámaras, comandantes y directores. Difícilmente se sanciona a personajes de mayor envergadura en la administración.

Los hechos en La Pila fueron el reflejo de los cambios dados dentro de las prisiones. Anteriormente habían ocurrido masacres, sin embargo, eran aisladas y distantes en temporalidad. En los últimos años se convirtieron en una línea de actuación de los grupos. Las implementaron como patrón de sus dinámicas.

Desde el inicio de la "guerra contra el narco", la dinámica penitenciaria cambió. A partir del 2008, comenzamos a ver masacres continuas en las cárceles estatales. En las prisiones federales, hasta el 2020 no se habían llevado a cabo eventos de esa magnitud. Si se hiciera un recuento del horror podríamos establecer esta línea del tiempo:

2008. Tijuana, Baja California: 19 muertos. Reynosa, Tamaulipas: 15 muertos. Mazatlán, Sinaloa: 6 muertos.
2009. Ciudad Juárez, Chihuahua: 20 muertos. Gómez Palacio, Durango: 20 muertos.
2010. Durango, Durango: 23 muertos. Mazatlán, Sinaloa: 29 muertos.
2011. Gómez Palacio, Durango: 11 muertos. Ciudad Juárez, Chihuahua: 17 muertos. Matamoros, Tamaulipas: 20 muertos.

2012. Altamira, Tamaulipas: 31 muertos. Apodaca, Nuevo León: 44 muertos. Gómez Palacio, Durango: 22 muertos (13 presos y 9 elementos de seguridad y custodia). Chihuahua, Chihuahua: 5 muertos.

2013. La Pila, San Luis Potosí: 13 muertos.

2014. Iguala, Guerrero: 9 muertos (6 presos y 3 elementos de seguridad).

2016. Topo Chico, Nuevo León: 49 muertos.

2017. Cadereyta, Nuevo León: 16 muertos. Acapulco, Guerrero: 28 muertos. Ciudad Victoria, Tamaulipas: 7 muertos (4 presos y 3 elementos de seguridad).

2018. Amatlán, Veracruz: 7 muertos (policías estatales todos ellos).

2019. Atlacholoaya, Morelos: 6 muertos. Cieneguillas, Zacatecas: 16 muertos.

2020. Comisaría de Sentenciados, Jalisco: 9 muertos.

2021. CRESET, Villahermosa, Tabasco: 6 muertos.

2022. Colima, Colima: 8 muertos. Ciudad Victoria, Tamaulipas: 5 muertos.

Como se puede observar, en un lapso de 14 años, del 2008 al 2022, todas las estadísticas, así como diversas investigaciones de campo, mostraron el incremento de incidentes violentos al interior de los centros penitenciarios: reflejo de lo que ocurre al exterior.

En los años 2014 y 2015 se puede entender que, con el cambio de Gobierno y la entrada de Enrique Peña Nieto al poder, se generó cierta estabilidad, que se termina con el evento en el Topo Chico, pero que se troca por eventos discretos, como los de la vieja escuela, al estilo de la Ciudad de México o el Estado de México: las muertes se van dosificando, no se matan a 5, 10 o 20 en un solo acto, sino que se van esparciendo en el tiempo, para no generar ruido.

Ahora, podemos determinar patrones comunes en las masacres, preocupantes y graves, ya que, independientemente de las muertes, nos encontramos frente a un aparato de poder que le abre un corchete a la necropolítica. Desde esa posición no importa que se sepa que los presos cuentan con armas de fuego, que tienen cuchillos y *puntas*, que acceden a tubos y varillas y que sus actos son tolerados.

Las masacres las podemos comprender como multifactoriales, pero articuladas bajo las mismas directrices. El desenfreno y el exceso se podrían observar como una paradoja, ya que esos actos bárbaros, a veces hasta imposibles de entender en su crueldad, son realizados de forma precisa, con frialdad y pulcritud. Se ejecutan con sangre y fuerza, sin embargo, se instrumentan con inteligencia, sentido y dirección.

Los eventos ocurridos desde el 2008 son mencionados indistintamente como motines y enfrentamientos, cuando técnicamente no se cumple con esos postulados, ya que los únicos motines se dieron en Gómez Palacio, Iguala y La Toma, en Amatlán, porque en los hechos fueron asesinadas autoridades, que es una de las finalidades de *amotinarse*, rebelarse contra ellos, y aunque en Ciudad Victoria murieron elementos de seguridad, no obedece a esa misma dinámica, ya que les fueron arrebatadas sus vidas como parte de una escenificación.

Asimismo, en el grueso de los diferentes eventos no hubo encuentros de frente y simétricos, dado que los victimarios contaban con todas las condiciones: sorpresa, acceso a las diversas zonas del centro, armas y tiempo para llevar a cabo su labor, por lo que hablar de *pugnas* o *peleas* era un señuelo.

Esos señuelos no señalan que una masacre puede darse por acomodos de grupos de poder o por generar presiones —*calentar* la plaza—. No hay huellas nítidas de los operadores políticos, pero si observamos con precisión, veremos sus marcas. Sin embargo, los hilos que conducen hasta ellos, en algún punto, se rompen para que no lleguemos hasta arriba, porque, de ser así, estaríamos frente a crímenes de Estado contra determinados grupos, frente a muertes que resultaron rentables en algún campo o mercado, así como instrumentadas sistemáticamente, por lo que las responsabilidades escalarían en gravedad.

En algunos lugares la mano es clara, aunque por momentos se desdibuja, y esto ocurre cuando algunas autoridades reportan en este tipo de eventos como muertos a presos que no lo están. En ocasiones, logran salvarse en un primer momento, pero no consiguen escapar de su suerte, porque son entregados a los asesinos para que concluyan su labor. Sus cuidadores son los verdugos. Les dictan una sanción extrajudicial.

Las masacres, más allá de conceptualizarlas como algo que se da en una lógica de violencia extrema o como una especulación sobre una "vida que no vale", deben verse también como probables crímenes de Estado, ya que muchos de esos grupos se mueven bajo los dictados de autoridades constituidas como legales, las cuales ocupan puestos en la administración, y no como displicencias de sujetos omisos, sino como actores activos.

Por ejemplo, en el evento en el Topo Chico del 2016 se dio una escisión al interior de un grupo, lo que derivó en una masacre entre zetas, la cual, al final de todo, hasta su cierre, terminó favoreciendo al cártel del Noreste. Más allá de las atrocidades realizadas y el cambio de mando, su clausura no obedeció a principios *propersona*, lo que prevaleció fue la caducidad de las complicidades políticas. Ese lugar ya no era rentable en toda su extensión.

En La Pila (2013) se expulsó a Los Zetas con la venia de autoridades legales del estado. Ya no tenía empuje ese grupo, por lo que era forzoso sacarlos, y de paso mostrar, ejemplarmente, cómo se constituía un nuevo poder: el cártel del Golfo.

En Acapulco (2017), la matanza que ocurrió fue por el posicionamiento de un nuevo grupo, aunque quizá con ramificaciones políticas viejas en el penal, que buscaba operar desde una base local para extenderse en el municipio y lugares aledaños.

En Ciudad Victoria (2017) se instrumentó una farsa entre presos y autoridades, con la intención de despojar a Los Zetas de su gobierno, mediante la incursión autorizada del cártel del Noreste, ya que, narrarían algunos cautivos, y personal lo corroboraría, la gente del Noreste llegó en un traslado desde Nuevo Laredo gestado por la autoridad. "*Venían armados*, y uno de sus primeros actos fue el de ejecutar al líder del autogobierno, lo demás *fue un teatro montado*", a decir de testigos. Luego de varios años, todavía se veían las marcas de balas en algunas paredes y en la celda donde vivía el líder zeta: lo *cosieron a balazos.*

En Apodaca (2012) se dio una fuga entre la masacre. Una especie de tiro entre tres bandas: escapar y en la huida deshacerse de enemigos o aliados. Alguien los necesitaba afuera y calentar adentro.

En las masacres no sólo se articula una reafirmación: son desechos; sino que las acciones apuntan a un campo de la política nunca aceptado, el de los gobiernos de muerte, donde las subjetividades deambulan entre una plusvalía alta o baja, de cuerpo rentable o de residuo, todo depende del momento y el contexto. Una *microfísica del poder.*

Estos actos de muerte no implican, necesariamente, un exterminio, ya que no se puede hablar de que se pretenda una extinción total de los sujetos partícipes de un grupo, y aunque en los mensajes de los operadores aluden a esto, no se concreta como un hecho genocida, como la anulación absoluta de un estamento. Desde un posicionamiento de subjetividades, el exterminio sería esperar que el espejo no devolviera una imagen; en la masacre el espejo devuelve algo, aunque sea distorsionado, no la nada. Prevalece un principio básico de la guerra: son enemigos.

Menciona Guy Briole (2016):

> La guerra deshumaniza la muerte; priva de la muerte. Convierte los cuerpos en fragmentos dispersos que son recogidos después de la batalla; piezas sueltas que, un instante antes, fueron habitados por una historia. Es también lo que marca la diferencia entre el despojo —lo que nos llevamos, que se honra, que es objeto de ritos— y el cadáver, la parte real de lo que queda y que se busca hacer desaparecer, sustraer de la historia (p. 5).

En toda esta sarta de hechos se superpone la primacía de lo aberrante y sangriento, que le es inherente, ahí radica el poder de su mensaje y la instrucción cumplida

La violencia del narco, de los cárteles en ese submundo distrae de la violencia de arriba, una que genera mayor daño, aquella que causan los sistemas políticos/económicos. De esa violencia no se hacen cientos de películas o series ni se articulan discursos sobre los señores de la guerra y la muerte. Las historias de esas violencias sistemáticas serían más atroces, pero no llegaron a ser un objeto rentable para aquellos consumidores *gore* que se regodean sobre las entrañas de los muertos y sus siniestros finales.

El poder y sus personeros saben de las masacres, les satisfacen los resultados, se complacen con esos actos gozosos. Instrumentan las acciones siempre desde las sombras, donde les gusta estar, porque en el "campo de guerra" no soportan ver los cadáveres, los cuerpos amontonados. Prefieren guardarlos en el clóset o saberlos en fosas clandestinas, porque su cobardía les impide asomarse al horror y siniestro de sus acciones: observar lo real.

En estos hechos no podemos dejar de ver, desde una mirada crítica, que son gente pobre masacrando a otros pobres, mientras el poder se reafirma en esas muertes, porque para ellos, como muchos otros, las víctimas y victimarios indistintamente son una especulación, una sombra, un ente gris, un excedente, un sobrante…

Son el *homo sacer,* como propuso Agamben (2010), insertos en un orden jurídico de exclusión, donde sus vidas pueden ser arrebatadas sin castigo, sin sanción, por su condición de reductos, de "hombres despojados".

Sus vidas son de paso, la bala que no los mató afuera los alcanzó adentro, la navaja que no los laceró en el exterior los decapitó al interior, sus muertes no son nuestras muertes, pero al final terminan siéndolo.

Jacques Derrida (1998) señalaba la muerte como una aporía:

> La muerte del otro, esa muerte del otro en "mí", es, en el fondo, la única muerte nombrada en el sintagma "mi muerte", con todas las consecuencias que se pueden sacar de ello. Es otra dimensión del esperarse como esperarse el uno al otro; uno mismo se espera (en) la muerte esperándose el uno al otro hasta la edad más avanzada en una vida que, de todos modos, habrá sido tan corta (p. 123).

Tal vez, muchos dirán, esas masacres materializan sus vidas, la de hombres entregados a esos mundos. Las campanas no deberían de doblar por ellos, sin embargo, es ahí donde, al entender el último resquicio de su ser, saber de su agonía, nos rescatamos y les devolvemos la valía de la que los despojaron, no por almas caritativas, sino porque nada dice que nosotros no podamos ser los próximos.

NOTA

[1] Recomendación General 04/2012 emitida el 29 de octubre de 2012.

Tamaulipas: Cuarteles de guerra

> El campo de batalla es una escena de caos constante. El ganador será el que lo controle, tanto el propio como el de los enemigos.

NAPOLEÓN BONAPARTE

En el momento en que los custodios pasaron la lista de la mañana faltaba el prisionero Emiliano González Beas e inmediatamente se prosiguió a buscarlo, pensaron que se podría hallar en su celda, por lo que ahí se dirigieron. Lo encontraron en el suelo, boca abajo, semidesnudo, sólo con unos calzoncillos azules con rayas blancas puestos.

Emiliano, a quien se le conocía como el Jumex, había fallecido de un infarto, así lo dejó asentado el médico forense. Lugar: Centro de Ejecución de Sanciones de Matamoros (Cedes), Matamoros, Tamaulipas. Fecha: 29 de mayo de 2019.

La historia que ese día concluyó había comenzado en agosto de 2018, cuando Emiliano fue detenido y un comando intentó rescatarlo, su rango de líder del cártel del Golfo valía el riesgo. En prisión era un interno con privilegios, inherentes a su posición en el grupo.

Las autoridades convalidaron la versión del infarto, pero sin esclarecer del todo una pregunta fundamental, ¿qué pudo ocasionarlo? La respuesta vendría de boca de los presos: al Jumex lo mataron a tablazos.[1]

Probablemente fue un accidente, ya que esa prisión era gobernada por Los Ciclones, grupo hermanado con el cártel del Golfo, y matar a uno de los suyos de ese rango era arriesgado, a menos que se pretendiera contener una sublevación o ruptura, ya fuera dentro o fuera de la prisión.

Historias como la del Jumex se reiteran en las cárceles tamaulipecas, de los peores lugares para estar preso. Desde la primera vez que estuve ahí algo era claro: quien entra a una cárcel del lugar, aunque se lea trillado, debe hacerlo con un "cuchillo entre los dientes".

Esos establecimientos son "campos de guerra", o al menos una parte importante de ésta. Son fundamentales en la aplicación de las violencias estatales y paraestatales. Allí, como parte de todo conflicto armado, los operadores más irracionales no suelen mantener la disciplina, por lo que sus actos suelen ser volátiles con más frecuencia de lo que se quisiera.

Desde el 2013 hasta el 2020 pude recorrer esos lugares: el mundo que prevalecía no se asemejaba en nada a la vida de una prisión. Lo único real era el encierro, lo demás era un entramado de actos delictivos operados detrás de los muros.

Las historias de muertes, fugas, maltratos no se limitaban sólo a la época en que me tocó visitarlas, desde siempre fueron lugares de operaciones de grupos de poder y alojamiento de capos.

Su presente no era más que una serie de eventos continuos que se fueron agudizando con el paso de los años y los gobiernos en turno. Un ejemplo es Oliverio Chávez Araujo, el Zar de la Cocaína, un capo viejo. Durante los años ochenta e inicios de los noventa movía los hilos del penal de Matamoros, donde intentaron matarlo. "Un balazo en la quijada le impedía hablar", dijo Julio Scherer en su libro *Máxima seguridad* (2012).

En ese ciclo reiterado de *gobernanzas* criminales, años después, esa misma prisión fue manejada por el cártel del Golfo, aunque operada por Los Ciclones, uno de sus brazos que suele tener actos razonables, ya sea con rivales o su propia gente.

Esto lo corroboraron los hechos ocurridos en Ciudad Victoria en el 2017, posterior a una masacre realizada por la gente del cártel del Noreste, ya que pretendían seguir matando zetas, por lo que muchos de ellos fueron trasladados a Matamoros. En esa prisión eran la *contra*, los "mugrosos zetas", sin embargo, a pesar de que no se les permitía bañar y debían comer en el suelo, los mantenían vivos. Se les dio trato "humano" y no la aplicación de la máxima *canera* a los traicioneros o enemigos: muerte tras las rejas.

Es importante señalar que todas las prisiones de Tamaulipas cuentan con áreas que alojan a presos que son la *contra*. Un área para "prisioneros de guerra", a quienes se les mata, viola o extorsiona, dependiendo de las necesidades del poder asentado en el lugar.

En Matamoros y Reynosa se les coloca en *ingreso*, una celda en la parte más alta de un dormitorio de dos pisos. El edificio es similar en ambos casos. En Ciudad Victoria y Altamira se les coloca en *protección*, y en Nuevo Laredo en un pequeño cuarto que denominan *ingresos*, donde son custodiados por gente del autogobierno.

Las autoridades nutrían a los poderes ahí asentados de un recurso negociable o desechable, la vida de prisioneros pertenecientes a otros grupos, lo que generaba una suerte de enganche entre los establecimientos. Un efecto mariposa a partir del cual una cuchillada en Nuevo Laredo podría derivar en un ahorcamiento en Ciudad Victoria.

Las prisiones de Tamaulipas no siempre fueron así. No se puede afirmar que hubo tiempos mejores, porque en las prisiones no existe eso, pero pudo haber momentos donde a los presos se les dejaba purgar su condena de la forma más humana posible. Esas cárceles fronterizas, terregosas, áridas, calurosas albergaban cuatreros, fayuqueros, burreros, una mezcla de criminales locales, de poca monta. Hasta que su posición en el mapa cambió todo. Pasaron a ser cuarteles, guaridas, campos de operación de grupos de poder bajo la égida de políticas de pseudoguerra, securitarias.

Alegóricamente, todo el Golfo de México se volvió Tamaulipas. El brazo de la mafia se extendió, primero con el nombre del cártel del Golfo, luego con una de sus escisiones, Los Zetas. No es que sus operaciones no existieran antes, pero eran parte de una dinámica delimitada, silenciosa y con áreas de actuación específicas. Cuando se rompió esa línea de acción, se revolucionó todo ese campo. Y como parte de ello, siguiendo una lógica bélica, debían capturar o gobernar las prisiones.

Entonces, se convirtieron en espacios que permitían alimentar a la par que legitimar un aparato político, ideológico y de muerte. Desde Quintana

Roo hasta Tamaulipas, y bajo las siglas políticas de diversos operadores y protectores, se posicionaron esos ejércitos paramilitares y parapoliciacos, que entraban y salían de las cárceles, al mismo tiempo que se alimentaban de los recursos financieros y humanos que allí existían.

El centro de ese mundo se movía en apariencia desde Tamaulipas, o al menos allí fue donde se asumieron las comunidades rotas, los cuerpos en las calles, los sonidos de balas y el estado de excepción. Geográficamente, se podían ver los puntos donde había prisiones ocupadas por grupos tamaulipecos.

MAPA 2. *Ruta de prisiones del Golfo de México con presencia de zetas y golfos, hasta el año 2015*

Ambos grupos necesitaban esa ruta y las prisiones eran indispensables para sus operaciones. En algunos puntos gobernaban en solitario y en otros compartían mando. Dividiéndose Tamaulipas, por un lado, Los Zetas se ubicaban en Altamira, Ciudad Victoria y Nuevo Laredo, por el otro, los del Golfo en Matamoros y Reynosa. Debían tener un punto de llegada a la frontera, así como uno marítimo. Todo aquello que desplazaran, lo que trajeran consigo de sur a norte podía quedar bajo resguardo en las prisiones: Nuevo Laredo para Los Zetas y Reynosa para los del Golfo.

En la cárcel de Nuevo Laredo existió, hasta el 2020, un taller al cual no se permitía el acceso. Los internos, en ese entonces del cártel del Noreste, tenían las llaves y prohibían que te acercaras a ese espacio. Las autoridades no podían mostrarlo, por lo que no se cuenta con información de lo que había allí, decían que escobas y jaladores. En Reynosa, hasta el 2019, en una bodega del área de cocina no se podía ingresar, decían que se encontraba cerrada. Destacaba en el lugar una puerta hecha de madera fina superreforzada. No se podía ver desde la parte de afuera hacia adentro, a pesar de que contaba con ventanas, ya que habían colocado vidrios polarizados y, muy probablemente, blindados. Lo que se guardara en ambos espacios debía ser grande e importante, por la celosía con la que lo protegían.

Pero a pesar de las ganancias y la preponderancia de esos establecimientos, eran un continuo polvorín que estallaba más de lo deseado, pero en la justa medida de lo necesitado. Desde el año 2010 hasta el 2020, las cifras reportadas sobre eventos violentos en las prisiones por el Observatorio Ciudadano de la asociación civil Documenta mostraron lo siguiente:

CUADRO 2. *Eventos violentos en prisiones, 2010-2020*

	2010	2011	2012	2013	2014	2015	2016	2017	2018	2019	2020	TOTAL
Homicidios	43	38	1	1	1	1	2	23	4	1	0	**115**
Suicidios	7	23	8	4	5	3	6	3	5	1	2	**67**
Riñas	11	39	60	106	132	46	10	7	8	0	0	**419**
Fugas	8	4	3	2	1	0	1	1	0	0	0	**20**
Motines	0	0	0	0	0	0	0	4	0	0	0	**4**

FUENTE: Datos proporcionados por la asociación civil Documenta.

Los años de mayor incidencia coincidieron con rupturas en los grupos. Sucedió cuando Los Zetas y Los Golfos se separaron en el 2010, y tuvo un impacto aún en el 2011. Uno y otro pretendió imponerse ya fuera mediante masacres, matando individualmente a sus enemigos, cazándolos como "ratas" en los pasillos o celdas, o "suicidándolos". Hechos similares no se repitieron sino hasta el 2017, cuando se sumó a la ecuación el cártel del Noreste, que surgió de una separación de Los Zetas, así como la incursión de Los Escorpiones, del cártel del Golfo, en el penal de Reynosa, contra sus aliados Los Metros, quienes gobernaban la prisión y que trabajaban para el mismo amo. Durante el 2017, el cártel del Golfo, con Los Ciclones, Metros y Escorpiones enfrentados entre sí, debían hacer frente a Los Zetas y al cártel del Noreste, quienes a su vez combatían entre ellos. Esto no sólo dejaría una estela de muertos por las calles y la frontera, sino también en las prisiones. El enemigo estaba en todos lados, por lo que el resguardo de los baluartes era fundamental.

En esta serie de eventos se registran fugas masivas y asesinatos de alto impacto, como el del Borrado en el penal de Reynosa o los homicidios de custodios en la prisión de Ciudad Victoria, venganza por parte del cártel del Noreste, y la muerte de uno de sus líderes en las celdas de ese establecimiento.

Las alternancias en los mandos de esos cuarteles se efectuaban como ejercicios de fuerza y sangre. Los cambios de mando quedaban sellados con los líderes acribillados. Se daban bajo la ley del que a hierro mata, a hierro muere.

Desde el 2010 hasta el 2016, Ciudad Victoria y Nuevo Laredo fueron controlados por Los Zetas. En el 2017, el cártel del Noreste tomó el control de esos establecimientos. En Nuevo Laredo la transición fue "tersa", el poder de los del Noreste en esa zona era incuestionable y con fuerte arraigo. En Ciudad Victoria se efectuó mediante un asalto armado que pareció, en toda la extensión, planeado por la autoridad. Los Zetas creyeron lo mismo, por lo que en ese mismo año asesinaron al coordinador del Cedes de Tamaulipas, Felipe Téllez Ramírez.

Para mí, una imagen representaba esto. En el penal de Nuevo Laredo un pizarrón estaba colocado en la entrada. Diariamente se anotaba la cantidad de presos. En la parte superior derecha, durante años tuvo la letra Z, el día que esto cambió inmediatamente pusieron las letras *CDN*.

En el caso de los penales de Matamoros y Reynosa el grupo del Golfo siempre mantuvo el control. El único momento en que hubo enfrentamientos fue en el 2017 cuando Los Escorpiones les quitaron a Los Metros el gobierno de Reynosa, masacrando al líder y sus cercanos. Durante días, Los Escorpiones impidieron la entrada de cualquier autoridad, hasta que pidieron hablar con el director para hacerle saber que eran los nuevos dueños del lugar. Durante muchos años, en el módulo oriente se pudo observar pintado el rostro de Samuel Flores Borrego, el M3 o Metro 3, en tamaño gigante, al cual no se le debía tomar fotos. Era la forma en que vanagloriaban a su líder asesinado en 2011.

Tiempo después, ese rostro sería cubierto por un escudo del América, y la última vez que pisé esa prisión los dormitorios estaban pintados de color azul, similar al del logo del Partido Acción Nacional (PAN), que gobernaba el estado en ese entonces.

En el 2016, un nuevo Gobierno se instaló en Tamaulipas, el del PAN, y las cosas cambiaron. Las historias que hablaban del *gober golfo* (Rodríguez, 2021) se repetían continuamente con la esperanza de que, de ser así, la violencia disminuyera, incluida la de las prisiones. Así sucedió, con excepción de Nuevo Laredo, donde el cártel del Noreste, junto con sus brazos políticos y económicos, no iban a entregar la plaza por ideaciones pseudemocráticas de un gobernador suspirante.

Para el año 2020 las prisiones tamaulipecas eran controladas en su mayoría por el cártel del Golfo. En una dinámica similar a lo que sucedió en Coahuila, el estado creó una fuerza de élite policial denominada *Grupo de Operaciones Estatales* (Gopes). Eran la espada sobre la cabeza de las asociaciones delictivas. El trámite fue sencillo, por lo que Altamira y Ciudad Victoria, que pertenecían a Los Zetas, pasaron a ser del Golfo. Matamoros se mantuvo gobernado por Los Ciclones y Reynosa por Los Escorpiones.

La única resistencia fue Nuevo Laredo, donde el gobierno privado indirecto del cártel del Noreste, las fuerzas municipales y su ejército irregular, la Tropa del infierno, se negaban a perder su bastión.

Los cuarteles de guerra, con sus operadores, administradores y sus posiciones estratégicas, siguen más firmes que nunca. Las prisiones tamaulipecas no sirven para reinsertar, no funcionan para resguardar y dar seguridad a los presos, tampoco cumplen una función de ejecución de sanciones; pero como establecimientos de despliegue, de generación de recursos humanos bélicos y bodega de instrumentos de muerte cumplen con su fin…

NOTA

[1] En la jerga del crimen organizado significa golpear a un miembro del grupo o algún rebelde con una tabla, en ocasiones mojada, en glúteos y espalda como forma de disciplinarlo. Es una advertencia, no una sentencia de muerte en sí misma.

Cártel Jalisco Nueva Generación:
Prisiones limpias, negocios sucios

> La muerte es sólo una máquina de limpieza.
>
> <small>Louis-Ferdinand Céline</small>

Mientras observaba a los 22 internos, que sudaban de forma copiosa persiguiendo el balón, no dejaba de sorprenderme el estado perfecto de la cancha de futbol sobre la que jugaban.

"¿Cómo le hacen para cuidar el pasto?", le pregunto al custodio que me acompaña.

"Es pasto sintético, sólo se le da un tratamiento cada determinado tiempo. Era el que tenía el estadio de las Chivas, el que quitaron en el 2012. Nos lo donaron, junto con muchas de las herramientas que se necesitan para cuidarlo, y así lo hemos mantenido. La liga de futbol de aquí, de la Comisaría, es muy buena, vienen a jugar equipos de fuera, y a los nuestros les ha ido bien".

Su respuesta sobre el origen del pasto me deja pensando largo tiempo, ya que los administrativos de las Chivas siempre manifestaron que era un pasto incosteable, además de que su venta era de 180 000 dólares (*El Informador*, 2012), de inicio, y en ese momento lo veía, supuestamente, montado sobre la cancha de una prisión. 180 000 dólares donados me parecieron un acto muy altruista. 180 000 dólares gastados por un pasto me parecieron un acto irreal.

Era la primera vez que pisaba un centro penitenciario de Jalisco y lo hacía en la prisión más grande y conflictiva del estado, la Comisaría de Sentenciados, que, para mi sorpresa, me dejaba una buena impresión en ese lejano

2015. Desde el 2009, ese establecimiento se encontraba bajo el mando del cártel de Sinaloa, donde fungía como líder del autogobierno Nezahualcóyotl Ibarra Ramos, el Coyote o el Neza (Frausto, 2020). Con el paso de los años quedó inmersa la cárcel en un territorio controlado por el CJNG, por lo que era codiciada por ese grupo.

Además, como plus, contaba con orden, disciplina, respeto y aseo, a pesar del alto grado de sobrepoblación y hacinamiento, un lugar construido para albergar a 2 000 presos y alojó, en algún momento, a cerca de 6 000.

La operación de actividades ilícitas y el dinero que generaban, así como su posición estratégica, se antojaban como un botín irresistible, por lo que en una muestra de fuerza el CJNG intentó tomar el mando. El 22 de mayo de 2020, cerca de la 1:30 p.m., un grupo de internos intentaría asesinar al Coyote con armas de fuego y navajas. Abiertamente y en un acto sorpresa, por la fuerza pretenderían quedarse con ese baluarte sinaloense, sin embargo, fallarían en el intento, el Coyote sólo sería herido, aunque a costa de la muerte de algunos de sus guardaespaldas, mismo destino que sufrirían los confabuladores.

Nueve personas son asesinadas, tres de ellas por armas de fuego y el resto por golpes y heridas de armas blancas. La información proporcionada por las autoridades y reflejada en la Recomendación 186/2020 de la Comisión Estatal de Derechos Humanos Jalisco apunta que los hechos comenzaron cerca de las canchas, donde hubo detonaciones de armas de fuego y los presos se enfrentaron entre sí. Se encontraron dos armas de fuego (Pietro Beretta, calibre 0.380 automática y FNH USA Fredericksburg VA calibre 5.7 × 28 mm), además de bombas caseras en una celda del dormitorio 3, elaboradas con pólvora, pilas y un sistema a control remoto. Los artefactos encontrados mostraban el grado de control de los grupos en esa prisión, además de la nula existencia de vigilancia para el ingreso de objetos. Las aduanas eran una coladera por la que introducían drogas, personas y armas.

Antes del evento de la Comisaría de Sentenciados, el CJNG y el cártel de Sinaloa ya habían tenido enfrentamientos en la prisión de Colima, tres para ser exactos (septiembre de 2019 y febrero y abril de 2020), en los cuales sólo una persona murió, pero con esto bastó para que los de Jalisco tomaran el control.

A partir de estas pugnas se vio dinamitada la estabilidad de muchos territorios y prisiones en la actualidad, lugares donde ambos mostraron su capacidad de operar y de armamento. Sin embargo, si se observa hacia atrás, se encuentra que el CJNG no siempre fue un grupo empoderado, más bien era un poder local. De hecho, entre el 2009 y 2010 emerge como un ente paramilitar y parapoliciaco denominado Los Matazetas, y a partir de ese momento se fueron expandiendo por todo el país. En un inicio, el CJNG no movía su "franquicia" más allá de lugares colindantes con Jalisco, apenas comenzaba a olfatear nuevos dominios. De la mano de mandos políticos, instituciones económicas y estructuras operativas, su despegue fue meteórico.

Su dinámica en prisión distaría de la llevada a cabo afuera; aunque los presos no dejan de generar ganancias, tiende a ser un grupo que los explota menos. Les deja un margen de movilidad, no los tiraniza como lo llegaban a hacer Los Zetas o los del Noreste.

Podrá leerse como una intrascendencia o señalarse como una banalidad, pero cuando uno pisa una prisión donde gobierna el CJNG hay un elemento que sobresale: limpieza de los establecimientos, que con mucha probabilidad lo aprendieron del cártel de Sinaloa, de la Confederación del Pacífico, quienes fueron fundamentales en su surgimiento, aunque lo perfeccionaron.

Las prisiones de Jalisco son, a pesar de los años, ejemplo de ello. Si uno las camina, podrá ver áreas verdes, zonas de tránsito de personas bien marcadas y una limpieza incuestionable que va desde los pasillos hasta las celdas. Lo que empezó como una lógica de orden y limpieza en una prisión, con el paso de los años se convirtió en una forma de estructurar el mando en las cárceles en las que tomaba el control ese grupo, además de una "marca" que imponía la "empresa".

Los casos que alguna vez me sorprendieron, por su cambio radical, fueron la prisión de Coatzacoalcos y el Reclusorio Norte. En ambos lugares se habían asentado y pasaron de ser mugreros a sitios donde se notaba una mayor higiene. Entonces, fui entendiendo algunos de sus códigos en las cárceles.

Hay cinco cuestiones básicas, inherentes a la limpieza y el orden, que pueden notarse en los lugares donde tienen el mando:

No hay mendicidad. No se perciben presos en estado de desamparo, ya sea por el consumo de drogas o por un deterioro físico o mental. No se les observa tirados en pasillos o pidiendo dinero.

No se permite que se le falte el respeto a la visita. Es común en la mayoría de los establecimientos, pero se da con mayor disciplina en los lugares donde están presentes.

Los presos deben estar bañados. Contrario a lo que ocurre en la mayoría de las cárceles, los internos deben asearse y usar uniformes lo más limpios posibles.

Las celdas, pasillos y áreas generales deben estar limpias. La prisión puede estar deteriorada o falta de mantenimiento, pero aun así no debe haber basura u observarse lugares sucios.

Nadie ve nada. Se come callado, como se dice en las cárceles, parte de la *omertá* mafiosa. Abarca de presos a funcionarios.

Estas dinámicas son relevantes porque se instauran como un método de control y sometimiento. Cada grupo tiene sus formas, desde las sangrientas hasta las mencionadas con anterioridad. En este caso, la limpieza se puede ver como un indicio de que el CJNG se consolidó y la población ya está *jalando* con ellos. Esto no implica que no se presenten riñas y suicidios, estos últimos son típicos de este grupo. Los "suicidan", como las viejas escuelas mafiosas, pero también los matan, y en ambos casos no se detienen ante las implicaciones, porque cuentan con protección política. Forman parte de una misma estructura legal/ilegal.

Algunos hechos lo demuestran. El homicidio en el 2018 de Gerardo Mendoza Chávez, Don Gera, señalado como líder de una célula delictiva que operaba en Colima, dentro de la Comisaría Preventiva de Jalisco. En una supuesta riña, él y su agresor "se rozaron los hombros en la escalera" del dormitorio 14 (Zamora, 2018), lo que motivó que "le deshiciera la cabeza" con un tronco. Era acusado de ser autor intelectual del asesinato de Silverio Cavazos Ceballos, exgobernador de Colima. La historia era inverosímil, ya que el capo masacrado, además de pagar su crimen, les peleaba el puerto de Manzanillo.

Durante años había logrado escapar de la mano del Gobierno, tres días le bastaron en prisión para ser alcanzado por la justicia del hombre. El tema escaló al punto que Felipe Calderón escribió, días después, un tuit que decía:

Gerardo Mendoza, asesino del ex gobernador de Colima, Silverio Cavazos, fue capturado y asesinado en el penal. ¿Cómo es posible que no hayan protegido a un testigo tan importante? Posiblemente su testimonio se hubiese encaminado a altas esferas del poder, exgobernadores, por ejemplo (De Mauleón, 2018).

Las insinuaciones del expresidente apuntaban al silenciamiento de un personaje que podía develar los contubernios entre grupos de poder estatales y paraestatales.

Los hechos se cortaron por el hilo más delgado: juzgar por homicidio a un preso "insignificante". Un *pagador,* una *chequera,* como se les dice en las prisiones a quienes cobran por adjudicarse los crímenes.

Meses después, en ese mismo año, se "suicidó" un supuesto contador del CJNG en las mismas instalaciones, la Comisaría Preventiva. En el gimnasio lo hallaron "con unas cuerdas atadas al cuello y uno de los extremos amarrado a una de las estructuras metálicas del techo" (Ibal, 2018). Adrián Gómez Meza era acusado de lavar dinero en Puerto Vallarta, su centro de operación. En algún momento de su vida fue líder de las juventudes del PRI y cetemista, y por propia mano se quitaba la vida… No porque pudiera saber cuentas, movimientos, pagos, destino de dinero, o por temor a que expusiera a su grupo, sino por "un cuadro de depresión debido a que su defensa no lograba acreditar las violaciones al debido proceso de las que fue objeto desde el momento de ser detenido" (Huerta, 2018).

Ahora, un dato importante a señalar es que los centros penitenciarios de Puente Grande son parte de un complejo ubicado geográficamente en la misma zona, a la cual se le llama *Núcleo Penitenciario de Puente Grande*, que está integrado por cuatro comisarías: Sentenciados, Prisión Preventiva, Femenil y Reclusorio Metropolitano, todas administradas por el poder estatal. El Centro Penitenciario Federal No. 2, también conocido comúnmente como *Puente Grande*, se encontraba cercano a ese lugar, sin embargo, era administrado por la federación.

El CJNG gobierna en su casi totalidad esos establecimientos, con excepción de la Comisaría de Sentenciados y con una injerencia mediana en la Comisaría Femenil. Controlaba mucha de la vida del centro federal hasta antes de su cierre.

Desde ese Núcleo Penitenciario se operan muchas de las acciones criminales del CJNG, no sólo a nivel nacional, sino internacionalmente. ¿Se entiende la importancia de éste?

Sus crímenes, de forma general, se realizan sin ruido. Es un hacer silencioso cuando se trata de que circulen mercancías, personas, dinero e influencias; sin embargo, cuando se trata de fiestas y dispendio, no hay límite. Datos de la Fiscalía General de Jalisco señalaron que, en seis años, del 2011 al 2017, en la Comisaría de Prisión Preventiva se realizaron 192 presentaciones de grupos musicales en el lugar, 42 en el Gobierno de Emilio González Márquez (2011 a febrero de 2013) y 150 en el mandato de Aristóteles Sandoval Díaz (Herrera, 2017), el exgobernador asesinado en Puerto Vallarta a finales del 2020. Fiestas en las cuales los grupos musicales hacían apología del delito, y se escuchaban arengas como: "¡Viva el Señor Mencho!". Ese centro, desde el año 2010, era controlado por José Luis Gutiérrez Valencia, Don Chelo.

La forma de actuar del CJNG ante las autoridades penitenciarias parte de darles su lugar. Les permiten tener un margen de actuación para la implementación de programas de reinserción, con el fin de que parezca que no ocurre nada irregular en los establecimientos. Es un anzuelo que muchos observadores externos suelen morder.

Sansó-Rubert Pascual (2015) señala al respecto:

La delincuencia organizada se caracteriza por afrontar procesos evolutivos, adaptándose al entorno en el que pretende llevar a cabo sus actividades ilícitas para evitar la pérdida de competitividad y eficacia, y el sistema penitenciario, a grandes rasgos, no ha supuesto una excepción. Este fenómeno multiforme representa un peligroso ejemplo de privatización de la violencia capaz de evadir el principio del control consustancial al Estado, incluso en instituciones de control social por antonomasia como las prisiones (p. 99).

La expansión del CJNG se ha consolidado en diferentes cárceles, en algunas ha logrado generar alianzas, en otras ha llegado a realizar un vasallaje, aunque no tan cruel como el de otros grupos. Y en los lugares donde no se ha logrado posicionar lleva a cabo disputas, apoyándose de grupos locales tanto legales como ilegales. Los utiliza como avanzada, y posteriormente entra con toda su fuerza.

Los casos más marcados son los que sostiene contra los de Sinaloa. Han tenido enfrentamientos en algunas prisiones de Baja California, Colima, Nayarit, Zacatecas, Jalisco, Aguascalientes, Ciudad de México y Estado de

México, preponderantemente. A los Zetas Vieja Escuela los enfrenta en lugares como Veracruz y Quintana Roo, primordialmente. Las prisiones de Cancún, Chetumal y Playa del Carmen han sido establecimientos en los cuales no han entrado de lleno. El asesinato del comandante de la prisión de Cancún, a finales del 2020, obedeció a esa pelea territorial.

Una de sus alianzas más fructíferas la estableció con el cártel del Golfo, mediante la cual consolidó rutas y aseguró su presencia también en las prisiones. Un caso que llamó la atención fue cuando, en el 2019, cuatro sujetos con máscaras de payaso se grabaron mientras se desplazaban en una camioneta por Camargo, Tamaulipas, parte de la Ribereña. Llevan consigo armas de fuego y se ufanan de ser gente del CJNG, algo impensado en esos lugares fuertemente custodiados por el cártel del Noreste, al cual iban a hacerle la guerra.

Así, en un lapso de 11 años, el CJNG pasó de ser un poder local feudal a un grupo trasnacional que entendió la lógica estratégica de las prisiones y su necesidad de usarlas como instrumentos. En los lugares que ha pisado se ha encargado de dejar huellas particulares que ensalcen su firma de grupo, aquello que los diferencia del resto: prisiones limpias…

Breviario de infamias

Uno puede sonreír y sonreír, siendo un infame.

WILLIAM SHAKESPEARE

LA PRISIÓN DE LAS RATAS

En la prisión estatal de Colima, las áreas que alojan a los presos psiquiátricos y de nuevo ingreso tienen un ambiente viciado por la falta de higiene de quienes viven ahí. La mayoría de los internos de esa prisión son pobres. Se nota en sus uniformes raídos y zapatos rotos.

Sin embargo, más allá de eso, existe un elemento que sobresale por encima del resto, y es la cantidad de ratas que hay en el lugar, las cuales se han reproducido sin parar al punto que construyeron una ciudad debajo de la prisión. Las madrigueras se pueden ver por toda la cárcel.

Las autoridades aceptan que es una plaga incontrolable, que históricamente ha sido imposible de disminuir. De noche, y también cuando hay lluvia, se les observa salir en grupo y andar por los pasillos y dormitorios. Han mordido a los presos, se cuelan entre sus pocas pertenencias, se comen sus víveres… Debajo de las escaleras y en los registros de las coladeras diariamente se acumulan sus heces a montones.

Un método poco ortodoxo y sin efectividad que aplica la autoridad consiste en abrirle las puertas a perros callejeros durante la noche para que las cacen.

"Sería más viable mudarse de prisión que acabar con ellas", afirman aquellos que tuvieron que aceptar que ese lugar es de las ratas. Superan por diez veces a la población de presos que ahí pagan su condena.

LA CHINA Y LAS FED

En La Paz, Baja California Sur, se dice que ese lugar literalmente es la paz, por la vida de tranquilidad que lleva la gente de ahí. Cuando los homicidios se empezaron a acumular y las balaceras eran cosa recurrente, esa premisa se vino abajo. El quiebre de esa forma de vida derivó de la ruptura entre la gente del cártel de Sinaloa.

Melisa Calderón, la China, jefa de sicarios de las Fuerzas Especiales de Dámaso (FED), rompía con su antiguo jefe, Dámaso López Núñez, el Licenciado, al cual el Chapo y el Mayo le dieron la franquicia sinaloense para explotar aquellas tierras.

El Licenciado pretendía quitar a la China por la visión machista que se tiene en el narco, ya que no la relevaba de su cargo por ineficiente, sino que en su lugar quería poner a un hombre, por lo que aquélla incendió el estado.

La pugna llegó hasta las prisiones, primordialmente en La Paz y los Cabos, donde los leales a la China durante años gobernaron y a quien no se plegaba lo eliminaban.

Cuando la detuvieron, su albergue temporal fue la prisión de La Paz, desde donde seguía operando los delitos que cometía al exterior hasta que fue trasladada al centro federal femenil. Allí, la fueron apagando, lo que dio paso a la historia de Melissa, despojada de la China, y su efímera vida por el mundo del narco, las resistencias que les puso, sus adicciones y el flagelo de no someterse a los designios de esos lugares donde las mujeres sólo son vistas como trofeos.

EL ASESINATO DEL PRESIDENTE

Desde la creación de la figura de ombudsman —la máxima autoridad en torno a la defensa de derechos humanos en las comisiones de los estados de la República— en los noventa, ninguno de ellos había sufrido algún atentado.

Las cosas cambiaron en noviembre de 2017, cuando el presidente de la Comisión de Derechos Humanos de Baja California Sur, Silvestre de la Toba Camacho, fue asesinado junto con su hijo en las calles de La Paz, a bordo de su auto. En el lugar del atentado, del que además resultaron heridas su esposa e hija, 93 casquillos fueron encontrados.

La línea principal de su homicidio, y la cual no ha sido modificada con el tiempo, apuntaba a sus funciones, por lo que ser portavoz de la defensa de los derechos humanos se podía convertir en un asunto peligroso. Acostumbrados a ver cómo sólo asesinaban a los defensores de a pie, que mataran a un funcionario de alto rango se veía como un claro desafío.

Su asesinato llegaba en momentos en los que el estado era escenario de disputas entre el cártel de Sinaloa y el CJNG, por lo que su muerte podía ser conexa. Sin embargo, el móvil no se aclaró a pesar de la relevancia del crimen. El asesino material fue detenido y condenado a 50 años, nunca habló, y si lo hizo no se supo lo que dijo. El chofer del auto desde el que dispararon fue encontrado muerto en Ciudad Constitución, y el supuesto autor intelectual no sería señalado formalmente. Su ejecución tenía tintes políticos, las órdenes podían venir desde cúpulas tan altas que aún se desconoce con claridad por qué pasó.

EL ANIMAL QUE SALÍA DEL DRENAJE

"¿Qué es lo que sale del desagüe?", les pregunté con asombro al grupo de presos que se arremolinaban a mi alrededor y suplicaban hiciera algo para terminar con lo que les pasaba durante las noches.

Estaba en la prisión de Villahermosa, en Tabasco, el Centro de Reinserción Social del Estado de Tabasco (Creset), durante años bastión de Los Zetas, y posteriormente gobernado por el cártel del Golfo, así como por el grupo del Pelón de Playas. Era el 2013 y los presos y yo nos encontrábamos en un área que alojaba a los prisioneros considerados como sujetos a tratamientos especiales.

La zona resguardaba a Los Zetas, a los que los del Golfo habían llegado a suplir en el mando, y los condenaban a pasar sus días en ese espacio. Para llegar allí, se tenía que bajar a tientas por unas escaleras, ya que era un sótano y no había luz. El aire circulaba exiguamente y el sol se colaba por una pequeña rendija, la cual quedó junto a un extractor de aire que les colocaron para que no se asfixiaran.

Los prisioneros con insistencia me pedían ayuda, sin embargo, su petición era atípica. No se quejaban de sus ropas rotas y viejas, de las condiciones insalubres en que estaban, tampoco de pasar todo el día con la luz apagada, ya que si la encendían el calor se tornaba insoportable, o del hacinamiento que padecían. Decían que ellos se acoplaban a lo que la autoridad les diera. Porque a pesar de esas condiciones seguían vivos; caso contrario, si hubieran estado con el resto de la población, sin el menor reparo ya los hubieran matado. Sin embargo, había algo que los aterraba durante las noches, y era lo que salía de las coladeras destapadas y las tazas sanitarias rotas que había en el lugar.

"En la madrugada sale un animal del caño, no sabemos qué sea. Es algo parecido a un ciempiés, pero grande y como de un metro de largo, no lo hemos podido atrapar, ya va para rato que nos asusta, y no sabemos qué hacer porque tenemos miedo de que nos haga algo mientras dormimos. Anda por los pasillos y se mete a las celdas."

Mientras la autoridad los tenía encerrados en ese lugar por miedo a sus actos criminales, aquellos "hombres ingobernables", temidos por sus formas crueles, eran unos tipos asustadizos que le temían al ciempiés gigante que los aterrorizaba durante las noches.

ZACATECAS: PUGNA SIN FIN

Desde el inicio de la "guerra", las prisiones de Zacatecas entraron en un terreno de violencia reiterada. Fugas, riñas, muertos se convirtieron en un escenario consuetudinario de esos lugares, primordialmente en Fresnillo y Cieneguillas. Como punto estratégico de comunicaciones, traslado y rutas, las prisiones se llenaron de grupos de poder.

En el inicio estaban los de Sinaloa, luego llegaron los golfos y zetas para pelear la plaza, se fueron éstos últimos y dejaron a los Talibanes, y un día llegaron los del CJNG, y así, al no poder posicionarse, se tuvieron que fragmentar las prisiones por dormitorios.

"Permítanme un momento", dice el director del centro mientras contesta uno de sus teléfonos celulares.

"¿Qué pasó? No, aguántame, ahorita mando a personal para que te atienda. Estoy ocupado con personal de derechos humanos y no puedo bajar", le comunica a su interlocutor.

"Perdón, es que me están pidiendo unos internos que baje y los atienda", se disculpa el funcionario sin magnificar lo que acaba de ocurrir. Uno de los dueños del centro le exigía que ingresara a los dormitorios, quería instruirlo.

Las prisiones de Zacatecas son de ellos, por eso pasan los años y las pugnas continúan, están inmersas en un ciclo de violencias y complicidades estatales, sin fin.

AQUÍ NOS PROSTITUYEN

En Michoacán hay dos penales ubicados en Morelia: el Centro Penitenciario David Franco Rodríguez, popularmente llamado *Mil Cumbres*, y el de Alto Impacto, el cual aloja internos que representan un alto riesgo, según la administración penitenciaria. Ambos establecimientos albergan grupos de poder, la Familia Michoacana, Los Viagras y el CJNG, los cuales controlan la vida al interior, lo que no impide que parte del negocio sea para la autoridad.

En el 2018, un grupo de prisioneras que vivían en estos espacios comentaron: "Aquí nos prostituyen, buscan a las compañeras que tienen mejor cuerpo y son más bonitas. Nos ofrecen prostituirnos, ya sea con presos, autoridades o personas del exterior. Van hasta nuestras celdas a pedírnoslo, y si no aceptamos comienzan las amenazas".

"¿Quiénes les piden eso?", se les pregunta.

"Las autoridades penitenciarias. Siempre los va a ver de traje. Pasean por nuestra área a personas del exterior, les presumen los 'programas de reinserción' y muestran nuestro trabajo, pero apenas los despiden, como farsantes que son, regresan a pedir que vendamos nuestro cuerpo y dignidad. Creen que no la tenemos por ser presas".

SANTA ROSA DE LIMA: FEUDO POLÍTICO

Durante años las prisiones guanajuatenses fueron ejemplo nacional, lugares donde se garantizaba una vida digna a los presos. Posterior al 2018, el panorama cambiaría. La incursión del cártel de Santa Rosa Lima, liderado supuestamente por José Antonio Yépez Ortiz, el Marro, de la mano de una mafia local, formada por grupos políticos, económicos y parapoliciacos de la zona, dinamitaron la vida de ese estado, incluidas las prisiones.

Las rutas de *huachicol* y la ubicación de la refinería de Salamanca hicieron que ese negocio fuera motivo de pelea entre grupos políticos y sus generadores de violencia. Los homicidios de custodios y atentados contra directores de cárceles se inscribieron como dinámicas de esa lucha.

El grupo de Santa Rosa de Lima tuvo que enfrentar los embates de un grupo externo, el CJNG, lo que generó que prisiones como las de Celaya, León, Irapuato y Valle de Santiago se llenaran de gente de ambos bandos y que fricciones y riñas empezaran a ser el común. Las autoridades tuvieron que lidiar con poblaciones divididas entre marros y gente del Mencho.

TU NÚMERO DE PRISIONERO LLEVARÁS TATUADO

En las prisiones federales los presos son alienados, invisibilizados como sujetos sociales. No tienen nombre, son un número más, el cual deben de llevar adherido en su uniforme.

"¿Cómo te llamas?", se les pregunta a esos prisioneros. "No importa mucho eso, mejor anote mi número, así es más fácil", contestan.

Primo Levi señalaba en su libro *Si esto es un hombre* que después de haber pasado años en los campos de concentración nazis él era un *Häftling*:[1] "Me he enterado de que soy un *Häftling*. Me llamo 174517; nos han bautizado, llevaremos mientras vivamos esta lacra tatuada en el brazo izquierdo".

En esos sistemas totalitarios los designaron como un símbolo numérico y se los marcaron, no sólo en la piel y ropa, sino también en su ser, para que así terminaran siendo eso, un número más, una estadística.

LA TOMA: CELADA A LOS POLICÍAS

Al pasar por la esclusa que conectaba el pasillo con los dormitorios se podía observar el área completamente calcinada. Con bombas molotov la incendiaron. Algo común durante un disturbio, ya que se dañan las instalaciones, sin embargo, en este caso el asunto era diferente porque le prendieron fuego al lugar con siete personas dentro. No pudieron escapar, la esclusa fue construida como una fortificación —vidrios reforzados, barrotes de protección y puerta de acero—, un lugar perfecto de resguardo, pero también imposible de vulnerar desde adentro.

Los asesinados eran elementos de diversas corporaciones policiacas: tres de la policía estatal, dos policías municipales de Orizaba, un policía del Instituto de la Policía Auxiliar y Protección Patrimonial (Ipax) y un cadete de la Academia de Policía. Entre humo y fuego perecieron.

El penal de La Toma, ubicado en el municipio de Amatlán, Veracruz, fue el escenario de estos hechos, una noche de marzo de 2018. Gobernado por Los Zetas durante años, no dejarían su negocio sin pelear al cártel del Golfo y al CJNG, por lo que los supuestos líderes antes de ser trasladados empezaron los disturbios.

Alguien le avisó a los Zetas Vieja Escuela lo que venía, motivo por el cual comenzaron el motín. Las autoridades respondieron inadecuadamente y sin estrategia, mandando elementos externos a entrar a un laberinto de pasillos y celdas, sin conocimiento del lugar, incluso mandaron a un cadete de policía como carne de cañón, para terminar acorralados en un espacio sin salida, donde los asesinaron. Violentando toda normatividad y sin ceñirse a los protocolos, mandaron a los policías al matadero, para así entregarles la prisión a sus nuevos dueños: el CJNG.

La muerte de esos policías no generó más que falsas condolencias y pagos mal merecidos a autoridades ineficientes y corruptas.

PACHO VIEJO Y EL FISCAL

El penal de Pacho Viejo, ubicado en Xalapa, Veracruz, era territorio de Los Zetas. Sin embargo, existía una colusión con las autoridades, y los prisioneros que formaron parte del gobierno de Javier Duarte, entre ellos su secretario de

Seguridad Pública, lo confirmaron. Afirmaban que ese centro era un lugar de tortura operado por el gobernador, Miguel Ángel Yunes, y el fiscal, Jorge Winckler (Ávila, 2019).

Con golpes, amenazas y música de Maluma y Bad Bunny a todo volumen, durante días eran torturados, buscaban quebrarlos y que así confesaran los crímenes de los cuales se les acusaba (*La Razón*, 2018).

TORTURA: LAS PERSONAS QUE YA NO SERÁN

"¿Cómo sabes que una persona fue torturada?", me preguntan con frecuencia. Y considero que la respuesta se torna simple después de haber entrevistado a muchas personas que sufrieron ese flagelo. El torturado no vuelve a ser quien era antes del evento. Hay una escisión o ruptura subjetiva entre el antes y el después, y a pesar de que las personas con el paso de los años tienden a olvidar lo vivido, hay cosas con las que no hay vuelta atrás.

En el discurso de la guerra el enemigo es objeto de tortura sin miramientos, y bajo la premisa de la salvaguarda se legitima la ruptura de almas, el quebramiento de subjetividades, las locuras inimaginables de los agresores. Los centros de tortura de las dictaduras parecían hechos lejanos, representaciones de las barbaries más infames, sin embargo, a la vuelta de la esquina, en nuestra historia contemporánea estamos ubicados en el mismo lugar. La tortura se convirtió en el método predilecto del poder, no por efectivo, sino por su falta de simetría: un sujeto se impone sobre el otro en un campo desigual.

Le decía el Capitán a Pedro en la narrativa de Benedetti (2009):

Los muchachos eléctricos usan la picana porque no tienen suficiente confianza en su poder de persuasión. Y además consideran que el preso es un objeto, una cosa a la que hay que exprimir por procedimientos mecánicos, a fin de que largue todo su jugo. Yo en cambio nunca pierdo de vista que el detenido es un ser humano como yo. ¡Equivocado, pero ser humano! (p. 20).

En cuarteles de policías, en las mazmorras más hediondas de las fiscalías, en casas de seguridad, en celdas inmundas, en prisiones de máxima seguridad, los torturadores queman, violan, rompen, desgarran, privan del sueño a los cuerpos cautivos, para quienes no habrá nunca más un punto de retorno.

AGUASCALIENTES: LA TRANQUILIDAD DE LA PLAZA

En el estado de Aguascalientes se dice que nada pasa por ahí si no tienen conocimiento primero los señores de Sinaloa.

Un hecho que encendió los focos rojos ocurrió en el 2017, cuando nueve hombres en situación de calle manifestaron haber sido torturados por personas desconocidas. Contaron que fueron sustraídos por policías de las instalaciones de seguridad pública municipal de Aguascalientes, C4, durante la madrugada, donde se encontraban por haber cometido alguna falta cívica, como orinar o tomar en la vía pública, siendo entregados a hombres encapuchados y vestidos de negro, un ente parapoliciaco o paramilitar, quienes los llevaron a las afueras de la ciudad. Les rompieron pies y manos con mazos, y les dieron un mensaje: "No los queremos ver en las plazas ni en las calles mendigando".

El hecho parecía una razia para deshacerse de aquellos que "afeaban" la ciudad, aunque podía obedecer a una situación más compleja: las intenciones del CJNG de entrar a Aguascalientes. Uno de los obstáculos que le ponía el grupo de Sinaloa era quitarle la posibilidad de reclutar halcones entre mendigos y parias.

Las prisiones de Aguascalientes se empezaron a poblar de personas afines al CJNG, cuya movilidad allí estaba restringida por miembros del cártel de Sinaloa; así, les mostraban que esos lugares eran su feudo y que las autoridades solían actuar en coordinación con ellos.

NAYARIT: EL DIABLO ESTÁ EN LOS DETALLES

Una de las peores prisiones mexicanas es la Venustiano Carranza, ubicada en Tepic, Nayarit. Durante años organismos defensores de derechos humanos han señalado las irregularidades que hay en ese lugar: cobros, extorsiones, venta de droga y prostitución, crímenes operados por los *bastoneros* (encargados de los dormitorios).

Prisión gobernada y administrada por los Beltrán Leyva, quienes desplegaban sus acciones mediante un grupo denominado *Los Pelochos*, hicieron de ese lugar su centro de operaciones. Extrañamente, uno de sus activos más sucios, desordenados y problemáticos.

Con el apoyo de los gobiernos en turno, ese establecimiento fue lugar de castigo y sanción para los enemigos. Solían vivir un purgatorio tras las rejas, prodigado tanto por grupos legales como por grupos ilegales, quienes, junto con el exfiscal Édgar Veytia, el Diablo —acusado de estar coludido con grupos de delincuencia organizada y detenido en Estados Unidos—, eran partes activas de ese mundo.

Dinámica que se replicaba en la prisión de Bahía de Banderas, donde el director de la cárcel era cercano al exfiscal. El lugar albergaba a presos incómodos, como Eduardo Valencia Castellanos (*Proceso*, 2017), acusado de ser un defraudador, y a quien Veytia pretendería despojar de su patrimonio y, por lo mismo, mandaría a matar una vez preso allí.

Veytia hizo común el uso de fuerzas irregulares en todo el estado. Creó una asociación de élite en la que reunió a los mejores elementos y la utilizó como grupo de choque. Era coordinada por Jahaziel Espinosa Huerta, el Comandante Jack. Entre los dos llenaron el estado de muertos y fosas clandestinas.

Con la caída de Veytia y el término del mandato de Roberto Sandoval, exgobernador de Nayarit, ambos hechos ocurridos en 2017, el CJNG comenzó con embates más intensos, de entre los cuales se cuenta el asesinato a los encargados del autogobierno del Venustiano Carranza en ese mismo año. Lograron quedarse con esa franquicia, no sólo a través de hechos violentos, que fungieron más bien como pantalla, sino por la coyuntura que representaba el cambio del Gobierno, lo que les permitía afianzarse y renegociar.

El Diablo hizo de Nayarit su negocio y mostró su poder de acción a través de los pequeños detalles. Fue un claro ejemplo de la colusión entre grupos de poder, mezcla de lo estatal y lo paraestatal, lo que dio como resultado tierras feudales que, en épocas democráticas, paradójicamente, parecen más vigentes que nunca.

DRONES CON DROGA

El uso de dispositivos tecnológicos para cometer crímenes no es algo nuevo, pero con el paso de los años ha tenido cada vez más auge. Uno de éstos son los drones. La primera vez que escuché de su utilización fue en el estado de Morelos, donde eran usados para introducir drogas o celulares a las prisiones, además de amenazar a directores diciéndoles que se tenía una radiografía del establecimiento, o para extorsionar presos señalándoles que desde fuera estaban viendo sus movimientos.

Las cárceles de ese lugar, gobernadas durante años por los Beltrán Leyva y posteriormente por una de sus escisiones, Los Rojos, eran objeto de deseo del CJNG —el cual se quedó con el gobierno de las prisiones morelenses posterior al asesinato de uno de sus líderes Raymundo Isidro Castro, el Ray, en el penal de Atlacholoaya—, y este tipo de hechos se daban como consecuencia de ello.

La historia podría haber pasado por irreal o por algo anecdotario, ya que no existía documento o señalamiento al respecto, como tampoco denuncias formales ni en Morelos ni en otros estados. Fue hasta el 2021 cuando se pudieron constatar los eventos en cuestión, ya que custodios del penal de El Hongo I, en Baja California, interceptaron un dron que intentaba introducir marihuana (Heras, 2021). Este estado se hallaba en disputa por diferentes actores políticos: el cártel de los Arellano Félix, el cártel de Sinaloa y el CJNG.

Como vemos, las tecnociencias, hermanas del capital, abarcan un amplio campo. Y la operación de instrumentos tecnológicos complica las formas de afrontar el crimen y obliga a repensar las estrategias, ya que pueden venir eventos más complejos para las prisiones.

PUEBLA: TIERRA DE HUACHICOL

Las prisiones poblanas siempre fueron vistas como cárceles provincianas, dado que durante mucho tiempo albergaron a personas que delinquían en sus comunidades, llevaban a cabo actos que lastimaban a sus núcleos más cercanos. Solían ser alojados en establecimientos municipales, cercanos a su lugar de origen.

Los presos problemáticos eran colocados en tres centros penitenciarios: San Miguel, ubicado en la capital, Ciudad Serdán o Tepexi de Rodríguez, los cuales contaban con una infraestructura para albergar poblaciones complejas o entendidas como peligrosas.

El resto de las prisiones albergaba internos que pagaban penas por delitos comunes y de bajo impacto. Distribuidas en diferentes ayuntamientos, a pesar de que las instalaciones fueron diseñadas para cumplir sanciones administrativas, la distancia y distribución de juzgados orilló a que se les depositara en éstas.

Con la idea del conflicto bélico todo cambió, ya que las cárceles se poblaron de secuestradores, extorsionadores, homicidas, la mayoría de ellos parte de Los Zetas, pero llamaba la atención la aparición de un delito hasta ese entonces desconocido, el *huachicol*, la extracción ilegal de combustibles.

La ubicación del ducto Tuxpan-Poza Rica-Azcapotzalco hacía de Puebla un punto de paso codiciado, por lo que Los Zetas fueron desarticulando territorios alrededor. Utilizaban casas de seguridad en esos lugares para ir hilando delitos que se volvían conexos con otros y alimentaban las finanzas del grupo. La complicidad de diversas autoridades ayudó a un crecimiento avasallador.

Así, de un momento a otro, esas prisiones "de pueblo" se convirtieron en grandes almacenes de zetas y *huachicoleros*. Tiempo después, con el correr de la sangre y los años, se llenaron de los de Jalisco, quienes seguían siendo huachicoleros, puesto que difícilmente se iba a abandonar un negocio de esa envergadura.

ENTRE LA MURALLA Y LAS MURALLAS

Cuando se intentó desarticular a los Beltrán Leyva, en el 2008, uno de sus activos económicos más llamativo fue La Muralla, un rancho de catorce hectáreas ubicado en San Juan del Río, Querétaro, al cual se le denominaba de esa manera por su arquitectura, que semejaba a un castillo amurallado.

Los Beltrán Leyva controlaron mucho tiempo esas tierras, junto con sus socios en el Gobierno, y las prisiones de ese estado fueron parte de sus ganancias, las cuales eran administradas de forma eficiente, por lo que se les consideraba como de las mejores de México y diversas instancias lo convalidaban. No se detenían a mirar la mano de ese grupo de poder, ya que su presencia era silenciosa y en concordancia con la autoridad. Su modelo de negocio de la vieja escuela mafiosa les permitía operar sin grandes despliegues, actos violentos o masacres.

De La Muralla, espacio suntuoso que se convirtió en academia de formación policial, a las murallas de la prisión, los Beltrán Leyva mostraban la solidez de sus formas y lo redituable de éstas.

LOS DE LA U

En las cárceles de la Ciudad de México el nombre *de la U* o *Unión Tepito* no figuraba. Su crecimiento exponencial estuvo emparejado con la ruptura entre los Beltrán Leyva y el cártel de Sinaloa, pero también con la desarticulación de grupos políticos incrustados en el Gobierno, así como la fragmentación entre mafias policiacas, lo que daría como resultado el surgimiento de pequeños grupos, como los de Tepito, que se expandieron por la ciudad y se colocaron en las prisiones.

Los de la Unión se sentían impunes tras las rejas, seguían operando, tenían privilegios y eran ubicados en zonas donde había pocos presos y no corrían algún peligro.

Contaban con televisores de plasma, cocineros privados, internet, teléfonos celulares, visitas a las horas que ellos quisieran, mientras explotaban y extorsionaban internos con la complicidad de custodios y autoridades penitenciarias. Eran intocables e ingobernables, pagaban sus respectivas cuotas y las autoridades los dejaban ser.

COVID-19: LA PANDEMIA... DE LAS DROGAS

Las cárceles de la Ciudad de México, Puebla y Estado de México registraron entre la población penitenciaria altos números de contagios y muertes por covid-19. Sin embargo, la propagación del virus no obedeció al hacinamiento o sobrepoblación; preponderantemente jugó un papel importante la circulación del exterior al interior de drogas, dinero y personas: las medidas sanitarias fueron ilusorias.

O se mantenía el negocio a costa de contagios y muertes o se corría el riesgo de colapsar la economía de la sociedad carcelaria, por lo que se antepuso el dinero sobre las personas.

OAXACA Y LAS MAFIAS DE LAS MESAS DIRECTIVAS

En Oaxaca, las prisiones históricamente fueron controladas por grupos de poder que se disfrazaban de democráticos, ya que formaban mesas directivas que "representaban" a los prisioneros frente a la autoridad, generaban presión para que se les diera un mejor trato. Sin embargo, su forma de actuar era facciosa, ya que buscaban el beneficio de unos cuantos, que fungían, junto con la autoridad, como un ente homogéneo.

Se les permitía que vivieran las familias de los presos con ellos al interior. Los niños salían y entraban diariamente para asistir a la escuela. La droga circulaba sin impedimento, al igual que los cobros y los malos tratos.

Las mesas directivas fueron una forma de legitimar el gobierno de los presos. Tiempo después las desarticularon para dar paso al CJNG, grupo que se quedó con el negocio y siguió actuando como lo hacían las mesas: trabajando con y para las autoridades.

CHIAPAS: SER CHAPO, SER MARA, SER ZETA

Al sur del país la pelea por la posición de las prisiones fue férrea, fluía entre eventos de sangre y muerte, desde Tapachula hasta El Amate. Lo que dejaba la circulación de drogas, armas y personas era visto como un botín apetecible, y los centros penitenciarios debían disputarse.

Los maras, el Barrio 18, trabajaban para grupos de poder con mayor solidez, como Los Zetas, a pesar de que ambas pandillas no eran afines entre sí.

En Tapachula se decapitaban, había estanques llenos de pirañas y las agresiones reiteradas.

En El Amate se encontraban los mismos grupos, con la excepción de que el gobierno lo tenían los de Sinaloa, quienes vigilaban las carreteras de acceso al penal desde el techo del edificio Melón.

Las peleas eran fuertes e impetuosas, ya que en ellas iban implícitos asuntos de viejo cuño, que tenían que ver con la identidad, no con el *jale* común y corriente de pertenecer a un grupo de poder.

Ser chapo, zeta, mara o Barrio 18 en Chiapas iba más allá de la confrontación, era enfrentar a enemigos con formas e ideas irreconciliables.

DONDE NO HAY COLOR

Las instituciones totales uniforman, sean escuelas, hospitales, policía, militares o prisiones, se debe de llevar la misma vestimenta. Se dice que es por orden, se calla que es por sujeción sobre los cuerpos, para afianzar y acentuar los aparatos disciplinarios.

A veces no basta con uniformar, también debe suprimirse todo tipo de brillo, por lo que en lugares como las cárceles los colores que predominan son los grises o beige, los apagados e insípidos. La estructura carcelaria es el continuo de una arquitectura monótona pintada con una paleta monocromática, fría, sin emociones, que apaga sensaciones.

Lo explicaba el pintor Kandinsky: "El color genera una vibración psíquica. Los colores esconden un poder aún desconocido pero real, que actúa en cada parte del cuerpo humano".

LOS 28: PARAMILITARES Y MERCENARIOS

En el momento del rompimiento entre Dámaso, el Licenciado, y los Chapitos, la cacería comenzó. Con el Chapo en prisión, la confrontación era inevitable.

Dámaso López Serrano, el Mini Lic, hijo del Licenciado, coordinó a las fuerzas paramilitares Los 28, un grupo de sicarios encargados de eliminar enemigos y que operaban como un ente autónomo y de alquiler, que lo mismo trabajaban para los de Sinaloa que para el cártel de los Arellano Félix.

Como buenos mercenarios, negociaban con quien los necesitara. Esto fue así hasta que se unieron a las filas del CJNG. Desde el Altiplano, se pactó su incorporación con un fin: perseguir a los Chapitos.

Escuadrón de la muerte, Los 28 se movían bajo la lógica del dinero. Este grupo era un ejemplo para las autoridades de que las historias de las milicias privadas estilo Blackwater[2] no sólo estaban inmersas en conflictos de medio oriente, sino en las calles de Baja California o Sinaloa, peleando una guerra donde no tenían bando.

NOTAS

[1] Significa preso en alemán.

[2] Grupo estadounidense considerado como ejemplo de paramilitares y mercenarios.

Estado de México: El cártel de los de negro

Los monstruos existen, pero son muy pocos para ser realmente peligrosos; más peligrosos son los hombres comunes, los funcionarios dispuestos a creer y obedecer sin discutir.

PRIMO LEVI

"Perdón, perdón. Discúlpame", suplica el preso mientras el Tatos lo quema con aerosol y un encendedor. La llama sale expulsada de la lata y genera temor en el sujeto agredido, que se encuentra sentado en el suelo y sin playera.

"¿Cuándo me vas a pagar?", pregunta el Tatos, y su voz suena robotizada, producto de una traqueotomía practicada años antes; una bala le afectó las cuerdas vocales. "La otra semana", responde quien pedía disculpas momentos antes.

"¿Seguro? ¿seguro?", reitera el Tatos, y lo vuelve a quemar, por lo que el preso se levanta de un salto del suelo. "Sí, carnal, seguro. Sí", contesta el sujeto, que ahora se encuentra de pie intentando huir de la pequeña celda donde se le tortura.

"¿Quieres unos piquetes?", vuelve a preguntar el Tatos y amaga con sacar algo de entre sus ropas. "No, carnal", recibe como respuesta.

"¡Siéntate, wey!", instruye con autoridad, y su víctima se sienta. Vuelve a los cuestionamientos. "Entonces, ¿qué tranza voy a hacer, cabrón?". "El sábado seguro", le responde su presa, arrinconada como un animal asustadizo. "¿Te cae?", insiste. "Sí, carnal", le vuelven a contestar, y se regodea sobre la

283

plancha de cemento donde está sentado. "Si no te quemo todo", azuza a su temeroso compañero, y lo vuelve a quemar. Y el otro responde de forma inmediata: "El sábado, verdad de la buena".

El Tatos dice algunas palabras incomprensibles, o al menos el celular que lo graba desde fuera de la celda no las capta con nitidez, y sale del lugar con actitud amenazante. El video fue grabado dentro del área de máxima seguridad del penal de Neza Bordo, La Fortaleza.

Este video se reprodujo por las redes sociales y por algunos medios de comunicación como un ejemplo más de la violencia en las prisiones. El autor de estos eventos es un interno llamado Luis Fernando Arias, el Tatos. Es uno de los catalogados como *presos carrusel*, debido a que la autoridad no logra controlarlos y los mueve de penal en penal. Aunque suele ocultarse la verdadera intención de esas rotaciones: desestabilizar, imponer cotos de poder o eliminar adversarios.

"Se toleran las agresiones y son auspiciadas por los propios 'garantes' de la seguridad", concluye la Comisión de Derechos Humanos del Estado de México.[1]

A pesar de sentirse indomable, el Tatos era un instrumento más en esas prisiones. *Jalan* para los policías, desconocen el color. La operación de esos sujetos, que abundan, y los grupos de poder se da bajo las directrices de la mafia, de la *cofradía de los de negro*,[2] los custodios. Las prisiones mexiquenses no tienen un dueño fijo, más bien existe una mixtura de grupos que se distribuyen por las diferentes cárceles del estado.

El CJNG, el cártel de Sinaloa, Los Zetas, La Familia Michoacana, el cártel del Golfo, así como otros grupos, se pelean la venta de droga y las extorsiones, por mencionar tan sólo un par. Las mantas dejadas fuera de las prisiones o los cuerpos suicidados o apuñalados hasta la muerte son mensajes entre ellos.

La posesión de una cárcel mexiquense no es estable, de un momento a otro puede haber un cambio de líderes o trasladarse el gobierno de los presos a otro penal, donde las áreas de máxima seguridad como La Fortaleza, El Cubo, El Volcán sirven de alojamiento para quienes operarán crímenes desde ahí. Sin embargo, la mafia institucional que se viste de negro y que también opera a la par que los hombres de traje, directores y directivos, es un mundo cerrado y cómplice donde impera el silencio a pesar de los cientos de señalamientos.

Si existe un sistema penitenciario que se sigue rigiendo fuertemente por códigos viejos, es el del Estado de México, en el que todavía existen custodios de viejo cuño que continúan maltratando, torturando y hasta matando. En esos lugares prevalecen las personas que son artífices de vidas rotas, que siguen quebrándolas a pesar de los años, permanecen atrapados en otra época. Como en la narración de Franz Kafka, *La colonia penitenciaria*, que narra un lugar en el que se mataba a los presos con una máquina, La Rastra, y el oficial a cargo de ésta, al saber que se acercaba el fin de ese aparato de suplicio, elige ser engullido y desangrado por las múltiples agujas que la componían antes que destruirla, porque no concebía una vida diferente sin su "justeza". Prefiere morir antes que destruir aquello en lo que creía con firmeza. Ésta es una de las premisas de muchos de los custodios, cofrades y guardianes de ese orden. A pesar de las torturas y castigos dentro de las mismas prisiones, prefieren guardar silencio.

"Los Zetas gobiernan el penal de Chiconautla, en Ecatepec".

"El CJNG asesina en la cárcel del Bordo, en Neza".

"Cuotas y homicidios en el centro penitenciario de Barrientos, en Tlalnepantla".

"Asesinatos impunes y riñas en la penitenciaría de Santiaguito, en Almoloya de Juárez".

"La Mano con Ojos, La Familia, los de Sinaloa y CJNG se enfrentan por el control del negocio en las prisiones".

Se escucha reiteradamente en esos lugares, en la misma medida en que se escuchan denuncias contra las autoridades.

La Comisión de Derechos Humanos del Estado de México, del 2013 al 2020 emitió al menos 17 recomendaciones a la Dirección General de Prevención y Readaptación Social, ente encargado de las prisiones, por violaciones a los derechos humanos de los presos. Llama la atención que en el 2017 fueron emitidas ocho recomendaciones, año en que se dio el cambio de Gobierno estatal. Durante los acomodos de los "nuevos" comités políticos éstos llegaron a convergir con los anteriores, y en ese medir fuerzas en las prisiones se suscitan eventos y los internos sufren los estragos.

La reinserción pasa de largo, ya que no tiene un peso fundamental para el desarrollo de los establecimientos; los cursos y constancias se pueden obtener pagando. Los estudios de personalidad o los elementos favorables que se emiten en los dictámenes tienen precio, por lo que el "trabajo técnico" es secundario.

Lo importante recae sobre los *generes*, en la forma en que circulará la droga y la disciplina de los cientos de *dealers* que la mueven; en los cobros por el uso de servicios, actividades y suministros, o en los cientos de extorsiones y delitos que llenan las cuentas de esa cofradía.

Cuando algo o alguien no funciona se le cambia; si permanece sin funcionar se le expulsa, y si no logra componerse, se le elimina. Son prácticos a la hora de actuar, sin miramientos cometen crímenes políticos o ejecuciones extrajudiciales, echando mano para ello de los líderes, de los sujetos peligrosos parte de la "estructura de grupos de delincuencia organizada".

Élisabeth Roudinesco señalaba que, como parte de los horrores del nazismo, el actuar de los celadores fue preponderante. Una pregunta que se podía formular al respecto era, ¿de dónde salían éstos?

Y la respuesta iba más allá de entenderlos como funcionarios obedientes, una suerte de kantianos puros, inflexibles seguidores del deber ser; más bien, habían sido extraídos de las prisiones alemanas y se les elegía por sus antecedentes de comportamientos violentos contra los prisioneros y su imposibilidad de contener la rabia frente al cuerpo de los cautivos.

Los carceleros de las prisiones del Estado de México no se alejan de esa realidad, y sus actos lo confirman: aberrantes, crueles, en ocasiones hasta incomprensibles, sin embargo, les da un lugar y los legitima frente a sus pares. La mafia de los de negro y su asociación se encuentran más cercanos a lo que se le conoce como un grupo criminal que como una autoridad.

Entonces, podríamos hablar de que el verdadero control o gobierno lo tiene el *cártel de los de Negro*.

NOTAS

[1] Recomendación 33/2017.

[2] En las prisiones a los custodios se les dice *los de negro* por el color de su uniforme o también se les designa como *la policía*.

Radiografía de los inframundos

Aborreced las bocas que predicen desgracias eternas.

RUBÉN DARÍO

El control de los grupos de poder ubicados en las prisiones del país hasta mediados del 2021 se puede representar gráficamente de la siguiente manera.

MAPA 3. *Grupos de poder en prisiones mexicanas hasta mediados del 2021*

FUENTE: Elaboración propia con base en visitas a centros penitenciarios.

LA PELEA POR LOS INFIERNOS

El *cártel de Sinaloa* tendría un camino marcado del sur al norte. Yucatán, Campeche, Chiapas, Aguascalientes, Sinaloa, Durango, Sonora y Baja California Sur serían de su dominio. Suelen asentarse en los establecimientos con mejores ubicaciones y mayor población, menospreciando, en muchas ocasiones, cárceles pequeñas.

El CJNG se habría vuelto una fuerza importante en los centros penitenciarios que, de la mano de pequeños grupos locales, y por medio de alianzas, como con el cártel del Golfo, se posicionó con fuerza. Oaxaca, Veracruz, Morelos, Tlaxcala, Guanajuato, Colima, Jalisco y Nayarit serían parte de sus activos y lugares estratégicos. Casi en su totalidad, esos lugares estarían bajo su control.

En el caso del cártel del Golfo, tiene un resurgimiento a partir de la casi extinción de Los Zetas, y retoma con mayor fuerza su control sobre la parte del Golfo: Tabasco, Tamaulipas, San Luis Potosí, Nuevo León y Coahuila. En Veracruz divide fuerzas con el CJNG, aunque con predominancia de estos últimos.

Los Zetas Vieja Escuela tendrían el control en Hidalgo, con mayor fuerza en Pachuca.

Los Beltrán Leyva estarían ubicados en los centros penitenciarios de Querétaro completamente, pero también compartirían Sinaloa, donde mandarían en Los Mochis y Mazatlán, así como Nuevo León, donde serían aliados con los del Golfo en la prisión de Cadereyta.

El cártel del Noreste controlaría uno de sus últimos cuarteles, la prisión de Nuevo Laredo.

En diversos territorios existe una disputa y presencia de diversos grupos.

Baja California: Se encuentra el cártel de Sinaloa, el cártel de los Arellano Félix y el CJNG, que se enfrentan desde Mexicali hasta Tijuana, pasando por Tecate, donde se ubican El Hongo I y II.

Ciudad Juárez: La pelea ha generado que se les den dormitorios a los diferentes grupos. En los centros penitenciarios de Ciudad Juárez, el Aquiles Serdán y el de Ciudad Cuauhtémoc, se hallan los de Sinaloa y el cártel de los Carrillo Fuentes, quienes mantienen una tensa calma mediante pandillas y sus brazos armados como los Artistas Asesinos o AA, Los Mexicles, Los Jaguares y La Línea.

Zacatecas: Es una suerte de interregno, ya que la presencia de los grupos de poder hace volátil la vida de las prisiones. En éstas se encuentran los de Sinaloa, Los Talibanes, CJNG, los del Golfo y los del Noreste.

Estado de México: En dicha entidad se encuentran diversos estamentos diseminados por las prisiones, como son el CJNG, los de Sinaloa, La Familia, los Zetas Vieja Escuela, La Mano con Ojos, los del Golfo, entre otros. Las autoridades capitalizan esta mezcolanza. Lo vuelven caos o dinero.

Michoacán: Es un estado fuertemente peleado, primordialmente por los del CJNG, La Familia y Los Viagras, donde el grupo de Jalisco lleva la delantera para posicionarse.

Ciudad de México: La capital del país es un mar de grupos, administrados por la autoridad, que les dio prisiones y áreas diversas al CJNG, cártel de Sinaloa, la Unión Tepito, el cártel de Tláhuac, la Anti-Unión, entre otros.

Guerrero: Tiene presencia de los Beltrán Leyva, los de Sinaloa, e incursiones del CJNG.

Puebla: En la actualidad pelean los Zetas Vieja Escuela, y algunos grupos pequeños o pandillas locales que los apoyaban, contra el CJNG.

Quintana Roo: Una de las disputas más sangrientas es por este estado y sus prisiones, producto del paso de mercancías, la venta de droga y el cobro de piso. Existe una disputa protagonizada por el CJNG, de Sinaloa, del Golfo, los del Noreste y mafias locales como el grupo de Doña Lety.

Los autogobiernos o gobiernos de los presos no son estáticos ni estables, por lo que los que estaban ayer mañana podrían ser desplazados. Así, es importante entender sus posiciones de poder como algo inconcluso.

El mapa y la explicación pretende no dejar la información en abstracto, sino generar un referente que pueda mejorarse y perfeccionarse, para así nombrar y entender a los dueños, la administración y las dinámicas que se han instaurado en esos inframundos.

Epílogo

"Los problemas públicos deben discutirse públicamente. De otra manera, la sociedad se margina y la relación entre el gobierno y los ciudadanos se hace imposible." Ésa fue una de las premisas con las que Julio Scherer ingresó a las prisiones y escribió sobre ellas.

Lo que ocurre detrás de los muros de una cárcel se hace pasar como un asunto de orden privado, a pesar de que la sociedad paga la estadía de los internos y sufre muchos de los eventos que de ahí emergen, así como de las políticas públicas que gravitan en torno.

Diversas instancias e instituciones han salvaguardado esos intereses, no generando ningún tipo de desacuerdo, ni cuestionando su estructura y sus resultados. En otras palabras, se han mostrado como entes cobardes, infames e indiferentes ante las violencias estatales.

¿Qué nos ata a querer un régimen de injusticias como es el sistema penitenciario?

Y la respuesta descansa sobre la construcción ficticia del mismo.

La prisión y el encierro son imágenes superficiales con las que los sistemas políticos/económicos han construido la idea de justicia social, cuando en el fondo son un vertedero de "desechos sociales", de la "maquinaria punitiva", de aquellos que no siempre tienen lugar en la sociedad de consumo, pero sí tienen un lugar de privilegio en la necropolítica.

Entonces, ¿cómo cargar con el oprobio del encierro y la mentira que esconde?

Es fundamental despojarse de ese peso mediante la denuncia, lo cual es poco común en esos lugares, porque nadie quiere ser la *borrega*, por lo que aquellos que lo hacen rompen un pacto no escrito: guardar silencio.

Por ese motivo este libro señaló ese mundo, a la par que pretendió generar un tipo de archivo y memoria que sirva para que otras voces rompan con la inercia de esos lugares de silenciamiento y complicidades.

En la socavación del discurso penitenciario debe estar presente el desmantelamiento de la ideología jurídica que le da pie y fuerza. Como anotó Derrida (1998), debe hacerse "una desestimación de las superestructuras del derecho". Porque ese discurso es el que coloca a los presos detrás de los muros, donde son invisibilizados, como una suerte del no ser.

La lógica que ahí impera es la de no nombrar, porque así no se conceptualiza, no se convierte en saber, y ante eso no hay ninguna resistencia. Mientras permanezca todo oculto esa maquinaria andará de forma precisa.

No es tarea fácil romper con las edificaciones sobre "el mal" y "los delincuentes", las cuales obedecen a una inercia ideológica. Porque en el fondo desconocemos esos lugares, y no sabemos cuál es el infierno que vive cada interno, así como tampoco el que hicieron vivir a sus víctimas, pero lo que sí puedo asegurar es que la peor prisión es la de ser ellos mismos: atrapados entre el sufrimiento, propio y el que infringieron, así como en sus recuerdos y pasadas "glorias". Levantarse cada día y ver las mismas paredes, los mismos rostros, los mismos barrotes... Si eso no es un infierno, entonces no sé qué pueda serlo.

Eso no quita el dedo del renglón sobre la arbitrariedad de ese mundo que vemos como ajeno y lejano, pero, como bien dice Jorge Correa (2017) en torno a él, "sufrimos las mismas injusticias y derrotas".

Nos han convencido, y generado una impronta en lo más profundo de nuestro ser, de que necesitamos las prisiones y dentro de ellas a los "criminales" que "dañan a la sociedad".

En este punto surge un cuestionamiento fundamental: ¿podemos pensar un sistema de justicia sin que existan las cárceles?

La respuesta que muchos "especialistas" han dado es la de considerarlas como un mal necesario. El sistema penitenciario en México deja de ser un dispositivo que gestiona vidas (biopolítico) para constituirse como un instrumento que gestiona muertes (necropolítico). Mientras tanto, administra los cuerpos de los cautivos y sus subjetividades, las cuales va menguando y machacando lentamente, y hace de su estancia un purgatorio, donde el tiempo es una manecilla que anda hacia atrás.

Pero eso no se alcanza a ver porque hay una trampa oculta en los detalles, aquella que plantea que en esos lugares se busca la reinserción social. La reinserción frena las resistencias ante el modelo totalitario y desigual que es la cárcel, ya que en su supuesto humanismo sigue erigiéndose como un dispositivo que impide la abolición de esos lugares de horror, que desde hace muchos años dejaron de ser los instrumentos más humanos y progresistas de la justicia social para convertirse en parte de ese entramado que ha sido denominado por la activista Angela Davis (2016) como el "complejo industrial-penitenciario". La noción de *complejo industrial-penitenciario* insiste en aquellas visiones del castigo que tienen en cuenta las estructuras e ideologías económicas y políticas en vez de enfocarse en la conducta del individuo criminal y en los esfuerzos para poner freno a la delincuencia (p. 91).

El complejo industrial-penitenciario es una mezcolanza entre actores privados y estatales, así como entre montones de portavoces, ideólogos y "especialistas".

Es por ese motivo que muchas instancias del Estado y asociaciones civiles reciben carretadas de dinero de programas internacionales que sólo sirven para implementar y seguir reproduciendo la lógica de sus patrocinadores, además de legitimar el discurso que para ellos tienen las cárceles: establecimientos securitarios que deben neutralizar a los "sujetos peligrosos", que mientras viven su encierro lo pueden hacer viendo una pared limpia o un piso nuevo.

No generamos luchas colectivas que desarticulen esos lugares ni buscamos un sistema de justicia que nos emancipe de esos instrumentos porque consideramos nuestra libertad consagrada, aunque en el fondo sea un mero ideal. La mayoría de las cuestiones que giran alrededor de la prisión son meros ideales, abstracciones de lugares colapsados y obsoletos.

Las cárceles comienzan siendo una farsa, luego se vuelven una comedia y terminan convertidas en una tragedia. Son parte de una tragedia continuada, reformulada y circulante, con referentes prototípicos en los campos de concentración o exterminio, que fueron una hecatombe generada por hombres infames.

El discurso totalitario del holocausto nazi o de los gulags soviéticos sigue teniendo eco en el sistema penitenciario. Las prisiones siguen ese camino, conectadas por los mismos circuitos e interrelacionadas por directrices que generan ciudades sitiadas, segregación de grupos, parias y migrantes, así como un sistema distributivo inequitativo.

Zygmunt Bauman señalaba en su libro *Archipiélago de excepciones* (2008) que los migrantes son un "blanco claramente visible y estacionario en el que descargar la angustia excedente", misma posición que de manera continua ocupa también el criminal. Hermanados en su desgracia, ambos comparten ser objeto de señalamiento, amenaza y legitimación del orden.

En este sentido, para algunas personas estas líneas no serán de su agrado, por querer ser un ejercicio de ética de la memoria y plantear eventos como singularidades, inscritos en dinámicas marginales, que muchos "revisionistas" del sistema penitenciario quieren volver números, estadísticas, o quisieran señalarlos sin ninguna crítica.

Por esos motivos este libro no fue un viaje por Disneylandia, sino un acompañamiento en una travesía de expiación, donde las historias convergen y se tocan, aunque en algunos puntos se alejan y se van perdiendo.

Se trata de un ejercicio colectivo al que sólo le di forma y estructura, porque los hechos ahí estaban, las notas y escritos circulaban, a los que les faltaba un elemento para complementarlas: las narrativas de aquellos implicados en ese inframundo.

Y aunque quise construir un texto que fuera un reflejo fiel de esos lugares, agotar los diversos eventos se tornó imposible: mientras yo pongo el punto final, otras historias y narrativas se siguen fraguando.

También este escrito buscó recuperar piezas y momentos que los discursos punitivos pretendieron borrar y condenar al olvido, en esa lógica instaurada por algunos regímenes que echaron a andar lo que Georges Didi-Huberman llama la *maquinaria de la desimaginación*; momentos que, con toda la fuerza estatal, así como sus aparatos de derechos humanos "autónomos" y algunos medios de comunicación, quisieron sepultar.

En este marco el poder también se desentendió de su función rectora, la cedió en muchos campos, por lo que los servicios sociales fueron menguando, haciéndose más débiles, lo cual, como señala Bauman (2008), "derivaría en la sustitución del Estado-social por un Estado-prisión".

Un Estado-prisión patriarcal plagado de eventos que se inscriben en posiciones de control y dominio que se dan por masculinidades crueles y criminales, y donde las mujeres forman parte como mera utilería de esos escenarios, a pesar de que si las cárceles se observaran y desarrollaran desde una óptica feminista sería un mundo cohesionado, apalabrado y empático. Algo que pude encontrar en cientos de esos lugares, en todos estos años, fue que las mujeres no masacran, no se fugan y suelen mantener la solidaridad.

No sé cuál sea el alcance de este estudio y reflexión, quizás no genere cambios y sea descartado, condenado al olvido, sin embargo, hay algo en éste que no podrá desestimarse y es la recriminación contra los perpetradores, los ganadores de la infame guerra. Un recordatorio, como sanción extrajudicial, que quede plasmado, y sea un instrumento de consulta de sus actos canallas, como propondría Judith Butler.

Por último, la pregunta fundamental es, ¿qué nos queda?

Y este escenario Theodor Adorno ya lo vislumbraba cuando se cuestionaba, a su vez, ¿cómo pensar después de Auschwitz?

Reflexión que se formulaba para tratar de entender el mundo bajo la óptica del acontecimiento que, paradójicamente, mostraba el horror y la oscuridad, a la par que alumbraba en torno a la condición humana, además de ejemplificar, cruelmente, los amarres o el enganchamiento entre víctimas y sus verdugos.

¿Cómo pensar el mundo sin el sistema penitenciario? ¿Cómo pensar el después del sistema penitenciario? Y lo que creo que queda es, parafraseando a Fito Páez, confiar, ya que somos hombres decepcionados que aún creemos que podemos encontrar una rosa en el pantano…

Bibliografía

Agamben, G. (2010). *Estado de excepción* (4.ª ed.). Argentina: Adriana Hidalgo.

—————, (2014). *¿Qué es un dispositivo?* Argentina: Adriana Hidalgo.

Arvizu, S. (2018). *Las celdas rosas.* México: Nitro/Press.

Bauman, Z. (2008). *Archipiélago de excepciones.* España: Editorial Katz.

Benedetti, M. (2009). *Pedro y el Capitán.* México: Santillana.

Bowden, C. (2010). *Ciudad del crimen. Ciudad Juárez y los nuevos campos de exterminio de la economía global.* México: Grijalbo.

Briole Guy. *El cuerpo del enemigo.* Conferencia en la Universidad del Claustro de Sor Juana. 30 de agosto de 2016. Recuperado de https://fdocuments.mx/document/mexico-el-cuerpo-del-enemigo-el-nuestro-el-cuerpo-del-enemigo-coincide.html?page=1

Butler, J. (2020). *Sin miedo. Formas de resistencia a la violencia de hoy.* México: Taurus.

Carrión, L. (2018). *La fosa de agua. Desapariciones y feminicidios en el río de los Remedios.* México: Debate.

Cisneros, J. L. (2014). *¿Crisis de la prisión? Violencia y conflicto en las cárceles de México.* México: Porrúa.

Clausewitz, K. V. (2008). *De la guerra.* Argentina: Terramar.

Correa, J. (2017). *Buzo de aguas negras.* México: Plataforma Contemporánea de Arte y Cultura.

Cruz, C., Vidaña, D., Mondragón, M., Martínez, M. J., Olaiz, G., Hernández, L. F., Hernández, M. y Barrientos, T. (2019). "Medición de drogas ilícitas en aguas residuales: estudio piloto en México". Salud Pública de México, 61(4),

461-469. Recuperado de https://www.medigraphic.com/pdfs/salpubmex/sal-2019/sal194g.pdf.

Davis, A. (2016). *Democracia de la abolición. Prisiones, racismo y violencia.* España: Trotta.

Delgado, O. y Fridman, P. (2017). *Indagaciones psicoanalíticas sobre la segregación.* Argentina: Grama.

Derrida, J. (1998). *Aporías.* España: Paidós.

Documenta / Análisis y Acción para la Justicia Social. (2016). *Privatización del sistema penitenciario en México.* México: Documenta / Análisis y Acción para la Justicia Social. Recuperado de https://www.mexicoevalua.org/mexicoevalua/wp-content/uploads/2016/08/privatizacion-sistema-penitenciario.pdf.

Giacomello, C. (2009). *Los secretos de Almoloya. El testimonio de una mujer recluida en un penal de máxima seguridad.* México: Debate.

Giorgi, G., y Rodríguez, F. (2007). *Ensayos sobre biopolítica. Excesos de vida.* Argentina: Paidós.

González Rodríguez, S. (2009). *El hombre sin cabeza.* México: Anagrama.

Gutiérrez, G. (2016). *Sexo en las cárceles de la Ciudad de México.* México: Producciones El Salario del Miedo.

Han, B.-C. (2012). *La sociedad del cansancio.* España: Editorial Herder.

—————, (2014a). *En el enjambre.* España: Herder.

—————, (2014b). *Psicopolítica. Neoliberalismo y nuevas técnicas de poder.* España: Herder.

Hernández, A. (2011). *Los señores del narco.* México: Grijalbo.

—————, (2019). *El traidor. El diario secreto del hijo del Mayo.* México: Grijalbo.

Instituto Federal de Telecomunicaciones. (2018). *Estudio estadístico del número de terminales móviles y de llamadas de móviles y de casetas telefónicas públicas que operan dentro de una muestra de penales en el país.* México: Instituto Federal de Telecomunicaciones.

Insight Crime. (s. f.). *La MS13 en América. Cómo la pandilla callejera más notoria del mundo escapa a toda lógica y se resiste a ser destruida.* Recuperado de https://insightcrime.org/wp-content/uploads/2018/02/La-MS13-en-America-C%C3%B3mo-la-pandilla-callejera-m%C3%A1s-notoria-del-mundo-escapa-a-toda-l%C3%B3gica-y-se-resiste-a-ser-destruida-InSight-Crime-CLALS.pdf.

Instituto de Investigaciones Sociales (IIS)-Comisión Nacional de Seguridad (CNS)-Órgano Administrativo Desconcentrado Prevención y Readaptación Social (OADPRS). (2016). *Evaluación de procesos. Programa presupuestario. E094: Administración del sistema penitenciario.* México: Secretaría de Gobernación.

Isunza, A, Pardo, J. L. y Ferri, P. (2015). *Narco América. De los Andes a Manhattan, 55 mil kilómetros tras el rastro de la cocaína.* México: Tusquets.

Kafka, F. (2002). *El Proceso.* México: Editores Mexicanos Unidos.

Lemus, J. (2013). *Los malditos. Crónica negra desde Puente Grande.* México: Grijalbo.

Lorey, I. (2016). *Estado de inseguridad. Gobernar la precariedad.* España: Traficante de Sueños.

Mbembe, A. (2011). *Necropolítica. Sobre el gobierno privado indirecto.* España: Melusina.

Mejía, F. (2018). *El Edén oscuro.* México: Alfaguara.

Mollo, J. P. (2016). *La construcción del delincuente.* Argentina: Grama.

——————, (2010). *Psicoanálisis y criminología. Estudios sobre la delincuencia.* Argentina: Paidós.

Morao, M. (2016). *Violencia y radicalización. Una lectura del odio en el psicoanálisis.* Argentina: Grama.

Nieto, A. (2020). *El Cártel Chilango. Origen, poder y saña de la Unión Tepito.* México: Grijalbo.

Niño de Rivera, S., Castañeda, M., Dorantes, F., y Llamas, M. (2020). *Un sicario en cada hijo te dio. Niñas, niños y adolescentes en la delincuencia organizada.* México: Aguilar.

Oficina de las Naciones Unidas contra la Droga y el Delito (UNODC). (2015). *Manual de Seguridad Dinámica e Inteligencia Penitenciaria.* Nueva York: Naciones Unidas.

Ogilvie, B. (2013). *El hombre desechable. Ensayo sobre las formas de exterminio y la violencia extrema.* Argentina: Ediciones Nueva Visión.

Payá, A. (2006). *Vida y muerte en la cárcel. Estudio sobre la situación institucional de los prisioneros.* México: Plaza y Valdez.

Ramírez, P. (2020). *Los millonarios de la guerra.* México: Grijalbo.

Raphael, R. (2019). *Hijo de la guerra.* México: Seix Barral.

Red de Periodistas Sociales. (2020). *Ya no somos las mismas y aquí sigue la guerra.* México: Grijalbo.

Romandía, S., Fuentes, D., y Nieto, A. (2019). *Narco CDMX. El monstruo que nadie quiere ver.* México: Grijalbo.

Roudinesco, É. (2009). *Nuestro lado oscuro. Una historia de los perversos.* México: Anagrama.

Scherer, J. (2012). *Máxima seguridad. Almoloya y Puente Grande.* México: Debolsillo.

——————, (1998). *Cárceles.* México: Alfaguara.

Segato, R. (2013). *La escritura en el cuerpo de las mujeres asesinadas en Ciudad Juárez. Territorio, soberanía y crímenes de segundo estado.* Argentina: Tinta Limón.

Soberanes, J. L. (2008). *Hechos violatorios de los Derechos Humanos.* México: Porrúa.

Uribe, S. (2020). Aquí sigue pasando la guerra. En Rea, D. (ed.), *Ya no somos las mismas y aquí sigue la guerra.* México: Grijalbo.

Valdés, G. (2015). *Historia del narcotráfico en México.* México: Grijalbo.

Valencia, S. (2010). *Capitalismo gore.* España: Melusina.

Wacquant, L. (2004). *Las cárceles de la miseria.* Argentina: Manantial.

Wornat, O. (2020). *Felipe, el oscuro.* México: Planeta.

Zavala, O. (2018). *Los cárteles no existen. Narcotráfico y cultura en México.* México: Malpaso.

Žižek, S. (2009). *Sobre la violencia. Seis reflexiones marginales.* Argentina: Paidós.

Zweig, S. (2008). *Fouché, el genio tenebroso.* México: Editorial Época.

Artículos

ABC Noticias (redacción). (2018, 5 de diciembre). "Matan a 3 custodios en Ciudad Victoria". *ABC Noticias.* Recuperado de https://abcnoticias.mx/nacional/2018/12/5/matan-custodios-en-ciudad-victoria-84555.html.

ADN40 (redacción). (2019, 10 de octubre). "Historias de la prisión de Topo Chico en Nuevo León". *ADN40.* Recuperado de https://www.adn40.mx/noticia/seguridad/videos/2019-10-10-17-17/historias-de-la-prision-de-topo-chico-en-nuevo-leon.

Aguayo, S. y Dayán, J. (2017). El yugo zeta. Norte de Coahuila, 2010-2011. (Documento de trabajo). El Colegio de México, Ciudad de México. Recuperado de https://www.gob.mx/cms/uploads/attachment/file/274076/El_yugo_Zeta_FINAL_11-16-17.pdf.

Agencia de noticias. (2017, 20 de junio). "Se fuga el 'Comandante Viejito' de los Zetas junto a siete reos más del Tutelar de Güémez, Tamaulipas". Recuperado de https://agenciadenoticiasslp.com/2017/06/20/se-fuga-el-comandante-vie-jito-de-los-zetas-junto-a-siete-reos-mas-del-tutelar-de-guemez-tamaulipas/.

Agencia Reforma. (2018, 4 de diciembre). "Encuentran colgado a El Gafe en penal de Tamaulipas". *El Debate*. Recuperado de https://www.debate.com.mx/poli-ciacas/el-gafe-colgado-en-carcel-20181204-0229.html.

Alvarado, I. (2015, 11 de marzo). "Terror in Coahuila: 'Everything became hell' after Zetas entered prisons". *Al Jazeera America*. Recuperado de http://america.al-jazeera.com/articles/2015/3/11/terror-in-coahuila-everything-became-he-ll-after-zetas-entered-prisons.html?fbclid=IwAR1_v0Z0reo7PAhyTgnuXB-6g02ia52-Wlkw5WDvUIzv1Jp4ZJ5aNKnnOnI0.

Ángeles, M. (2019, 1 de octubre). "Topo Chico era controlado por 'Los Zetas'; tenían santería y un altar para 'El Lazca'". *Noticieros Televisa*. Recuperado de https://noticieros.televisa.com/ultimas-noticias/topo-chico-zetas-control-san-teria-altar-el-lazca/.

Animal Político (redacción). (2013, 16 de marzo). "El hijo del Azul, líder del Cártel de Sinaloa y cuatro reos más se fugan del penal de Culiacán". *Animal Político*. Recuperado de http://www.animalpolitico.com/2017/03/hijo-del-azul-se-fu-ga-penal-culiacan/.

Anzures, G. (2015). "La génesis del teatro penitenciario en México". Revista Digi-tal Universitaria, 16(7). Recuperado de http://www.revista.unam.mx/vol.16/num7/art53/.

Araiza, C. (2013, 29 de abril). "Los secretos del penal de La Pila". *El Mundo de San Luis*. Recuperado de https://revistaelmundodesanluispotosi.wordpress.com/2013/04/29/los-secretos-del-penal-de-la-pila-corren-y-arraigan-al-ex-director-del-penal-de-la-pila-dr-jos-de-jess-martnez-alemn-crnica-de-una-masacre-anunciada/.

Arellano, C. (2018, 16 de julio). "En cárceles, 94% de internos son adictos: CNDH". *La Jornada*. Recuperado de https://www.jornada.com.mx/2018/07/16/politi-ca/016n2pol.

Aristegui Noticias (redacción). (2012, 17 de septiembre). "Cronología: Las fugas masi-vas en cárceles de México". *Aristegui Noticias*. Recuperado de http://aristegui-noticias.com/1709/mexico/cronologia-las-fugas-masivas-en-mexico/.

Ávila, E. (2019, 13 de mayo). "Van contra Yunes y Winckler por tortura". *El Univer-sal*. Recuperado de https://www.eluniversal.com.mx/estados/van-contra-yu-nes-y-winckler-por-tortura.

Ballinas, V. (2005, 22 de septiembre). "Cárdenas Guillén había amenazado al visita-dor". *La Jornada*. Recuperado de https://www.jornada.com.mx/2005/09/22/index.php?section=politica&article=007n1pol.

Becerra, J. P. (2015, 31 de mayo). "El doble infierno de los GATES en Coahuila…" *Milenio*. Recuperado de https://www.milenio.com/policia/el-doble-infierno-de-los-gates-en-coahuila.

Blancas Madrigal, D. (2017, 8 de junio). "Denuncian: cártel Unión Tepito contro-la prisiones en CDMX". *La Crónica*. Recuperado de https://www.cronica.com.mx/notas-denuncian_cartel_union_tepito_controla_prisiones_en_cdmx-1027567-2017.html.

Blanco, M. (2020). Estética y contexto de los audiovisuales sobre narcotráfico en Latinoamérica en la era Netflix. *Confluenze*, 11(1), 102-118. Recuperado de https://doi.org/10.6092/issn.2036-0967/11334.

Blog del Narco TV [BlogdelNarcoTV]. (2019, 25 de junio). "El Chapo llamó al Mencho tras levantón a sus hijos. 'Tú tienes a mis hijos yo tengo al tuyo'" [Video]. Recuperado de https://www.youtube.com/watch?v=2ENn1eV_Npo.

Bojórquez, I. (2016, 28 de agosto). "CJNG vs. Sinaloa: otra guerra en puerta". *Río-Doce*. Recuperado de https://riodoce.mx/2016/08/28/cjng-vs-sinaloa-otra-guerra-en-puerta/.

Brito, J. L. (2019, 10 de mayo). "Morelos: empleados del Cefereso ya habían sido amenazados; suman cinco muertos". *Proceso*. Recuperado de https://www.proceso.com.mx/nacional/estados/2019/5/10/morelos-empleados-del-cefere-so-ya-habian-sido-amenazados-suman-cinco-muertos-224754.html.

Camacho, C. (2000, 2 de noviembre). "Ejecutan de cuatro tiros en la cabeza a Juan Pablo de Tavira". *La Jornada*. Recuperado de http://www.jornada.unam.mx/2000/11/22/005n1pol.html.

Campos, L. (2019, 28 de septiembre). "Topo Chico: la masacre que fundó un cár-tel". *Proceso*. Recuperado de https://www.proceso.com.mx/nacional/esta-dos/2019/9/28/topo-chico-la-masacre-que-fundo-un-cartel-231878.html.

———, (2017, 2 de noviembre). "Reos fueron violados tras motín en el penal de Cadereyta: Cadhac". *Proceso*. Recuperado de https://www.proceso.com.mx/nacional/estados/2017/11/2/reos-fueron-violados-tras-motin-en-el-pe-nal-de-cadereyta-cadhac-194226.html.

Carrasco, J. (2018, 9 de febrero). "Excolaboradores de Osorio Chong, encubiertos por la fuga del 'Chapo'". *Proceso*. Recuperado de https://www.proceso.com.mx/reportajes/2018/2/9/excolaboradores-de-osorio-chong-encubiertos-por-la-fuga-del-chapo-199725.html.

Casas, D. (2017, 19 de junio). "¿Por qué el 'Kakino' originó disturbios en Topo Chico?" *La Silla Rota*. Recuperado de https://lasillarota.com/porque-el-kakino-origino-disturbios-en-topo-chico-topo-chico-kakino/158305.

Castillo, G. (2016, 30 de enero). "Destruyen documentos sobre percance aéreo en el que murió Ramón Huerta". *La Jornada*. Recuperado de https://www.jornada.com.mx/2016/01/30/politica/004n1pol.

Castillo, G., y Dávila, I. (2005, 22 de septiembre). "Mueren Martín Huerta y ocho personas más en confuso percance". *La Jornada*. Recuperado de https://www.jornada.com.mx/2005/09/22/index.php?section=politica&article=003n1pol.

Castillo, G. (2019, 24 de febrero). "Calderón y Peña sobrepagaron 41 mil 26 mdp en 8 penales: ASF". *La Jornada*. Recuperado de https://www.jornada.com.mx/2019/02/24/politica/008n1pol.

Cedillo, J. A. (2017, 31 de julio). "Ejecutan a responsable de erradicar los 'autogobiernos' en penales de Tamaulipas". *Proceso*. Recuperado de https://www.proceso.com.mx/nacional/2017/7/31/ejecutan-responsable-de-erradicar-los-autogobiernos-en-penales-de-tamaulipas-188698.html.

——————, (2016, 15 de junio). "En las entrañas del Cereso de Piedras Negras". *Proceso*. Recuperado de https://www.proceso.com.mx/reporte-especial/2016/6/15/en-las-entranas-del-cereso-de-piedras-negras-165821.html.

——————, (2014, 5 de febrero). "Autoridades penitenciarias de Coahuila amenazan de muerte a presos y activistas católicos". *Proceso*. Recuperado de https://www.proceso.com.mx/nacional/2014/2/5/autoridades-penitenciarias-de-coahuila-amenazan-de-muerte-presos-activistas-catolicos-128720.html.

——————, (2012, 24 de diciembre). "El Apocalipsis de Coahuila". *Proceso*. Recuperado de https://www.proceso.com.mx/reportajes/2012/12/24/el-apocalipsis-en-coahuila-112377.html.

Cisneros, J. R. (2017, 27 de octubre). "Las cárceles construidas con capital privado, un modelo en entredicho". *Expansión*. Recuperado de https://expansion.mx/nacional/2017/10/26/las-carceles-construidas-con-capital-privado-un-modelo-en-entredicho.

Coria, C. (2011, 21 de julio). "Día negro en Juárez; mueren 17 internos durante un motín". *Excélsior*. Recuperado de http://www.excelsior.com.mx/2011/07/27/nacional/756399.

Corporativo Radio Net (redacción). (2018, 1 de diciembre). "Dejan cabeza del Z12 frente el penal de ciudad Victoria". Corporativo Radio Net. Recuperado de http://corporativoradionet.com/info2018/2018/12/01/dejan-cabeza-del-z12-frente-el-penal-de-ciudad-victoria/.

Correa, G. (2020). "Cárteles Inc. Paramilitarismo criminal, energía y la nueva 'Guerra contra el narco' en México". *Confluenze*, 12(1), 43-55. Recuperado de https://doi.org/10.6092/issn.2036-0967/11330.

Crónica (redacción). (2007, 10 de noviembre). "50 años del penal Santa Martha: 'Nos sacaban a robar centenarios…, le fascinaban al Negro Durazo'. Recuperado de http://www.cronica.com.mx/notas/2007/327335.html.

Cruz, C., Vidaña, D., Mondragón, M., Martínez, M. J., Olaiz, G., Hernández, L. F., Hernández, M. y Barrientos, T. (2019). "Medición de drogas ilícitas en aguas residuales: estudio piloto en México". *Salud Pública de México*, 61(4), 461-469. Recuperado de https://www.medigraphic.com/pdfs/salpubmex/sal-2019/sal194g.pdf.

Darby, B. y Ortiz, I. (2016, 11 de febrero). "Los hornos crematorios de Los Zetas en la prisión". *SinEmbargo*. Recuperado de https://www.sinembargo.mx/11-02-2016/1618387.

De Mauleón, H. (2018, 12 de junio). "El tuit de Felipe Calderón". *El Universal*. Recuperado de https://www.eluniversal.com.mx/columna/hector-de-mauleon/nacion/el-tuit-de-felipe-calderon.

——————, (2017, 22 de noviembre). "La cárcel de Los Zetas". *El Universal*. Recuperado de: https://www.eluniversal.com.mx/columna/hector-de-mauleon/nacion/la-carcel-de-los-zetas.

——————, (2015, 10 de agosto). "Los otros casos de escándalo en el Altiplano". *El Universal*. Recuperado de http://www.eluniversal.com.mx/entrada-de-opinion/columna/hector-de-mauleon/nacion/2015/08/10/los-otros-casos-de-escandalo-en-el.

Derrida, J. (1995). Historia de la mentira. Conferencia. Universidad de Buenos Aires. Recuperado de https://flaneurassegut.org/wp-content/uploads/2018/05/Historia_de_la_mentira_DERRIDA.pdf.

Díaz, V. (2019, 14 de febrero). "A prisiones privadas, 80% del dinero para cárceles federales". *Milenio*. Recuperado de https://www.milenio.com/policia/prisiones-privadas-80-dinero-carceles-federales.

Divany, J. y Montaño, M. (2004, 5 de mayo). "Asesinan a narco en el penal de La Palma". *El Universal*. Recuperado de https://archivo.eluniversal.com.mx/nacion/110524.html.

Domínguez, P. y Díaz, V. (2019, 14 de marzo). "Matan a 18 custodios en dos años". *Milenio*. Recuperado de https://www.milenio.com/policia/matan-a-18-custodios-en-2-anos.

Durán, M. y Valdez, C. (2018, 23 de julio). "Reos fugados dejan mensajes de 'despedida' en sus celdas". *La Silla Rota*. Recuperado de https://lasillarota.com/reos-fugados-dejan-mensajes-de-despedida-en-sus-celdas/237010.

EFE (agencia). (2016, 14 de febrero). "Mujer que denunció corrupción en el penal de Ciudad Juárez solicita asilo en EU". *SinEmbargo*. Recuperado de https://www.sinembargo.mx/14-02-2016/1621947.

El Debate (redacción). (10 de agosto de 2015). "Las fiestas de Caro Quintero en prisión". *El Debate*. Recuperado de https://www.debate.com.mx/mexico/Las-fiestas-de-Caro-Quintero-en-prision--20150810-0034.html.

El Diario (redacción). (2017, 6 de septiembre). "Destapan custodios cloaca en el Cereso". *El Diario*. Recuperado de http://diario.mx/Local/2017-06-09_dd7b04cf/destapan-custodios-cloaca-en-el-cereso/.

El Diario de Juárez (redacción). (2021, 4 de marzo). "Ejecutan a jefa de custodias". *El Diario de Juárez*. Recuperado de https://diario.mx/juarez/ejecutan-a-jefa-de-custodias-20210303-1768743.html.

El Financiero (redacción). (2018, 2 de agosto). "Asesinan a líder de 'Los Aztecas' tras riña en penal de Chihuahua". *El Financiero*. Recuperado de https://www.elfinanciero.com.mx/nacional/asesinan-a-lider-de-los-aztecas-tras-rina-en-penal-de-chihuahua/.

El Gráfico (redacción). (2017, 28 de agosto). "Dentro del Cereso de Ciudad Juárez se organizó una pool party". *El Gráfico*. Recuperado de http://www.elgrafico.mx/viral/28-08-2017/difunden-video-de-supuesta-pool-party-en-cereso-de-ciudad-juarez.

El Informador (redacción). (2012, 8 de junio). "Venden al mejor postor el pasto sintético del estadio de Chivas". *El Informador*. Recuperado de https://www.informador.mx/Deportes/Venden-al-mejor-postor-el-pasto-sintetico-del-esta-dio-de-Chivas-20120608-0224.html.

El Siglo Coahuila (redacción). (2015, 27 de abril). "Elementos del GATE torturan a reos en cárceles: Obispo de Saltillo". El Siglo Coahuila. Recuperado de http://www.siglo.mx/coahuila/movil/?n=52034.

El Siglo de Durango (redacción). (2010, 26 de julio). "Reos salían por las noches a matar: PGR". El Siglo de Torreón. Recuperado de https://www.elsiglodetorreon.com.mx/noticia/543323.reos-salian-por-las-noches-a-matar-pgr.html.

El Universal (redacción). (2012, 6 de marzo). "Encuentran arsenal en cateo en el penal de Ciudad Juárez". El Siglo de Torreón. Recuperado de https://www.el-siglodetorreon.com.mx/noticia/715512.encuentran-arsenal-en-cateo-en-el-penal-de-ciudad-juarez.html.

El Universal (redacción). (2008, 2 de abril). "Decapitan a ex AFI en su celda de cárcel de Tijuana; Evaristo Morales purgaba pena por delito de secuestro". El Universal. Recuperado de https://www.congresozac.gob.mx/content/Sintesis%20Informativa/sintesis2008/abril/P_nacional02-abril-08.htm.

Elizalde, M. (2016, 13 de mayo). "Aseguran 14 armas en penal de Culiacán". El Debate. Recuperado de https://www.debate.com.mx/culiacan/Aseguran-14-armas-en-penal-de-Culiacan-20160513-0059.html.

Estado Mayor (redacción). (2013, 20 de agosto). "¿Qué son los GATES?" EstadoMayor.mx. Recuperado de http://www.estadomayor.mx/31846.

Excélsior (redacción). (2015, 13 de mayo). "Jóvenes eran prostituidas con reos, celadores los ayudaban". Excélsior. Recuperado de https://www.excelsior.com.mx/nacional/2015/05/13/1023897.

Expansión (redacción). (2018, 22 de noviembre). "Beltrán Leyva murió cuando iba a ser extraditado, según el abogado del 'Chapo'". Expansión. Recuperado de https://expansion.mx/nacional/2018/11/22/beltran-leyva-murio-cuando-iba-ser-extraditado-segun-el-abogado-del-chapo.

Fernández, J. (2012, 1 de octubre). "Adiós al Golfo". Excélsior. Recuperado de https://www.excelsior.com.mx/2012/10/01/nacional/861877.

Flores, G. (2019, 28 de agosto). "Obligan a reos a comprar productos básicos en tiendita del Cereso de Pachuca". La Silla Rota. Recuperado de https://hidalgo.lasillarota.com/estados/obligan-a-reos-a-comprar-productos-basicos-en-tiendita-del-cereso-de-pachuca-pachuca-alimentos-yanez-anta-cereso/312299.

Flores, L. (2015, 17 de julio). "'No me escapé. Me abrieron la puerta', dijo 'El Chapo' de su fuga en 2001". *SinEmbargo*. Recuperado de https://www.sinembargo.mx/17-07-2015/1417052.

Frausto, J. M. (2020, 26 de mayo). "Conoce a los jefes del autogobierno en Puente Grande". *El Debate*. Recuperado de https://www.debate.com.mx/guadalajara/Conoce-a-los-jefes-del-autogobierno-en-Puente-Grande-20200526-0040.html

Gaitán, A. (2012, 19 de septiembre). "131 prisioneros escapan por Túnel en Piedras Negras". *Espacio Crítico 17*. Recuperado de https://espaciocritico17.wordpress.com/2012/09/19/131-prisioneros-escapan-por-tunel-en-piedras-negras/.

Galeano, E. (1996, 11 de agosto). "Los prisioneros". *La Jornada Semanal*. Recuperado de https://www.jornada.com.mx/1996/08/11/sem-galeano.html.

Gandaria, M. (2018, 1 de mayo). "Se disputan 19 grupos criminales la producción y distribución de amapola en Guerrero". *El Sol de México*. Recuperado de https://www.elsoldemexico.com.mx/mexico/sociedad/se-disputan-19-grupos-criminales-la-produccion-y-distribucion-de-amapola-en-guerrero-1653858.html#!.

García, J. (2014, 29 de mayo). "Fuga de reos deja túnel al descubierto". *Excélsior*. Recuperado de https://www.excelsior.com.mx/nacional/2014/05/29/961940.

García, R. (2016, 14 de febrero). "Procesan a tres: subcomisario, directora y custodio". *El Horizonte*. Recuperado de https://d.elhorizonte.mx/local/procesan-a-tres-subcomisario-directora-y-custodio/1694494.

Garza, A. (2019, 3 de octubre). "Preso de Topo Chico inspiró el personaje de 'Hannibal Lecter'". *Excélsior*. Recuperado de https://www.excelsior.com.mx/nacional/preso-de-topo-chico-inspiro-el-personaje-de-hannibal-lecter/1339932.

——————, (2015, 27 de septiembre). "Asesinan a líder zeta en Topo Chico". *Excélsior*. Recuperado de https://www.excelsior.com.mx/nacional/2015/09/27/1047869.

González, S. J. (2018, 8 de julio). "Matan a director de cárcel de Nuevo Laredo". *Impulso*. Recuperado de https://impulsoedomex.com.mx/matan-a-director-de-carcel-de-nuevo-laredo/.

González Gutiérrez, S. (2001, 9 de enero). "Se modernizarán los sistemas de vigilancia en los reclusorios del Distrito Federal: Garduño". *La Jornada*. Recuperado de https://www.jornada.com.mx/2001/01/09/034n1cap.html.

Grupo Fórmula [GrupoFórmulaOficial]. (2018, 31 de mayo). "No tengo nada qué ver con la fuga de 'El Chapo': excoordinadora de Penales, Celina Oseguera" [Video]. Recuperado de https://www.youtube.com/watch?v=uCO3DcJEApQ.

Gudiño, A. (2014, 10 de diciembre). "Ausencias que lastiman: sólo una pista, era jefe de custodios". *Excélsior*. Recuperado de http://www.excelsior.com.mx/nacional/2014/12/10/996883.

Gutiérrez, R. (2018, 12 de julio). "El pacto de 'El Chapo' con 'Los Zetas' para fugarse del Altiplano". *La Silla Rota*. Recuperado de https://lasillarota.com/el-chapo-pacto-los-zetas-fugarse-altiplano-canicon-narco/234976.

—————, (2018b, 30 de noviembre). "El sanguinario final de 'El Z-12', líder fundador de 'Los Zetas'. *La Silla Rota*. Recuperado de https://lasillarota.com/el-sanguinario-final-de-el-z-12-lider-fundador-de-los-zetas-los-zetas-enriquez-el-z-42-el-rex/259992.

Henderson, H. (2006). "La ejecución extrajudicial o el homicidio en las legislaciones de América Latina". *Revista IIDH*, 43, 281-298. Recuperado de https://www.corteidh.or.cr/tablas/R08060-7.pdf.

Heras, A. (2021, 1 de abril). "Interceptan dron con droga dirigido al penal de El Hongo, BC". *La Jornada*. Recuperado de https://www.jornada.com.mx/notas/2021/04/01/estados/interceptan-dron-con-droga-dirigido-al-penal-de-el-hongo-bc/?fbclid=IwAR1P6y2b5_NVWqsrahjRhEDlbf_v2yIIycEy4TG7O0kSmN3knGoaAs73Fps.

Herrera, L. (2017, 26 de junio). "La fiesta sigue". *Reporte Índigo*. Recuperado de https://www.reporteindigo.com/reporte/reclusorio-guadalajara-autogobierno-cjng-grupos-musicales-corridos/.

—————, (2015, 17 de febrero). "Cárceles violentas". *Reporte Índigo*. Recuperado de https://www.reporteindigo.com/reporte/carceles-violentas/.

Huerta, J. C. (2018, 11 de julio). "Se suicida en Puente Grande presunto contador del CJNG". *El Financiero*. Recuperado de https://www.elfinanciero.com.mx/nacional/se-suicida-en-puente-grande-presunto-contador-del-cjng.

Ibal, E. (2018, 11 de julio). "Presunto contador del CJNG se suicida en penal de Puente Grande, Jalisco". *El Sol de México*. Recuperado de https://www.elsoldemexico.com.mx/republica/justicia/presunto-contador-del-cjng-cartel-jalisco-nueva-generacion-se-suicida-en-penal-de-puente-grande-en-jalisco-1831962.html.

Infobae (redacción). (2020, 29 de diciembre). "Equivale a mantener un hotel 5 estrellas': AMLO habló del cierre del penal donde estuvo el Chapo". *Infobae*. Recuperado de https://www.infobae.com/america/mexico/2020/12/29/equivale-a-mantener-un-hotel-5-estrellas-amlo-hablo-del-cierre-del-penal-donde-estuvo-el-chapo/.

Infobae (redacción). (2019, 30 de septiembre). "Sangre y venganza: el día que cayó 'El Ceja Güera', el narco que debía más de 100 vidas". *Infobae*. Recuperado de https://www.infobae.com/america/mexico/2019/09/30/sangre-y-venganza-el-dia-que-cayo-el-ceja-guera-el-narco-que-debia-mas-de-100-vidas/.

Infobae. (2019, 6 de mayo). "El día que 'El Mencho' secuestró a los hijos de 'El Chapo' Guzmán". (2019, 6 de mayo). *Infobae*. Recuperado de https://www.infobae.com/america/mexico/2019/05/06/video-el-dia-que-el-mencho-secuestro-a-los-hijos-de-el-chapo-guzman/.

Jiménez, C. (2020, 18 de mayo de 2020). "Atentan contra el jefe de custodios del penal de mayor seguridad de la CDMX". *Julio Astillero*. Recuperado de https://julioastillero.com/atentan-contra-el-jefe-de-custodios-del-penal-de-mayor-seguridad-de-la-cdmx/.

Juárez, N. (2020, 31 de julio). "Ramón Pequeño: La mano derecha de García Luna, señalado de nexos con el narco". *Radio Fórmula*. Recuperado de https://www.radioformula.com.mx/breaking-news/2020/7/31/ramon-pequeno-la-mano-derecha-de-garcia-luna-senalado-de-nexos-con-el-narco-458692.html.

La Jornada (redacción). (2019, 10 de octubre). "Dejan otra manta con amenazas hacia Pablo López Jaramillo". *La Jornada*. Recuperado de https://www.jornada.com.mx/ultimas/capital/2019/10/10/dejan-otra-manta-con-amenazas-hacia-pablo-lopez-jaramillo-1807.html.

La Jornada (redacción). (2017, 24 de octubre). "Culpa de adictos, el motín donde murieron 18 presos: 'El Bronco'". *Vanguardia*. Recuperado de https://vanguardia.com.mx/articulo/culpa-de-adictos-el-motin-donde-murieron-18-presos-el-bronco.

La Otra Opinión (redacción). (2018, 19 de noviembre). "Es asesinado el Z-12 en el penal de Nuevo Laredo". *La Otra Opinión*. Recuperado de https://www.laotraopinion.com.mx/es-asesinado-el-z-12-en-el-penal-de-nuevo-laredo/?fbclid=IwAR3cbxNZ_5WbPs4QSQKS60eoPyaEszMZDCuWrWzQuDkQV_PBXH54QFT6aek.

La Razón (redacción). (2018, 15 de noviembre). "Torturan con canciones de Maluma y Bad Bunny, acusa recluso en Xalapa". *La Razón*. Recuperado de https://www.razon.com.mx/mexico/torturan-con-canciones-de-maluma-y-bad-bunny-acusa-recluso-en-xalapa-gilberto-aguirre-jorge-reyes-peralta-pacho-viejo/.

Larios, R. (2019, 7 agosto). "'El Cuini' y sus lujos en prisión". *Unión Jalisco*. Recuperado de https://www.unionjalisco.mx/articulo/2019/08/07/seguridad/el-cuini-y-sus-lujos-en-prision.

López, I. (2019, 29 de agosto). "Cabeza de cerdo y amenaza eran para director de Seguridad Penitenciaria: Jesús Orta". *Proceso*. Recuperado de https://www.proceso.com.mx/nacional/cdmx/2019/8/29/cabeza-de-cerdo-amenaza-eran-para-director-de-seguridad-penitenciaria-jesus-orta-230241.html.

Loret, C. (2018, 20 de febrero). "El hombre que sepultó a Los Zetas". *El Universal*. Recuperado de https://www.eluniversal.com.mx/columna/carlos-loret-de-mola/nacion/el-hombre-que-sepulto-los-zetas.

Lugo, C. (2012, 12 de noviembre). "La verdadera historia del operativo Tornado en el Pueblito de Tijuana, B.C. Motivos para publicar mis experiencias en el Pueblito de Tijuana, B.C.". Un Quijote sin mancha. Recuperado de http://quijote21.blogspot.mx/2012/11/la-verdadera-historia-del-operativo.html.

Mancinas, I. (2019, 20 de noviembre). "Ola de violencia. Juárez vive repunte de homicidios". *El Universal*. Recuperado de https://www.eluniversal.com.mx/estados/desde-prision-desatan-el-infierno-en-ciudad-juarez.

Mastrogiovanni, F. (2020). "Narcoculturas: la construcción de un imaginario entre discurso hegemónico y nuevas narrativas de la violencia". *Confluenze*, 12(1), 1-4. Recuperado de https://doi.org/10.6092/issn.2036-0967/11323.

Méndez, A. (2015, 30 de octubre). "Procesados por fuga de El Chapo piden que declaren dos ex titulares de la CNS". *La Jornada*. Recuperado de https://web.jornada.com.mx/2015/10/30/politica/012n1pol.

México te quiero en paz (redacción). (2011, 15 de diciembre). "Asesinan a Serafín Peña Santos director del Cereso de Saltillo". México te quiero en paz. Recuperado de https://mexicotequieroenpaz.wordpress.com/2011/12/15/asesinan-a-serafin-pena-santos-director-del-cereso-de-saltillo%E2%80%8E/.

Milenio (redacción). (2015, 23 de diciembre). "Serafín Peña tenía poco en el cargo, se desconoce si había amenazas: Torres Charles". *Vanguardia*. Recuperado de https://vanguardia.com.mx/serafinpenateniapocoenelcargosedesconocesiha-bianamenazastorrescharles-1171184.html.

Milenio digital (redacción). (2017, 7 de abril). "Imputan a 6 reos por violación de compañero". *Milenio*. Recuperado de https://www.milenio.com/estados/im-putan-a-6-reos-por-violacion-de-companero.

Molina, A. (2018, 16 de noviembre). "Alberto Sicilia Falcón 'El barón de las drogas', el narco cubano que logró fugarse del Lecumberri". *Cultura Colectiva*. Recupe-rado de https://culturacolectiva.com/historia/narco-mexico-alberto-sicilia-fal-con-el-baron-de-las-drogas.

Morales, A. (2019, 30 de septiembre). "El Topo Chico cerró para siempre". *El Uni-versal*. Recuperado de https://www.eluniversal.com.mx/opinion/saskia-ni-no-de-rivera-cover/el-topo-chico-cerro-para-siempre.

NarcoPrensa (redacción). (2017). "'El Borrado' y su gente del CDG armaron su última 'fiesta' en el penal de Reynosa; terminó en riña con saldo de 9 muertos". Re-cuperado de http://www.narcoprensa.com.mx/2017/08/el-borrado-y-su-gen-te-del-cdg-armaron.html?m=1.

Nieto, A. (2019, 17 de septiembre). "El Gogo: de 'gotero' a generador de violencia en penales de CDMX". *La Silla Rota*. Recuperado de https://lasillarota.com/ metropoli/el-gogo-de-gotero-a-generador-de-violencia-en-penales-de-cdmx-el-gogo-gotero-el-duke/318350.

——————, (2018, 3 de septiembre). "'El infierno del Sur', así disputan el control del Reclusorio". *La Silla Rota*. Recuperado de https://lasillarota.com/el-in-fierno-del-sur-reclusorio-control-don-rojas-rebote/244975.

Noroeste (redacción). (2015, 10 de noviembre). "Hallan armas, droga y granada en el Penal de Culiacán". *Noroeste*. Recuperado de https://www.noroeste.com. mx/seguridad/hallan-armas-droga-y-granada-en-el-penal-de-culiacan-NB-NO448489.

Otero, S. (2002, 15 de junio). "Oficial: existe la hermandad en la SSP". *El Universal*. Recuperado de https://archivo.eluniversal.com.mx/ciudad/45181.html.

Padgett, H. (2015, 22 de octubre). "La red criminal que acosa al "jefe Mansera [sic]" viene de un penal del GDF". *SinEmbargo*. Recuperado de https://www.sinem-bargo.mx/22-10-2015/1526013.

——————, (2015b, 31 de julio). "Kaplan: El misterioso gringo que se fue en heli-cóptero". *SinEmbargo*. Recuperado de https://www.sinembargo.mx/31-07-2015/1432918.

311

Padilla, J. (2017, 13 de noviembre). "CIDH investiga matanza de reos en NL". Reporte Índigo. Recuperado de https://www.reporteindigo.com/reporte/cidh-investiga-matanza-reos-en-nl/.

Pérez, A. L. (2012, 28 de febrero). "En penales del DF ejecuciones disfrazadas de suicidios". *Revista Contralínea* (273). Recuperado de http://www.contralinea.com.mx/archivo-revista/2012/02/28/en-penales-del-df-ejecuciones-disfrazadas-de-suicidios/.

—————, (2012b, 6 de marzo). "Cárceles: Los fugados de la ''guerra''". *Contralínea*. Recuperado de https://www.contralinea.com.mx/archivo-revista/2012/03/06/carceles-los-fugados-de-la-guerra/.

Proceso (redacción). (2019, 7 de mayo). "Investigarán si hay una fosa clandestina dentro de la cárcel de Coatzacoalcos". *Proceso*. Recuperado de https://www.proceso.com.mx/583016/investigaran-si-hay-una-fosa-clandestina-dentro-de-la-carcel-de-coatzacoalcos.

Proceso (redacción). (2018, 9 de febrero). "Cesan a director de penal de Torreón por encañonar a empleado que traía psicotrópicos". *Proceso*. Recuperado de http://www.proceso.com.mx/521961/cesan-director-de-penal-de-torreon-por-encanonar-empleado-que-traia-psicotropicos-video.

Proceso (redacción). (2017, 2 de junio). "El exfiscal Édgar Veytia y una historia de terror: el despojo de Flamingos Acqua". *Proceso*. Recuperado de https://www.proceso.com.mx/reportajes/2017/6/2/el-exfiscal-edgar-veytia-una-historia-de-terror-el-despojo-de-flamingos-acqua-185336.html.

Proceso (redacción). (2015, 26 de septiembre). "Asesinan a cuchilladas a líder zeta en penal del Topo Chico". *Proceso*. Recuperado de https://www.proceso.com.mx/nacional/2015/9/26/asesinan-cuchilladas-lider-zeta-en-penal-del-topo-chico-152795.html.

Proceso (redacción). (2013, 17 de noviembre). "Custodios de Cereso de Juárez arman 'tables' y cobran cuotas a familiares de presos". *Proceso*. Recuperado de https://www.proceso.com.mx/nacional/estados/2013/11/17/custodios-de-cereso-de-juarez-arman-tables-cobran-cuotas-familiares-de-presos-125957.html.

Proceso (redacción). (2012, 25 de septiembre). "Las fugas: reposición de zetas". *Proceso*. Recuperado de https://www.proceso.com.mx/reportajes/2012/9/25/las-fugas-reposicion-de-zetas-108788.html.

Proceso (redacción). (2009, 6 de noviembre). "¡Ay frontera, no te rajes!" *Proceso*. Recuperado de https://www.proceso.com.mx/libros/2009/11/6/ay-frontera-no-te-rajes-842.html.

Proceso (redacción). (2008, 21 de septiembre). "La matanza de La Mesa". *Proceso*. Recuperado de https://www.proceso.com.mx/nacional/2008/9/21/la-matanza-de-la-mesa-926.html

Reyes, S. (2019). Violencia, política y vacío. *Territorio de Diálogos*. Recuperado de https://territoriodedialogos.com/violencia-politica-y-vacio/.

————————, (2017). El mal del otro. Territorio de diálogos, 2017. Recuperado de https://territoriodedialogos.com/el-mar-del-otro/.

————————, (2018a). Problematizar el sufrimiento. *Territorio de Diálogos*. Recuperado de https://territoriodedialogos.com/problematizar-el-sufrimiento/.

————————, (2018b). Identidad y violencia: una lógica materialista. *Territorio de Diálogos*. Recuperado de https://territoriodedialogos.com/identidad-y-violencia-una-logica-materialista/.

Robles, L. (2018, 5 de octubre). "Al día, 10 mil llamadas de extorsión; siete penales son 'call center'". *Excélsior*. Recuperado de https://www.excelsior.com.mx/nacional/al-dia-10-mil-llamadas-de-extorsion-siete-penales-son-call-center/1269640.

Rodríguez, A. (2019, 22 de octubre). "Fuga de reos en Culiacán se dio porque no hubo resistencia, reconoce el presidente". *Proceso*. Recuperado de https://www.proceso.com.mx/nacional/2019/10/22/fuga-de-reos-en-culiacan-se-dio-porque-no-hubo-resistencia-reconoce-el-presidente-233089.html.

Rodríguez, F. (2018, 9 de febrero). "Cae director del penal de Torreón por amagar con pistola". *El Universal*. Recuperado de http://www.eluniversal.com.mx/estados/cae-director-del-penal-de-torreon-por-amagar-con-pistola.

Rodríguez, R. (2021, 26 de febrero). "Las relaciones peligrosas de Cabeza de Vaca". *El Universal*. Recuperado de https://www.eluniversal.com.mx/opinion/raul-rodriguez-cortes/las-relaciones-peligrosas-de-cabeza-de-vaca.

Rojas, L. (2016, 24 de diciembre). "Bermúdez tenía un zoo dentro de la policía; los animales exóticos terminaron de comida de reos". *SinEmbargo*. Recuperado de http://www.sinembargo.mx/24-12-2016/3129310.

Romero, G. (2014, 17 de mayo). "Detienen a director y custodios de penal 'El Amate' tras fuga". *Excélsior*. Recuperado de https://www.excelsior.com.mx/nacional/2014/05/17/959883.

Ruiz, E. (2015, de diciembre). "La cárcel de los Moreira: El padre Robert Coogan y la oración del marginado". *Gatopardo*. Recuperado de https://www.gatopardo.com/reportajes/la-carcel-de-los-moreira-padre-robert-coogan-coahuila/

Ruiz, I. (2020). Entre víctimas y victimarios… desollar, enmascarar, encarar. *Confluenze*, 12(1), 29-42. Recuperado de https://doi.org/10.6092/issn.2036-0967/11329.

Salazar, P. A. (2017, 27 de marzo). "Tamaulipas, entidad con más reos fugados en México". *La Silla Rota*. Recuperado de https://lasillarota.com/tamaulipas-entidad-con-mas-reos-fugados-en-mexico/142657.

Sánchez, L. (2017, 28 de noviembre). "'Dispararon desde un helicóptero': los reos que sobrevivieron a una masacre en Tijuana". *Vice*. Recuperado de https://www.vice.com/es_mx/article/ne3a7k/vice-news-dispararon-desde-un-helicoptero-los-reos-que-sobrevivieron-a-una-masacre-en-tijuana.

Sansó-Rubert Pascual, D. (2015). Inteligencia criminal y sistemas penitenciarios: algunas reflexiones. *URVIO. Revista Latinoamericana De Estudios De Seguridad*, (15), 98-111. https://doi.org/10.17141/urvio.15.2014.1591.

Santisteban, G. (2019, 10 de agosto). "Niega gobierno casos de tortura y maltrato en prisiones de BCS". *Diario El Independiente*. Recuperado de https://www.diarioelindependiente.mx/2019/08/niega-gobierno-casos-de-tortura-y-maltrato-en-prisiones-de-bcs.

SinEmbargo (redacción). (2017, 10 de julio). "Zetas usan prisión como cámara de tortura: 'Me arrancaron las uñas, me quemaban'. *Periódico Central*. Recuperado de https://www.periodicocentral.mx/2017/nacional-seccion/item/11442-zetas-usan-prision-como-camara-de-tortura-me-arrancaron-las-unas-me-quemaban-narra-norma.

SUN. (2010, 26 de julio). "Son reos los autores de la masacre en Torreón". *El Informador*. Recuperado de http://www.informador.com.mx/mexico/2010/220982/6/son-reos-los-autores-de-la-masacre-en-torreon.htm.

Tijuana Press [agenciatijuanapress]. (2015, 15 de julio). "Othon el otro inquilino de la celda 20" [Video]. Recuperado de https://www.youtube.com/watch?v=Jio08cCS8i4.

Tinoco, K. (2016, 24 de octubre). "Hornos de exterminio, tortura, ropa militar falsa: las prisiones de Coahuila huelen a podrido". *SinEmbargo*. Recuperado de https://www.sinembargo.mx/24-10-2016/3107304.

Tonkonoff, S. (2015a). Heterología. La ciencia (imposible) de los residuos violentos. *Revista Mexicana de Ciencias Políticas y Sociales*, 60(225), 263-284. Recuperado de http://www.revistas.unam.mx/index.php/rmcpys/article/view/52079.

—————, (2015b). La Ciudad y sus residuos. Notas para una reconfiguración del concepto de heterotopía. *Andamios*, 12(28), 315-343. Recuperado de https://andamios.uacm.edu.mx/index.php/andamios/article/view/48.

—————, (2017). Las funciones sociales del delincuente. *Revista Ensamble*, 4(76), 71-81. Recuperado de http://www.revistaensambles.com.ar/ojs-2.4.1/index.php/ensambles/article/view/115.

Tvshow (redacción). (2017, 15 de septiembre). "La tercera temporada de 'Narcos' arrasa en audiencia en Netflix". *El País*. Recuperado de https://www.elpais.com.uy/tvshow/tercera-temporada-narcos-arrasa-audiencia-netflix.html.

Unión CDMX (redacción). (2019, 13 de febrero). "La novia del Chapo Guzmán que fue masacrada". *Unión CDMX*. Recuperado de https://www.unioncdmx.mx/2019/02/13/la-novia-del-chapo-guzman-que-fue-masacrada/.

Vanguardia (redacción). (2020, 1 de enero). "El día en que asesinaron brutalmente a 'El Pollo', hermano de Joaquín 'El Chapo' Guzmán, en penal de La Palma". *Vanguardia*. Recuperado de https://vanguardia.com.mx/noticias/nacional/el-dia-en-que-asesinaron-brutalmente-el-pollo-hermano-de-joaquin-el-chapo-guzman-en-penal-ENVG3501702.

Vanguardia (redacción). (2019, 24 de junio). "¿Quién es la 'Reina de los Antros'?… la despiadada hermana del 'Z-40' y fundadora del Cártel del Noreste". *Vanguardia*. Recuperado de https://vanguardia.com.mx/articulo/quien-es-la-reina-de-los-antros-la-despiadada-hermana-del-z-40-y-fundadora-del-cartel-del.

Vargas, L. (2019). Memoria, deber y deber de memoria. *Territorio de Diálogos*. Recuperado de https://territoriodedialogos.com/memoria-deber-y-deber-de-memoria/.

Ventas, L. (2017, 20 de diciembre). "'Un campo de exterminio subsidiado por el Estado': así era la cárcel de Piedras Negras, la prisión clave para que Los Zetas se convirtieran en la organización criminal más brutal de México". *BBC News*. Recuperado de https://www.bbc.com/mundo/noticias-america-latina-42428208.

Vicenteño, D. (2015, 22 de julio). "El Z-40 organizó un baile en Almoloya". *Excélsior*. Recuperado de https://www.excelsior.com.mx/nacional/2015/07/22/1036022.

Villalpando, R. y Breach, M. (2009, 5 de marzo). "Sangrienta riña en el Cereso de Juárez; hay 20 reclusos muertos". *La Jornada*. Recuperado de http://www.jornada.unam.mx/2009/03/05/politica/003n1pol.

Zamora, P. (2018, 24 de mayo). "El poder político, detrás del homicidio del asesino de Silverio Cavazos". *Proceso*. Recuperado de https://www.proceso.com.mx/reportajes/2018/5/24/el-poder-politico-detras-del-homicidio-del-asesino-de-silverio-cavazos-205601.html.

Zapata, A. (2013, 1 de mayo). "San Luis en los ojos del mundo". *El Mundo de San Luis*. Recuperado de https://revistaelmundodesanluispotosi.wordpress.com/2013/05/01/1-san-luis-en-los-ojos-del-mundo-2-investiga-el-congreso-la-masacre-en-el-penal-de-la-pila-3-hubo-un-herido-de-bala-en-el-penal-4-el-sutsge-acusa-a-fernando-toranzo-de-represor-y-fascist/.

Zavala, O. (2020). "La narconarrativa después del "juicio del siglo". *Confluenze*, 12(1), 5-28. Recuperado de https://doi.org/10.6092/issn.2036-0967/11326.

Žižek, S. (2011). "Contra los derechos humanos". *Suma de Negocios*, 2(2), 115-127. Recuperado de https://blogs.konradlorenz.edu.co/files/8-en-contra-de-los-derechos-humanos.pdf.

Recomendaciones e informes emitidos por Organismos Protectores de los Derechos Humanos (OPLDH)

Recomendación No. 43/2009. Comisión Nacional de los Derechos Humanos. Sobre el caso de internos del Centro de Readaptación Social "Licenciado Jorge A. Duarte Castillo" en Tijuana, Baja California. México, D.F. a 10 de julio de 2009.

Recomendación 04/2010. Comisión de Derechos Humanos del Distrito Federal. Violencia institucionalizada de género: hostigamiento sexual, explotación de la prostitución ajena y trata de internas en el sistema penitenciario del Distrito Federal. Distrito Federal, a 7 de septiembre de 2010.

Recomendación General 04/2012. Comisión Estatal de Derechos Humanos de San Luis Potosí. San Luis Potosí, S.L.P., 29 de octubre de 2012.

Recomendación No. 35/2013. Comisión Nacional de los Derechos Humanos. Sobre el caso de internos del Centro Federal de Readaptación Social No. 11 "CPS Sonora", en Hermosillo, Sonora. México, D. F. a 25 de septiembre de 2013.

Recomendación No. 40/2013. Comisión Nacional de los Derechos Humanos. Sobre el caso de los internos del Centro de Reinserción Social de Apodaca, Nuevo León. México, D.F. a 22 de octubre 2013.

Informe especial de la Comisión Nacional de los Derechos Humanos sobre las mujeres internas en los Centros de Reclusión de la República Mexicana. 2015.

Informe especial de la Comisión Nacional de los Derechos Humanos sobre los Centros de Tratamiento Interno para Adolescentes que infringen las leyes penales que dependen de los gobiernos estatales y del Distrito Federal en la República Mexicana. 2015.

Recomendación No. 49/2016. Comisión Nacional de los Derechos Humanos. Sobre la deficiencia en la seguridad y en la atención a las adicciones en el Centro de Reinserción Social de Colima, que derivó en la pérdida de la vida de 13 personas. Ciudad de México, a 24 de octubre de 2016.

Recomendación No. 55/2016. Comisión Nacional de los Derechos Humanos. Sobre el caso del Centro Preventivo de Reinserción Social Topo Chico, Nuevo León. Ciudad de México, a 29 de noviembre de 2016.

Recomendación 33/2017. Comisión de Derechos Humanos del Estado de México. Emitida al Director General de Prevención y Reinserción Social del Estado de México, el 6 de noviembre de 2017, sobre los hechos suscitados en el Centro Penitenciario y de Reinserción Social Nezahualcóyotl Bordo Xochiaca.

Recomendación No. 69/2017. Comisión Nacional de los Derechos Humanos. Sobre la riña que provocó la muerte de 28 internos y 22 lesionados en el Centro Regional de Reinserción Social de Acapulco, Guerrero. Ciudad de México, a 14 de diciembre de 2017.

Informe especial sobre el Centro Preventivo de Reinserción Social "Topo Chico". Comisión Estatal de Derechos Humanos de Nuevo León. (2017).

Recomendación No. 20/2018. Comisión Nacional de los Derechos Humanos. Sobre el motín que derivó en la muerte de 18 personas internas y 93 lesionadas del Centro de Reinserción Social de Cadereyta, Nuevo León. Ciudad de México, a 9 de julio de 2018.

Comisión Nacional de los Derechos Humanos. Un modelo de atención y tratamiento para las personas con farmacodependencia en prisión. Bases para mejorar el manejo y la prevención de adicciones. (2019).

Recomendación No. 18/2018. Comisión Nacional de los Derechos Humanos. Sobre la falta de control en la seguridad de la Comisaría de Sentenciados del Estado de Jalisco por parte de las autoridades penitenciarias, así como condiciones de sobrepoblación, hacinamiento y autogobierno. Ciudad de México, a 28 de junio de 2018.

Recomendación 25/2019. Comisión Estatal de Derechos Humanos de Veracruz. Actos de tortura y otros tratos crueles, inhumanos y degradantes cometidos en perjuicio de una persona privada de la libertad. Xalapa-Enríquez, Veracruz, a 6 de mayo de 2019.

La pelea por los infiernos de Enrique Zúñiga
se terminó de imprimir en septiembre de 2022
en los talleres de
Impresora Tauro, S.A. de C.V.
Av. Año de Juárez 343, col. Granjas San Antonio,
Ciudad de México